KB043705

어떻게 최고의 인재를 얻는가

세 계 1% 기 업 을 만 드 는 '사 람'의 힘

어 떻 게
최고의 인재를
얻 는 가

클라우디오 페르난데즈 아라오즈 | 이재경 옮김

21세기북스

사랑하는 아내 마리아에게
이 책을 바칩니다.

감사의 말

이 책이 세상에 나오기까지 여러 인재의 후덕^{厚德}이 있었다.

지난 30년 동안 영광스럽게도 나를 믿고 문제 해결의 파트너로 삼아준 고객사들에게 감사한다. 그동안 나는 많은 기업 리더에게 개인 차원의 커리어 결정부터 조직 차원의 인사결정까지 여러 문제에 조언을 제공했다. 그 과정에서 얻은 경험과 기회가 내게 소중한 자산이 되었다.

자신의 성공담과 실패담, 꿈과 목표를 나와 나눴던 여러 임원 후보들에게도 감사한다. 그들에게 배운 인생의 진실들이 내게 영감과 교훈을 주었다. 그동안 내가 만났던 정치계·종교계·학계·업계 리더들에게도 감사를 표한다. 인재 발굴과 육성에 따른 기회와 도전 과제를 내게 면밀히 일깨워주고 실례를 제공해준 은공을 잊지 못한다.

이곤젠더$^{Egon Zehnder}$의 설립자 겸 초대 회장 이곤 젠더는 현업에서 오래전에 '은퇴'했지만 지금도 내게 독보적 영감의 근원으로서 존재감을 발한다. 이곤은 전례를 찾기 힘든 성실과 결의로 임원 서치 업계에 윤리적·업무적 기준을 재정립했다. 이 책이 출판될 즈음 이곤젠더는 설립 50주년을 맞는다. 이 책이 이곤에게 선물이 된 것 같아 기쁘다. 아울러 이 책이 다음 50년 동안도 우리가 고객 감동과 지속적 위대함을 동반 달성하는 데 보탬이 되기를 바라는 마음이다.

이곤젠더의 회장 겸 CEO를 지냈고 현재는 이사회 멤버로 있는 존 그럼바$^{John Grumbar}$로부터도 이루 다 말할 수 없을 정도의 큰 지원과 응원을 받았다. 내가 열정을 좇아 새로운 책을 완성할 수 있도록 용기 주신 점 깊이 감사한다.

나의 30년지기 친구이자 이곤젠더의 현임 회장 대미언 오브라이언$^{Damien O'Brien}$ 또한 나의 저술 활동과 강연 활동에 귀한 지도와 조언을 아끼지 않았다. 대미언은 임원 서치와 인재관리의 베스트 프랙티스$^{Best Practice}$ 구축을 위해 오랜 세월 나와 함께 땀을 쏟은 둘도 없는 동지다.

내가 《하버드 비즈니스 리뷰$^{Harvard Business Review}$》에 논문을 게재하고 전문 강연자가 된 데에는 그 시작점에 이곤의 최초 승계자였던 댄 마일랜드$^{Dan Meiland}$의 천금 같은 격려가 있었다.

2014년 초 이곤젠더의 CEO로 임명된 라지브 바수데바$^{Rajeev Vasudeva}$는 최근까지 이곤젠더 경영진위원회에서 함께 활동한 동지

이며, 가족기업의 도전과 기회에 관련해서 진정한 영감의 원천이
돼주었다.

여러 이곤젠더 동료들이 이 책을 위해 특별하고 소중한 도움
을 베풀었다. 켄타로 아라마키Kentaro Aramaki, 토마소 아레나레Tommaso
Arenare, 마크 바이포드Mark Byford, 에딜슨 캐머라Edilson Camara, 루이스 쿠
빌로스Luis Cubillos, 조지 데이비스George Davis, 마누엘 데 미란다Manuel de
Miranda, 미셸 데샤펠Michel Deschapelles, 마이클 엔서Michael Ensser, 윤미 엄
Yoonmi Eom, 산자이 굽타Sanjay Gupta, 헤르만 에레라Germán Herrera, 필립 헤
르티그Philippe Hertig, 마사 조셉슨Martha Josephson, 데이비드 키드David Kidd,
유진 킴Eugene Kim, 사이먼 킴Simon Kim, 데니스 쿠Dennis Ku, 마그누스 람
스도르프Magnus Lambsdorff, 앤드류 로웬탈Andrew Lowenthal, 크리스토프 루
엔버거Christoph Lueneburger, 로렌스 모너리Laurence Monnery, 안-클레르 모
노Anne-Claire Monod, 저스터스 오브라이언Justus O'Brien, 재키 오설리번Jackie
O'Sullivan, 클라우디아 피치 모리스Claudia Picci Morris, 마이크 포틀랜드Mike
Portland, 베레나 렌츠-베스텐도르프Verena Renze-Westendorf, 앤드류 로스
코Andrew Roscoe, 요하네스 슈메토브Johannes Schmettow, 에블린 세빈Evelyne
Sevin, 카트린 시어Katrin Sier, 에드윈 스멜트Edwin Smelt, 애슐리 스티븐슨
Ashley Stephenson, 카레나 스트렐라Karena Strella, 얀 순Yan Sun, 레나 트리안
토지아니스Lena Triantogiannis, 히데아키 츠쿠다Hideaki Tsukuda, 닐 워터스Neil
Waters, 엘레인 유Elaine Yew 그리고 캐서린 주Catherine Zhu에게 감사의 말
을 전한다.

그 밖에도 많은 전·현직 이곤젠더 컨설턴트들이 직간접으로 이

책에 공헌했다. 내게 값진 통찰과 예시를 제공해준 헨리크 아가드[Henrik Aagaard], 질 에이더[Jill Ader], 제인 앨런[Jane Allen], 토마스 알고이어[Thomas Allgäuer], 가브리엘 안드라드[Gabriel Andrade], 주앙 아키노[Joao Aquino], 레이몽 바술레[Raymond Bassoulet], 슈테픈 벤코[Stephen Benkö], 프리츠 보옌스[Fritz Boyens], 러셀 보일[Russell Boyle], 라이니어 브라케마[Reinier Brakema], 호르스트 브록커[Horst Bröcker], 프란체스코 부퀴키오[Francesco Buquicchio], 에마누엘라 칸코니[Emanuela Cancogni], 닉 치아[Nick Chia], 페기 콘웰[Peggy Cornwell], 알레산드로 디 푸스코[Alessandro Di Fusco], 칼 에덴해머[Carl Edenhammar], 크리스 피기스[Chris Figgis], 앙헬 갈리날[Angel Gallinal], 루이스 가로[Luis Garreaud], 이그나시오 가세[Ignacio Gasset], 니콜라 가바치[Nicola Gavazzi], 앤드류 길크리스트[Andrew Gilchrist], 루이스 지올로[Luis Giolo], 안드레아스 그라프[Andreas Gräf], 마르셀로 그리몰디[Marcelo Grimoldi], 조 하임[Joe Haim], 토머스 해머[Thomas Hammer], 필립 하머[Philipp Harmer], 데이브 해리스[Dave Harris], 프랭크 헤크너[Frank Heckner], 빌 헨더슨[Bill Henderson], 앨런 힐리커[Alan Hilliker], 마크 회니그[Mark Hönig], YL 황[YL Huang], 프레드 제이콥슨[Fred Jacobsen], 루 요르단[Ru Jordaan], 루돌프 요르단[Rudolf Jordaan], 프리드리히 쿤[Friedrich Kuhn], 셀레나 라크루아[Selena LaCroix], 브리지트 라머스[Brigitte Lammers], 이사벨 랑글루아-로리스[Isabelle Langlois-Loris], 앙드레 르 콩트[André Le Comte], 카이 린트홀스트[Kai Lindholdst], 빅터 뢰벤스타인[Victor Loewenstein], 톰 롱[Tom Long], 브렌트 맥너슨[Brent Magnuson], 데이비드 마지틀리스[David Majtlis], 이안 모리스[Ian Maurice], 라파엘라 마졸리[Rafaella Mazzoli], 요시 오바타[Yoshi Obata], 시코 오네스[Sikko Onnes], 피오나 팩먼[Fiona Packman], 크리스토퍼 패트릭[Christopher Patrick], 안

젤라 페가스^Angela Pegas, 크리스토퍼 파이퍼^Christopher Pfeiffer, 헨리 퍼나마와티^Henny Purnamawati, 안토니오 푸론^Antonio Purón, 브라이언 라인켄^Brian Reinken, 엘렌 헬트젠^Hélène Reltgen, 예르크 리터^Jörg Ritter, 로빈 로버츠^Robin Roberts, 셀레스트 로저스^Celeste Rodgers, 리카르도 로시니^Riccardo Rossini, 노베르트 자크^Norbert Sack, 파블로 사그니에^Pablo Sagnier, 이사오 사카이^Isao Sakai, 가브리엘 산체스 지니^Gabriel Sánchez Zinny, 그레그 슈나이더^Greig Schneider, 토그니 지거베르크^Torgny Segerberg, 에드문드 시아^Edmund Siah, 캐럴 싱글튼-슬라이드^Carol Singleton-Slade, 마이테 소아레스 데 카마르고^Maitée Soares de Camargo, 라이문트 슈타이너^Raimund Steiner, 호르헤 스테베린크^Jorge Steverlynck, 얀 스튜어트^Jan Stewart, 애슐리 서머필드^Ashley Summerfield, 리카르도 순더란드^Ricardo Sunderland, 릴리 수리야^Lily Surya, 히로아키 타케다^Hiroaki Takeda, 크리스 토마스^Chris Thomas, 후안 토레스^Juan Torras, 킴 반 데르 존^Kim Van Der Zon, 후안 반 페보르크^Juan van Peborgh, 필립 비비안^Philip Vivian, 요하네스 바르트하나^Johannes Wardhana, 닐 워터스, 안드레아스 젠더^Andreas Zehnder 그리고 피터 젠더^Peter Zehnder에게 감사한다.

세계적인 경영사상가 짐 콜린스^Jim Collins에 대한 감사를 빼놓을 수 없다. 짐은 비범한 연구 활동과 저술 활동으로 기업과 사회에 지속적 성장을 위한 통찰을 제시하고 '인재 우선^first who' 원칙의 유효성을 입증한 인물이다. 짐과 리더십 문제를 논할 수 있다는 것과 그의 미출판 원고를 읽는 비판적 독자 중 하나라는 것이 더없이 기쁘고 영광스럽다.

나와 《하버드 비즈니스 리뷰》 논문을 함께 쓰기도 했던 하버드 경영대학원의 니틴 노리아Nitin Nohria 학장과 보리스 그로이스버그Boris Groysberg 교수는 인재 선별과 계발 관련 지식은 물론 그에 따른 도전과제와 교훈과 재미까지 가르치는 교육자로서 둘도 없는 모범을 보여주었다. HBS의 다른 교수진 또한 나의 인재관리 전반에 관한 이해의 진전에 크게 도움을 주었고, 무엇보다 나와 아이디어를 논하고 지식을 나누는 데 귀한 시간을 아끼지 않았다. 이 기회를 빌려 라케시 쿠라나Rakesh Khurana, 노엄 와서먼Noam Wasserman, 롭 캐플런Rob Kaplan, 아시시 난다Ashish Nanda 교수에게 심심한 감사를 표한다. 난다 교수는 현재 인도 아메다바드 경영연구원Indian Institute of Management Ahmedabad 원장으로 재직 중이다.

오래전 유럽에서 맥킨지 컨설턴트로 활동하던 시절, 나는 인재를 계발하고 가르치는 데 제대로 된 직무순환제만큼 효과적인 방법이 없다는 것을 체험을 통해 깨달았다. 그 시절 롤란도 폴리Rolando Polli, 마르시알 캄포스Marcial Campos, 파코 모레노Paco Moreno가 초창기 개발 단계에서 결정적이고 혁혁한 공을 세웠다.

세계적 심리학자 겸 경영사상가 대니얼 골먼Daniel Goleman은 과거에는 감성지능과 사회지능 연구로, 최근에는 관심과 배려라는 리더십 핵심 역량 연구로 인재경영의 지평을 넓히고 있다. 감성 리더십으로 세상을 보다 나은 곳으로 만들고자 하는 그의 열정은 나의 저술 활동에도 최고의 지도와 격려가 됐다.

골먼이 이끄는 '조직에 미치는 감성지능의 영향 연구 컨소시엄CREIO'의 멤버들에게도 적지 않은 신세를 졌다. 골먼과 함께 컨소시

엄의 공동의장이었던 조직심리학자 캐리 처니스^{Cary Cherniss}를 비롯해 리처드 보이애치스^{Richard Boyatzis}, 라일 스펜서^{Lyle Spencer}, 로버트 캐플랜^{Robert Caplan}, 캐시 크램^{Kathy Kram}, 루스 멀로이^{Ruth Malloy}, 릭 프라이스^{Rick Price}, 파비오 살라^{Fabio Sala}에게 고마움을 전한다.

미들테네시 주립대학교의 그레고리 L. 나겔^{Gregory L. Nagel}과 함께 CEO 승계에 관한 그의 독창적이고 유망한 연구 결과를 논할 수 있었던 것도 기쁨이고 보람이었다. 나겔 박사의 학문적 성과는 말할 것도 없고, 인사결정 향상에 대한 그의 열정에 감탄과 존경을 보낸다.

싱가포르가 최고의 인재를 정계와 공직으로 끌어들여 세계에서 가장 경쟁력 있는 국가 중 하나로 성장한 과정을 파악하는 데 도움을 준 동료와 지인들에게도 감사의 마음을 전한다. 특히 싱가포르 행정부의 첫 여성 사무차관이었고 리더십의 비범한 본보기이며 나의 친애하는 벗인 림수훈^{Lim Soo Hoon}에게 감사를 표한다.

인재 확보의 최대 기회는 지역에 있지 않고 성별에 있다는 나의 결론 뒤에는 이를 비범한 능력과 잠재력으로 증명한 여러 여성 인재들이 있었다. 명단이 끝도 없겠지만, 특히 이탈리아의 유럽의회 의원 알레시아 모스카^{Alessia Mosca}, 남아공 아야부나 여성 투자회사의 창립자 힉조니아 나야술루^{Hixonia Nyasulu}, 홍콩의 비영리단체 여성재단 CEO 수-메이 톰슨^{Su-Mei Thompson}, 미국의 페이스북 COO 셰릴 샌드버그^{Sheryl Sandberg}와 펩시코 CEO 인드라 누이^{Indra Nooyi}를 꼽고 싶다.

세상을 보다 나은 곳으로 바꾸는 여성 리더 중에는 메이리 클라크$^{Mayree\ Clark}$도 있다. 클라크가 설립에 참여하고 매니징 파트너로 활동하는 투자회사 이치윈 캐피탈$^{Eachwin\ Capital}$의 경영진과 이사회는 높은 투자수익이란 '무엇을(제품서비스)'이나 '어떻게(전략)'가 아니라 '누가(인적자원)'에 달려 있음을 여실히 증명하는 최고의 인재 그룹이다.

잭 웰치$^{Jack\ Welch}$와 수지 웰치$^{Suzy\ Welch}$가 보여준 놀라운 열정에도 인사를 보낸다. 두 사람은 잭웰치 경영대학원을 비롯한 다양한 경로를 통해서 그들의 경영 이념과 경영 방식을 널리 전파하고 있으며 인재경영에 따른 조직 정예화 열정에서도 놀라운 모범을 보여주고 있다.

제프 베조스$^{Jeff\ Bezos}$가 이끄는 아마존 리더십 팀이 나의 일에 보여준 관심에 감사하고 싶다. 특히 세바스찬 거닝햄$^{Sebastian\ Gunningham}$, 제프 윌크$^{Jeff\ Wilke}$, 토니 갈바토$^{Tony\ Galbato}$, 이린 쿠$^{Ee-Lyn\ Khoo}$, 수잔 하커$^{Susan\ Harker}$의 도움이 컸다. 이들을 알아가는 과정은 아마존의 성공 비결이 인재 등용의 높은 기준이라는 것을 새삼 확인하는 과정이었다.

탁월한 리더 로저 아넬리$^{Roger\ Agnelli}$에게도 깊이 감사한다. 그가 경영인으로 걸어온 인생은, 특히 발레의 CEO로 재직하며 조직에 가져온 변화는 사람 중심 리더십의 성공 스토리와 다름없었다.

나의 출판 에이전트인 헬렌 리스$^{Helen\ Rees}$는 이번에도 작가인 나를 믿어주었다. 헬렌은 이 책에 대한 나의 열정을 첫 순간부터 지지하고 지원했다. 헬렌은 나의 둘도 없는 파트너이자 친구다.

《하버드 비즈니스 리뷰》의 수석편집자 앨리슨 비어드[Alison Beard]도 이 책에 결정적인 도움을 주었다. 앨리슨은 이 책의 출간 과정에서 훌륭한 업무파트너 이상의 역할을 해주었다. 내 출간 결정이 그녀의 참여 여부에 달려 있었다 해도 과언이 아니다. 앨리슨의 뛰어난 인간적·전문적 역량을 알기에 나는 제안서 준비 전부터 앨리슨을 협업 상대로 결정했다. 역시나 이 결정은 지금까지 내가 했던 최고의 인사결정 중 하나로 드러났다. 앨리슨의 에디팅은 전략적 조언 못지않게 훌륭했고, 그녀와 함께한 작업은 예상대로 즐겁고 뿌듯했다.

나와《하버드 비즈니스 리뷰》의 인연은 1990년대 후반부터 시작됐다. 이 조직은 편집장 아디 이그네셔스[Adi Ignatius]의 리더십 아래 선도적 조직문화와 효과적 팀워크를 보여주었고, 나는 이들의 성장 과정을 지켜보는 영광과 기쁨을 누렸다. 하버드 비즈니스 리뷰 출판사 편집 이사 팀 설리번[Tim Sullivan] 또한 멋진 업무 파트너였다. 작업하는 내내 소통과 교감의 즐거움을 주었던 프로젝트 관계자들, 특히 케빈 에버스[Kevin Evers], 스테파니 핑크스[Stephani Finks], 젠 워링[Jen Waring], 모니카 제인쉬그[Monica Jainschigg], 에린 브라운[Erin Brown], 메리 돌란[Mary Dolan], 트레이시 윌리엄스[Tracy Williams], 니나 노치오리노[Nina Nocciolino], 아니아 위코우스키[Ania Wieckowski], 에드 도미나[Ed Domina], 그레그 므로젝[Greg Mroczek], 앨리슨 라이더[Allison Ryder], 데이브 다이룰리오[Dave Dilulio], 엘리 호니언[Elie Honien], 바네사 보리스[Vanessa Boris], 에리카 트럭슬러[Erica Truxler] 그리고 아담 벅홀츠[Adam Buchholz]에게 감사한다.

30년 가까이 내 조력자로 일하고 있는 조아나 에덴Joanna Eden에게 뜨거운 감사를 표한다. 조아나는 그동안 자신이 세웠던 탁월함과 헌신의 기준을 이번에도 뛰어넘었다. 괴롭고 힘든 글쓰기 과정을 조아나 덕분에 쉽고 재미있게 넘길 수 있었다.

내 일생에서 가장 중요한 '사람'으로 이 글의 마지막을 장식하고 싶다. 나의 사랑하는 아내 마리아는 내 인생 최고의 행운이자 축복이다. 마리아의 끊임없는 응원과 지지, 경이로운 통찰력이 아니었으면 이 책은 빛을 보기 힘들었다. 지난해 나의 살인적인 업무와 여행 일정에 무한한 인내심과 이해력을 발휘해준 아내에게 고마움을 표한다. 아내는 탁월한 직업인이자 아티스트이자 세 아이의 엄마다. 내게 아내와 이그나시오와 이네스와 루시아는 신의 선물인 동시에 인생의 행복은 분야를 막론하고 '무엇을'이나 '어떻게'가 아니라 '누구와'에 달려 있다는 것을 매분 매초 일깨우는 존재다.

특별 감사의 말

이곤젠더 한국 지사의 동료들이 『어떻게 최고의 인재를 얻는가It's Not the How or the what but the Who』 한국어판 출간에 갚기 힘든 큰 도움을 주었다.

나의 오랜 친구이자 동료인 이곤젠더 한국 지사 대표 김태영을 비롯하여 김유진, 김봉금, 김지원, 김도아, 송지혜, 김아정, 민난희를 포함한 동료 여러분이 이 책이 나오기까지 보여준 기여와 노고를 치하하려면 말이나 글로는 부족할 것 같다.

한국어판의 제목 결정과 체계 및 내용 확정을 지원하고, 그 과정에서 한국에 대한 정보 재확인과 한국어판 서문 작성을 위한 현지 자료 조사를 정확하고 적절하게 시행해주었을 뿐 아니라, 내가 전달하고자 하는 의미에 부합하는 한국어 단어 선택을 돕는 등 이들이 나의 작업에 더한 가치는 한마디 말로 표현하기 어렵다.

한국인 특유의 성실함과 헌신으로 하루도 쉬지 않고 새벽부터 늦은 밤까지 내게 베풀어준 이들의 놀랍고 감동스러운 열정과 친절에 가슴 깊이, 그리고 머리 숙여 감사한다.

한국어판 서문

―――――――――

『어떻게 최고의 인재를 얻는가』 한국어판이 나온다는 반가운 소식을 접하고 또 한국 독자를 위한 서문을 쓰면서 2015년 10월로 예정된 나의 다음 한국 방문을 미리 머릿속에 그려본다. 그때가 되면 아르헨티나에서 한국까지 경유 공항 체류시간을 합쳐 장장 40시간에 걸친 여행과 12시간 시차에 따른 피로에도 불구하고 가슴 설레어 잠이 오지 않는 것 같다. 설렘의 이유는 여러 가지다. 하나는 이곤젠더 한국 지사의 친애하는 동료들을 다시 만나는 반가움이고, 또 다른 하나는 내 미션에 대한 열정이다.

내 미션은 세계의 리더들과 파트너십을 통해 그들이 잠재력 있는 인재 유치와 양성으로 위대한 기업을 실현하는 데 일조하는 것이다. 하지만 다른 중요한 이유도 있다. 그것은 내가 한국이라는 나라에 가진 엄청난 경외심이다.

한국이 보여준 기적적인 경제성장은 이제 두말하면 입 아픈 이야기가 됐다. 하지만 매년 세계 40여 개국을 여행하면서 온갖 성공 스토리를 접하고 다양한 관점을 쌓은 내게도 한국은 여전히 내 가슴을 뛰게 하는 존재다. 한국은 세계 5위의 수출국이자 1인당 중간 소득과 평균임금에서 아시아 최고를 자랑한다. 가계소득에서는 세계 8위다.

하지만 지난 50년 동안 한국이 이룬 경제성장과 수출 확대만 경이로운 것이 아니다. 한국은 세계 최고 수준의 교육·의료·기업 환경을 갖추고, 고도의 학력 수준과 숙련도를 갖춘 경제활동인구를 길러내며, 학업 성취도와 젊은 층의 대학 학위 소지자 비중에서 OECD 국가들을 선도하고, R&D(연구개발) 활동이 세계에서 가장 집약적으로 이루어지는 나라다. 또한 한국은 세계에서 인터넷 속도가 가장 빠르며, 전자정부와 4G LTE 보급률 세계 1위, 디지털기회지수[DOI]와 스마트폰 사용률 세계 2위다. 한국은 이 모든 것을 침략과 전쟁, 분단으로 나라의 기반이 전면적으로 피폐한 상태에서 불과 수십 년 만에 이뤄냈다. 이런 나라에 대한 나의 존경과 감탄은 끝이 없다.

내 첫 책의 한국어판 출간을 계기로 한국을 방문했을 때 내가 받았던 감명과 감동의 크기는 이루 말할 수 없다. 부모가 자녀교육에 쏟는 열정과 국민의 근면함을 접하고 나는 솔직히 부러운 마음을 금치 못했다. 내 조국 아르헨티나는 불행히도 2000년대 들어 국가부도 사태를 거치며 개인적 계발과 국가적 진전이라는 두 가지 핵심 성장 동인을 대부분 유실했기에 더욱 그랬다.

내가 한국을 경이롭게 생각하는 데는 또 다른 중요한 이유가 있다. 그것은 바로 한국 대기업들의 성공과 중요성이다. 한국 경제에서 대기업이 점하는 위상은 세계에서 유례를 찾아보기 힘들다. 한국에서 상위 10대 기업의 총매출액은 946조 원에 이른다. 이는 약 1,240조 원에 달하는 한국 GDP(국내총생산)의 77퍼센트에 달한다. 대기업들이 창출하는 고용 규모 또한 엄청나서 한국의 경제개발과 번영은 대기업의 약진과 떼어놓고 생각하기 힘들다.

독자들이 앞으로 이 책에서 읽게 되겠지만, 나는 가족기업의 열혈 팬이다. 가족기업 특유의 강한 가치관과 모국에 대한 헌신, 장기 목표 지향성을 높이 사기 때문이다. 거기다 언스트앤영Ernst & Young, 패밀리비즈니스네트워크Family Business Network, 크레딧스위스Credit Suisse 등의 연구 조사에 따르면, 건실하게 경영되는 대규모 장수 가족기업의 경우 비非가족기업에 비해 성장 속도가 빠르고, 위기 대응력이 강하며, 시장수익률에서 몇 퍼센트포인트(% p)나 앞선다.

한국에서도 삼성전자나 현대자동차 같은 기업들이 가족기업의 강점을 여실히 보여주고 있다. 가령 이건희 삼성 회장이 1980년대에 온갖 우려를 무릅쓰고 디램DRAM(컴퓨터메모리반도체의 일종) 산업에 투자하지 않았다면, 삼성전자는 오늘날과 같은 기념비적 위상을 얻지 못했을 것이다. 비가족기업의 전문 경영인 CEO는 주주들이 반대하고 나섰을 게 분명한 초대형 CAPEXCapital expenditures(설비투자)를 과감히 추진하기가 쉽지 않다.

물론 가족기업에도 문제가 없지는 않다. 전 세계적으로 대기업 경영권의 가족 승계는 고도의 위험을 안고 있다. 가족기업의 30퍼센트가 2대까지 이어지고, 고작 12퍼센트만이 3대까지 지속된다. 거기다 결과는 아시아에서 더욱 부정적으로 나타난다. 홍콩 중문대학교 조셉 판^{Joseph Fan} 교수가 타이완, 홍콩, 싱가포르의 가족기업들에서 일어난 경영권 승계를 연구한 결과, CEO 교체 전후 8년 동안 해당 기업들의 주가가치가 평균 60퍼센트 가까이 하락한 것으로 나타났다. 20년 동안 아시아 기업을 연구해온 판 교수는 이렇게 말했다. "이보다 심각한 기업 이벤트는 본 적이 없습니다. 이런 사태는 기업 파산 상태에 맞먹습니다." 판 교수는 아울러 중국에서도 매우 비슷한 현상이 발견된다고 지적했다.

한국에서 대기업들이 차지하는 중요성을 생각할 때 경영권 전환 관리는 고도의 신중함과 주의를 요한다. 바로 이 점이 내가 강조하고 싶은 한국의 첫 번째 도전과제다. 그래서 더더욱 이 책이 한국의 개별 리더를 넘어 대규모 가족기업과 대기업, 나아가 국가 차원에 가치 있는 보탬이 되기를 희망한다. 이 책의 각 장에는 한국을 이끄는 글로벌 기업들의 기업주와 가족 경영인, 최고경영진을 위한 유용하고 중요한 조언과 교훈으로 가득하다.

내가 강조하고 싶은 한국의 두 번째 도전과제는 역량과 잠재력보다 근속연수에 따른 승진 문화다. 내가 이 현상을 처음 인지한 것은 이곤젠더 한국 지사 대표 김태영과 함께 한국의 어느 대기업을 방문했을 때였다. 당시 그 기업의 CEO는 외국인이었는데 우리에게 놀라운 이야기를 해주었다. 그 기업의 CHO(최고인사책임자)는 2,000명에 달하는 사내 고위직 관리자들의 생년과 생월을 외우고 있다가 승진 인사 때마다 가장 유능하거나 전도유망한 후보가 아니라 가장 나이 많은 후보를 밀었다. 일본을 포함한 다른 나라에도 비슷한 문제가 있긴 하지만 내가 한국에서 본 경우처럼 극단적인 경우는 드물었다.

나도 개인적으로는 연장자를 공경하는 문화를 존경하고 지지한다. 하지만 오늘날처럼 복잡하고 복합적인 세계에서 가장 유능하고 전도유망한 인재들을 최고경영진으로 보유하지 못하는 데 따른 위험과 손실은 엄청나다. 그런 조직은 글로벌 무대에서 성공적으로 경쟁하기 어려울뿐더러 심지어 생존마저 위협받는다.

이 책에도 썼지만, 바야흐로 우리는 인사결정의 새로운 시대를 맞고 있다. 이 시대 인사결정의 축은 잠재력을 통해 빠르게 이동한다. 잠재력이란, 한층 복합적인 직무와 책임을 만나서도 성과를 내고 성장하는 능력을 말한다. 오늘날의 지정학, 비즈니스, 산업, 직무는 통합과 분해를 거듭하며 빛의 속도로 변하고 있다. 불과 몇 년 후의 성공 요인과 그에 필요한 역량을 예측하기 힘들 정도다. 따라서 이제는 자기 스스로 최선을 다하고, 개인을 넘어 사회적 대의에 공헌하려는 강한 동기, 새로운 방법과 아이디어를 끊임없이 탐색하는 호기심, 남들이 보지 못하는 연관성을 보는 기민한 통찰력, 자신의 일과 주위 사람들에 대한 적극적 참여의식 그리고 난관과 장애를 극복하려는 결의를 갖춘 인재를 발굴하고 계발하는 것이 필수

과제가 되었다. 안타깝지만 이런 잠재력 요건 중 근속연수와 직결되는 것은 하나도 없다.

인재 등용에서 잠재력이 가장 결정적인 미래 성공의 예측변수이자 전략적 초점으로 등장한 이 시대에 근속연수를 기반으로 한 인사결정은 조직의 종류를 막론하고 심각한 위험요소가 아닐 수 없다.

반가운 것은 일부 대기업을 포함한 한국의 업계 일각에서 이미 이 두 번째 도전과제를 인지하고 적합한 방향으로 변화하고 있다는 것이다. 하지만 연공서열은 여전히 일본뿐 아니라 한국의 기업 환경에서 상당한 위협요인으로 꼽힌다.

엄밀히 말해서 나는 한국이 이 도전과제를 현명히 해결할 가능성에 대해 절대적으로 낙관적이다. 내가 그렇게 믿는 최대 이유는 높은 교육 수준과 헌신적 책임감의 결합을 자랑하는 한국 국민의 뛰어난 국민성에 있다.

내 낙관주의의 두 번째 이유는 일부 한국 기업들이 이미 건전한 진화를 시작했다는 점이다. 내가 보기에 변화의 선두에 삼성전자가 있다. 삼성전자는 30대 후반에서 40대 초반의 젊은 임원진 등용과 성과보상제도의 변혁 등 여러 면에서 진화를 선도하고 있다.

이 책의 머리말에도 썼지만, 삼성전자는 1996년부터 2008년까지 CEO를 지냈고《하버드 비즈니스 리뷰》에서 세계 4대 CEO 중 한 명으로 선정된 윤종용 전 부회장의 주도로 반도체 산업 선도업체에서 소비자 전자제품 산업의 세계적 거두로 눈부시게 탈바꿈했다.

이는 기술과 제조의 우수성은 말할 것도 없고 고객 서비스, 혁신성, 마케팅의 탁월함을 목표한 결과였다. 이 일은 유능한 인적자원을 통해서만 가능한 일이었다.

기존 한국 업계의 관례를 깨는 윤 전 부회장의 인사 접근법은 다음의 세 가지 축을 기반으로 했다. 외부에서 실력과 경험을 겸비한 임원을 선별적으로 영입하기, 조직 내부에 인적 다양성 배양하기, 성장 잠재력이 뛰어난 직원을 훈련하고 계발하기.

나는 한국의 리더들이 특유의 비범한 학습 능력과 장기목표 지향성을 십분 발휘해 업계 일각이 아닌 전반의 요직을 적합한 인재로 채우리라 확신한다. 시대에 맞는 인재 등용이 가장 우선되어야 할 곳은 조직 상층부다. 주위를 인재로 채운 리더의 다음 과제는 인재가 잠재력을 나날이 실현하고 좋은 결과를 창출하도록 지원하는 것이다.

이 책은 한국의 리더에게 주위를 최고 인재로 채우고 그들의 잠재력을 꽃피움으로써 승리하는 방법을 제시하고자 한다.

『어떻게 최고의 인재를 얻는가』는 출간되기 무섭게 세계 최대의 영어 출판물 시장인 미국과 인도에서 최고의 경제경영서 중 하나로 격찬을 받았고, 영어권 경제경영서 리뷰를 전문으로 하는 액시엄 비즈니스 북 어워드^Axiom Business Book Award에서 HR 부문 최고상(금상)을 수상하기도 했다. 책이 출간된 이래 나는 다시 한 번 세상을 돌면서 이 책의 메시지와 실용적 조언들이 전 세계에 미치는 반향과 적용 상황을 확인했고, 한국어판에도 영어판과 같은 기본 체계와 내용을 유지하기로 결정했다. 한국어판은 이 책의 본격적 해외 발간을 시작하는 중요한 의미도 있다.

이 책이 독자 개인의 성공과 계발에 유용한 지침이 되고, 나아가 한국 사회 전반에 보탬이 되기를 간절히 바란다. 이 책이 우리 세계가 보다 나은 곳으로 진화하는 데 일조한다면 저자로서 더한 기쁨이 없겠다.

{ **Part 3** } 스타 발굴 : 평가와 선별의 논리

{ **Part 6** } 보다 나은 사회 : 궁극의 목표

두 명의 CEO 이야기로 이 책을 시작하고 싶다. 두 사람은 확연히 다른 배경에서 출발했다. 이들이 이끄는 기업도 확연히 다르다. 하지만 두 사람에게는 두 가지 강력한 공통점이 있다. 비범한 리더십으로 기업을 성공으로 이끌었다는 점과 그 뒤에는 인재개발의 부단한 노력이 있었다는 점이다. 두 사람은 최고만을 기용하고 그들을 빛나는 스타로 육성해서 드림팀으로 결속하는 데 전심전력했고, 그 결과 자신의 경력과 조직을 진작했음은 물론이고 사회 발전에 크게 이바지했다.

나는 세계 40개국과 주요 산업부문을 두루 넘나들며 30여 년 동안 임원 서치 컨설턴트로 일했다. 그 과정에서 끊임없이 확인하는 사실이 있다. 그것은 일과 삶에서 뛰어난 실적과 성취의 비결은 주위를 인재로 채우는 능력에 있다는 것이다. 물론 쉬운 일은 아니다.

하지만 두 사람은 그 방법을 터득했고, 이 책의 목표는 여러분이 두 사람처럼 되도록 돕는 것이다. 적합한 지식과 훈련과 정책이 따른다면 누구나 탁월한 '인사결정'의 달인이 될 수 있다. 두 명의 CEO 이야기로 시작해보자.

제프 베조스는 제프리 프레스턴 조겐슨^{Jeffrey Preston Jorgenson}이라는 이름으로 1964년 뉴멕시코 주 앨버커키에서 태어났다. 미 정부기관인 원자력에너지위원회 고위관료의 딸이었던 모친은 10대의 나이에 그를 낳았다. 그녀는 어린 나이에 결혼했고 꿈과 희망에 부풀어 은행에 일자리를 얻었다. 하지만 어린 제프의 인생은 그리 순탄하게 시작하지 못했다. 그의 부친이 아들이 태어난 지 얼마 안 가 가족을 버렸기 때문이다. 다행히 모친은 얼마 후 동료 미구엘 베조스와 새로운 사랑에 빠졌다. 베조스는 15세 때 쿠바에서 혈혈단신 미국으로 건너와 고학으로 앨버커키 대학교를 졸업한 사람이었다. 두 사람은 곧바로 결혼했고, 미구엘은 어린 제프를 정식 아들로 입양해 자신의 성을 주었다.

제프 베조스는 어릴 때부터 일을 벌이는 것을 좋아했다. 부모의 차고에 실험실을 차리고 집 안팎으로 각종 전기 장치를 설치하는가 하면, 외할아버지가 은퇴해서 경영하는 2만 5,000에이커의 텍사스 목장을 휘젓고 다니며 온갖 프로젝트를 도모했다.[1] 10대 때 제프는 학교에서 뛰어난 성적을 거두는 한편 최초의 사업을 발족했다. 4~6학년 아이들을 위한 교육용 여름캠프였는데 캠프 이름은 드림 인스티튜트^{Dream Institute}였다. 과학에서 천재적 능력을 보였던 제프는 프린스턴 대학교에서 전기공학과 컴퓨터과학을 전공했고, 졸업 후에는 월스트리트로 진출해 26세에 세계 굴지의 헤지펀드 D.E.쇼^{D. E. Shaw}의 최연소 부사장 자리에 올랐다.

펀드회사의 청년 부사장 베조스는 어느 날 투자 대상이 될 신규 사업을 물색하던 중에 월드와이드웹이 매월 2,300퍼센트씩 폭풍성장 중이라는 놀라운 통계치를 접했다. 아마존 설립의 아이디어가 떠오른 것은 그때였다. 그는 인터넷으로 판매하면 좋을 잠재 사업 품목을 20개 적었다. 그리고 그중 책에 낙점을 찍었다. 책은 어디서 구입하든 품질이 같고, 배송이 간편하고, 품종은 한없이 많고 이를 모두 갖춘 오프라인 매장은 없었다. 베조스는 1994년 회사를 그만두고 자택 차고에서 소프트웨어 개발자 몇 명과 함께 온라인 판매 사업을 시작했다.[2]

1990년대 초에 우후죽순 설립된 닷컴 업체들이 얼마 안 가 줄줄이 엎어졌다. 하지만 아마존은 성장일로를 달렸다. 1995년에는 50만 달러 상당의 책을 파는 데 불과했지만 2012년에는 수십 가지의 상품 카테고리를 두고 610억 달러의 판매액을 올렸다.[3] 현재 아마존은 상근과 비상근 인력을 합해 8만 8,400명에게 일자리를 제공하는 거대기업이며, 고객만족 부문에서도 꾸준히 세계 10대 기업에 든다. 2013년 초 월간 경영전문지 《하버드 비즈니스 리뷰》에 게재한 논문에서 모튼 핸슨^{Morten T. Hansen}, 에르미니아 이바라^{Herminia Ibarra}, 우르스 파이어^{Urs Peyer}는 베조스를 세계 2위의 CEO로 꼽았다 (고^故 스티브 잡스^{Steve Jobs}가 1위이기 때문에 베조스는 현존하는 세계 최고의

CEO인 셈이다).

저자들의 최종 자료 수집 시점이었던 2012년 8월 31일까지 아마존의 시가 총액은 1,110억 달러 증가했다. 아마존의 고성장이 해당 기간 미국 경제나 인터넷 업계의 호황 덕분이라고 여긴다면 고쳐 생각하는 것이 좋다. 해당 기간 아마존의 수익률은 국가조정 기준 1만 2,431퍼센트, 산업조정 기준 1만 2,266퍼센트에 달했다.[4]

로저 아넬리는 1959년 브라질 상파울루에서 태어났다. 로저의 부친 세바스티앙은 내륙지방의 커피농장 근처에서 열 명의 형제자매와 함께 가난하게 자랐다. 이탈리아 이민자였던 세바스티앙의 부친은 커피농장에서 작렬하는 태양 아래 온종일 고된 노동으로 대가족을 부양했다. 세바스티앙은 비록 정규 교육은 단 하루밖에 받지 못했지만(입학 첫날 다른 학생과 싸움이 붙었는데 이를 말리던 여교사의 손가락이 부러지는 바람에 당일로 퇴학을 당했다) 가정교사 밑에서 열심히 산수를 공부했고, 어른이 되어서는 목재 건조기 발명가이자 브라질 유수의 산업용 목재 수출업자로 자수성가했다.[5]

로저는 어렸을 때부터 부친의 목재공장에 놀러 가는 것을 즐겼다. 기술과 효율과 정결함의 세계가 그를 사로잡았다. 그는 기계공학과 비행기에 열정을 보였지만 결국은 상파울루의 FAAP 대학교에서 경제학을 전공했다. 졸업 후에는 브라데스코 은행의 투자뱅킹 부서에 입사해서 11년 후 33세의 나이에 캐피탈마켓 사업부 수장의 자리에 올랐다. 브라데스코 은행 역사상 최연소 본부장이었다.

아넬리는 투자은행 임원으로서 브라질 기업들의 국내 확장 및 해외 진출을 지원하는 한편 500건 이상의 IPO(기업공개)를 추진했고 브라질의 철강, 통신, 광업, 에너지 부문 민영화 과정에 깊이 관여했다. 그가 철광석 생산업체 CVRD^{Companhia Vale do Rio Doce}의 경영을 맡게 된 것도 이런 경로를 통해서였다. 줄여서 발레^{Vale}라고 불리는 CVRD는 이때 민영화 과정을 거쳐 브라데스코 은행을 대주주로 두고 있었다. 2000년, 은행은 아넬리에게 발레의 행정협의회를 맡아달라고 요청했다. 아넬리는 발레 경영진과 친분을 트며 전략 연구를 주도했고, 이듬해에 발레의 회장 겸 CEO로 임명됐다. 그리고 이후 10년 동안 가난한 이민자의 손자는 기업 역사에 다시없을 가치 창출을 이끌었다.

아넬리는 발레가 세계의 거물기업들과 경쟁하는 날을 꿈꿨고, 불과 10년 만에 그 꿈을 실현했다. 발레는 라틴아메리카 최대의 민영 기업이자 세계 20대 기업으로 부상했다. 아넬리의 임기 마지막 해였던 2011년에 발레의 매출은 590억 달러, 수입은 230억 달러였다. 2001년의 40억 달러와 10억 달러에 비하면 그야말로 괄목할 성장이었다.[6] 보스턴 컨설팅 그룹의 조사에 따르면 발레는 2000년대에 세계 최고의 생산성과 수익성을 기록했다. 고용 규모도 협력업체를 포함해 1만 1,000명에서 19만 명으로 대폭 증가했다. 발레는 브라질의 철도 산업을 부활시켰고 해운업을 재편했다. 30억 그루의 산림을 조성하는 등 환경 보존에도 이바지하며 이룬 성과였다.[7]

아넬리의 재임기간 동안 발레의 시가총액은 1,570억 달러 증가했고, 이에 따라 아넬리는 앞서 언급한 핸슨, 이바라, 파이어의 논문에서 세계 4위의 CEO로 랭크됐다. 이것이 해당 기간 브라질 경제의 호황 또는 원자재 가격 상승 덕분이라고 여긴다면 고쳐 생각하는 것이 좋다. 해당 기간 발레의 주주수익률은 국가조정 기준 934퍼센트, 산업조정 기준 1,773퍼센트를 기록했다.[8]

제프 베조스와 로저 아넬리는 CEO 재임기간 동안 가공할 가치 창출을 주도하며 성공가도를 달렸다는 공통점이 있다. 반면 이들이 키운 기업의 성격은 더할 수 없이 대조적이다.

- 아마존은 신생기업이었고, 발레는 관영기업으로 오래된 회사였다.
- 아마존은 첨단산업에 속하는 온라인 판매회사였고, 발레는 재래산업이자 지역산업에 속하는 광업회사였다.
- 아마존은 당시 세계 최고의 국가경쟁력을 자랑하던 선진국 미국에서 창업했고, 발레는 경제 상황이 불안정하고 위험 가능성이 높은 개발도상국 브라질에 기반을 두었다.
- 아마존은 주로 미국 내에서 자체적으로 사세를 확장했고, 발레는 자체 성장과 인수합병을 통해 세계시장으로 급팽창했다.
- 아마존은 고도의 고객맞춤형 서비스를 제공하는 세계 최대 B2C 기업이며 현재는 고객지원 솔루션 공급업체로 사업을 다각화했다. 발레는 전통적 B2B 기업이며 산업 원자재 생산업체다.

베조스와 아넬리는 배경부터 몹시 상이했고, 두 사람의 회사도 이렇듯 지극히 이질적이었다. 하지만 두 사람의 성공은 참으로 비슷했다. 그 비결은 무엇일까?

우선 두 사람은 불세출의 리더다. 두 사람은 놀랄 만큼 명민하고 포부가 컸다. 공들여 수립한 전략은 엄격하고 정연하게 추진됐다.[9] 하지만 인생의 다른 영역도 그렇지만, 기업의 세계에서 오로지 혼자의 힘으로 승리하는 사람은 없다. 성공은 인간관계와 주변 사람들에 깊이 좌우된다. 베조스와 아넬리는 이 사실을 깨닫고 이해하고 적극 수용했다. 내 생각에는 이 점이 두 사람의 가장 큰 공통점이자 특성이다. 두 사람은 성공이 '무엇을'이나 '어떻게'의 문제가 아니라 '누구와'의 문제라는 것을 알았다.

이 책에서 나는 핵심 주제를 '무엇을 어떻게 할 것인가'가 아니라 '누구와 할 것인가'에 두고 있다. 사실 베조스가 2007년《하버드 비즈니스 리뷰》와 했던 인터뷰에서 착안해낸 말이다.[10] 기업투자가에서 관리자와 리더로 역할 전환에 성공한 비결을 묻는 질문에 베조스는 이렇게 답했다.

사업 초기는 원맨쇼와 같다. (……) 할 일을 구상하는 것도 나요, 실행하는 것도 나다. (……) 그러다 회사가 커지면 (……) 실행 방법 궁리보다는 주로 사업 구상을 하게 된다. 나중에는 사업 구상도 남에게 넘기고 자신은 적임자 찾기에 몰두하는 때가 온다. 따라서 역할의 변화란 질문의 변화라고 할 수 있다. 질문은 '어떻게?'에서 '무엇을?'로, 다시 '누구와?'로

변한다. 판이 커지면 그렇게 될 수밖에 없다.

이런 사고방식은 아마존의 기업문화와 정책에도 여실히 드러난다. 언젠가 나는 시애틀에서 열리는 아마존 글로벌 인재 채용 회담에 기조연설자로 초청받았다. 이때 나는 아마존의 고위직 리더들을 대상으로 워크숍을 세 차례 진행했다. 내가 전 세계 기업들을 돌며한 해에 백 번씩 하는 일이다. 그렇지만 인사정책에서 아마존만큼나를 감동시킨 기업도 없다. 베조스는 1998년도 '아마존 주주에게보내는 편지'에서 최고의 직원과 관리자 등용과 육성에 대한 결의를 다음과 같이 피력했다.

인터넷처럼 역동적인 사업 환경에서는 비범한 인적자원 없이 성과를 기대하기 어렵습니다. 작게라도 역사를 창조하는 일이 결코 쉽지 않은 일이라는 사실을 우리는 잘 알고 있습니다. 현재 우리 팀에는 고객 우선을 금과옥조로 삼는 똑똑하고 성실하고 열정적인 2,100명의 직원이 있습니다. 직원 채용에 적용하는 높은 기준과 목표치는 지금까지 그래왔듯 앞으로도 아마존닷컴의 가장 중요한 성공 요인이 될 것입니다.[11]

창업 단계부터 베조스는 증원할 때마다 시너지 효과도 동반 상승하는 인재 풀talent pool을 구축하고자 했고, 그 방침을 고수했다. 그는 기준미달의 사람을 채용하느니 50명을 면접하고 한 명도 채용하지 못하는 것이 낫다고 말한다.[12] 아마존 최고경영진의 핵심인물들은 지난 15년을 아마존과 함께했다. 그들은 공동의 핵심가치를

온몸으로 받아들여 호흡하는 사람들이다.[13]

아넬리가 발레에서 보여준 10년 동안의 비범한 리더십 역시 조직 정예화의 결심에서 비롯됐다. 최근 나와 만났을 때도 그는 이 점을 명확히 했다.

> 성공의 열쇠는 탁월한 팀에 있었습니다. 인사정책에서 발레와 다른 기업의 주요 차이는 고위직 임용에 적용하는 엄격한 원칙과 각별한 기준이었습니다. 우리는 조직의 장기 전략과 높은 목표치에 불같은 열정으로 매진하는 고성과자가 아니면 채용하거나 승진시키지 않았습니다.

아넬리는 발레의 CEO로 취임하자마자 이곤젠더 컨설턴트 에딜슨 캐머라와 함께 인재를 발굴하고, 역량계발 니즈를 평가하고, 발레에 유례없는 능력주의 기강을 세우기 위해 전력투구했다. 고위임원 발탁에는 예외 없이 조직 내외의 잠재후보군 전원에 대한 객관적, 개별적, 전문적인 평가가 따랐다. 그는 CEO 재직기간 동안 250여 명의 고위임원을 이런 방법으로 채용하거나 승진시켰다. 미국에서 중국, 브라질, 모잠비크까지 발레 사업체가 있는 곳치고 그의 인재 발굴 노력이 미치지 않는 곳이 없었다. 하지만 아넬리는 외부 영입으로 거둔 성공보다 내부 진급체계를 밟아 올라온 인재들의 자질 향상을 자신의 최대 업적으로 꼽는다. 내부 역량 강화는 효과적인 성과 평가와 훈련과 멘토링으로 가능했다. 아넬리는 이렇게 설명한다.

나는 항상 내부 승진을 선호하는 편이지만, 처음에는 조직문화 변화가 필요했기에 내부 임용에만 의지할 수가 없었다. 하지만 5~6년 후에는 고위직 임용을 모두 내부 승진으로 충당할 수 있었다.

베조스는 여전히 아마존닷컴의 수장으로서 아마존의 핵심 성공요소인 기업문화와 리더십과 인사정책을 대변한다. 아넬리는 2011년 발레의 CEO 자리에서 퇴임했다. 그가 10년의 재임기간 동안 보여준 비범한 리더십은 발레를 세계 최대 규모의 자원개발업체로 키웠다.[16] 두 사람이 2000년 세계 4대 CEO에 든 비결은 최적의 '인사결정'을 내리고, 내부의 유망주들을 함께 빛나는 별무리로 육성한 데 있었다.

두 사람이 인재경영의 대표적 리더로 책의 처음을 장식한 데에는 아마존과 발레와 쌓은 나의 개인적 지식과 인연이 크게 작용했다. 하지만 핸슨, 이바라, 파이어의 CEO 순위에서 1위와 3위를 차지한 애플의 스티브 잡스와 윤종용 삼성전자 전 부회장도 언급하지 않을 수 없다. 두 사람 역시 인재경영에 탁월한 리더였다. 나는 임원 서치 컨설턴트로 일하며 지금까지 2만 명에 달하는 임원을 면담했고, 그중 4,000명 이상과 심도 있는 이력 상담을 가졌다. 내가 아는 성공한 리더치고 인재경영의 고수가 아닌 경우가 없다. 하버드 경영대학원의 정규 초청강사로 활동하고 경영포럼의 기조연설자로 전 세계를 돌면서 접하는 사실들도 내게 이 믿음을 끊임없이 재확인해주었다.

나는 사람들이 직원, 동료, 팀원, 프로젝트 매니저, 멘토, 상사, 친구, 나아가 배우자를 선택하는 데 보다 나은 결정을 하도록 돕는 것을 평생의 업으로 택했다. 이런 결정들이야말로 빛나는 커리어, 행복한 인생, 번영하는 조직, 보다 나은 사회를 실현하는 결정이라는 것을 알기 때문이다. 나는 이 책을 통해 여러분을 돕고자 한다.

　이 책은 탁월한 인사결정을 막는 장애요인을 짚어보는 것으로 시작한다. 장애요인은 내부요인(사람의 무의식적 편향)과 외부요인(조직과 사회의 압력)으로 나뉜다. 성공을 향한 첫 번째 단계는 이런 장애를 의식하는 것이고, 두 번째 단계는 장애 극복에 따를 엄청난 기회를 인지하는 것이다. 이어서 최고 인재 선별을 위한 효과적인 평가 툴과 전략을 제시한다. 최고 인재란 적합한 동기와 자질과 잠재력을 갖추고 지속적 성장의 동력이 될 사람들이다. 다음에는 선택한 인재들을 순발력 있고 다재다능한 스타로 계발하고 유효성 있는 팀으로 묶는 방법을 설명하고, 마지막으로 탁월한 인사결정을 통한 개인과 기업의 사회적 책임 실현을 강조하며 책을 마무리하고자 한다. 베조스와 아넬리처럼 인재경영에 성공하는 리더는 자신과 기업의 가치를 높이는 것은 말할 것도 없고, 조직을 넘어 세상 전체를 보다 나은 곳으로 바꾸는 사람이다.

　나는 이 책의 장들을 다음과 같이 분류했다.

- Part 1. 내부의 적 : 인사결정자의 한계
- Part 2. 걸림돌인가 징검다리인가 : 외부의 장애와 기회

- Part 3. 스타 발굴 : 평가와 선별의 논리

- Part 4. 빛나는 미래 : 인재개발

- Part 5. 승승장구하는 팀 : 공동의 위대함 배양

- Part 6. 보다 나은 사회 : 궁극의 목표

　각 장은 나의 경험담이나 학계의 관련 연구로 시작해서 인사결정의 성공 가능성을 높이기 위한 현실적 조언으로 끝맺는다. 여러분 안에도 베조스와 아넬리 같은 인사결정의 귀재가 숨어 있다. 이제 그 능력을 일깨워 주위를 최고로 채우자.

톱 4 – '사람'을 먼저 놓는 사람들

애플의 창업자이자 CEO였던 스티브 잡스와 윤종용 삼성전자 전 부회장은 핸슨, 이바라, 파이어의 세계 최고 CEO 명단에서 각각 1위와 3위에 선정됐다. 놀랄 것도 없이 이 두 사람도 베조스와 아넬리처럼 조직 정예화에 눈부신 기량을 보였다.

스티브 잡스

애플의 전설적 CEO 고故 스티브 잡스는 다방면에서 뛰어난 재능을 보인 리더였다. 하지만 『스티브 잡스』의 작가 월터 아이작슨Walter Isaacson에 따르면 잡스가 남긴 가장 중요한 리더십 교훈 중 하나는 'A급 플레이어'만 허용하는 것이었다.[15] 1995년에 잡스 자신도 이렇게 말했다. "사람들은 앞으로 사람의 문제나 조직의 문제를 테크놀로지로 풀 수 있는 세상이 온다고 말한다. 하지만 그것은 희망적 사고에 불과할 뿐 사실이 아니다. 인사 문제는 근본부터 공략해야 한다. 인사의 근본은 인재고, (……) 최고 인재를 끌어 모을 경쟁력이다."[16] 잡스는 같은 해에 이런 말도 했다. "우리와 일하는 여러 조직의 수준을 최상으로 유지하는 것이 내 역할의 일부로 생각한다. 그것이 (……) 내가 개인적으로 사회에 기여하는 한 가지 방법이다."[17]

잡스는 주어진 분야에서 최고와 나머지 사이에 드넓은 격차가 존재한다는 것을 남

보다 먼저 간파했다(최고와 나머지의 격차에 대해서는 8장에서 다룬다). "택시를 타고 맨해튼을 횡단한다고 치자. 최악의 택시기사와 최고의 택시기사는 대략 2:1의 차이를 만든다. 같은 거리를 최고의 택시기사는 15분, 최악의 택시기사는 (……) 30분에 달린다. (……) 평범한 소프트웨어 개발자와 탁월한 소프트웨어 개발자는 50:1의 차이를 만든다. 나는 세계 최고의 인재를 확보하는 것이 결국 남는 장사라는 것을 발견했다. 이는 소프트웨어 개발을 비롯해 내가 해봤던 모든 일에 해당한다."[18]

최고 인재 영입으로 따지면, 애플의 디자인 총괄수석부사장 자리에 오른 영국 디자이너 조너선 아이브Jonathan Ive만한 예가 없다. 맥북 프로MacBook Pro, 아이맥iMac, 맥북에어MacBook Air, 아이팟iPod, 아이팟 터치iPod Touch, 아이폰iPhone, 아이패드 미니iPad Mini가 모두 그의 주도로 탄생했다.[19]

잡스가 채용한 사람들은 잡스를 지극히 모질지만 엄청난 영감을 주는 보스로 평했다. 잡스는 아이작슨에게 이렇게 말했다. "그동안 내가 깨우친 것이 있다면 정말로 탁월한 사람들은 어르고 달랠 필요가 없다는 것이다. 탁월함을 기대하는 것만으로 그들에게서 탁월함을 이끌어낼 수 있다."[20] 잡스 전기에 따르면, 다른 기업에 비해 애플의 톱 플레이어들은 재직기간이 길었고 높은 충성도를 보였다. 그것이 잡스가 행한 인재경영의 결과였다.

마지막으로 잡스는 기준미달의 사람들을 조직에서 하차시키는 데도 망설임이 없었다. "최고 인재가 아닌 사람들이 있는 것도 고통스럽지만 그들을 솎아내는 것도 고통스럽다. 하지만 기대에 부합하지 못하는 사람들을 걸러내는 것이 결국 내가 리더로서 해야 할 역할이다. 가급적 인간적인 방법을 강구하지만, 어쨌거나 해야 할 일이고 어찌해도 즐겁지 않은 일이다."[21]

윤종용

1996년에서 2008년까지 삼성전자 CEO를 지낸 윤종용 전 부회장은 재임기간 동안 삼성을 반도체 업계 리더에서 소비자 전자제품 분야의 초대형 글로벌 플레이어로 키웠다. 기술과 제조의 우수성은 말할 것도 없고, 고객서비스, 혁신성, 마케팅의 탁월함에 집중한 결과였다. 이는 유능한 인적자원을 통해서만 가능한 일이었다. 윤 전 부회장은 이렇게 말했다. "나는 경영자원을 다섯 가지 범주로 분류합니다. 테크놀로지/스킬, 자본, 정보, 속도, 사람입니다. 자본을 제외한 나머지 세 가지의 개발과 변화와 활용은 사람의 역량에 달려 있습니다. 이것이 삼성에서 보낸 45년 동안 내가 항상 사람을 우선시한 이유입니다."

한국에서는 다소 비정통적인 윤 전 부회장의 인사 접근법은 크게 세 가지로 요약된다. 외부에서 경험 많고 실력 있는 임원을 선별적으로 영입하기, 조직 내에 다양성 배양하기, 성장잠재력이 우수한 직원을 훈련하고 계발하기.

윤 전 부회장은 필요하다고 판단되면 외부인사 영입을 망설이지 않았다. 심지어 최고 직급에도 외부인을 발탁했다. "나도 반도체 생산에서 TV 제품 개발, 조달, 해외지사 운영까지 다양한 경험을 쌓으며 성장했습니다. 다양한 배경의 사람들을 통해 새로운 관점과 견해를 모아야 기존의 경직된 조직에 도전의식과 변화를 가져올 수 있습니다. 선진 기업 출신 임원을 영입하면 선진 기업문화를 함께 도입하는 효과가 있습니다."

윤 전 부회장은 삼성의 인재 영입 노력을 주도하며 조직 내 '다양성의 개화'에 노력했다. 그는 "이례적이고 단발적인 외부인 발탁으로는 압도적 다수에 영향을 미치기 어렵다. 따라서 인재 인수talent acquisition는 대대적으로 이루어져야 충분한 성공 가능성을 확보할 수 있다"고 믿는다. 그는 기존의 인재 선발 기준에도 변화를 시도했다. 삼성은 그의 주도로 한국 대기업 중 최초로 채용과 승진 심사에서 학벌의 비중을 최소화했다. 그는 최고 명문대 출신자만 선호하던 관행을 버리고 보다 넓은 후보군에서 유능하고 잠재력 높은 인재를 발굴하는 인사행정 정착에 앞장섰다.

윤 전 부회장의 또 다른 업적은 한국의 여성 인재를 적극 활용한 것이었다. 한국의 대기업 대부분은 명문대 출신 선호 성향과 더불어 여성 인력 기피 성향을 보였다. 그는 인사 관계자들에게 신입 채용부터 고위임원 인선까지 여성 합격자의 비중을 30퍼센트 이상 끌어올리라는 목표치를 주었다.

결론적으로 인재개발이 윤종용 전 부회장의 최우선 과제 중 하나였다. 삼성은 그의 발의에 따라 대규모 트레이닝센터를 건립해서 젊은 임원들이 하드 스킬hard skills과 소프트 스킬soft skills(직능별 전문지식을 뜻하는 하드 스킬에 대비되는 개념으로, 리더십과 감성지능에 기반을 둔 조직 강화, 관계관리, 소통 능력을 말한다-옮긴이)을 두루 닦도록 했고, 해외 전문가 제도를 통해 잠재력 있는 직원들을 1년 동안 세계 각지로 파견해 현지 언어와 문화를 익히도록 했다.[22]

Part 1

내부의 적:
인사결정자의 한계

인간은 본래 인사결정에 취약하게 태어났다.
인재 등용과 조직 정예화의 첫걸음은 이런 약점을
인정하고 바로잡는 것이다.

원시시대 하드웨어, 전근대적 소프트웨어

2011년 10월, 나는 뉴욕 월드 비즈니스 포럼에 모인 4,000여 명의 고위임원과 중간관리자들 앞에 연사로 섰다. 그리고 이런 질문으로 강연을 시작했다.

"중요한 인사결정에서 뼈아픈 판단 착오를 범했던 경험이 있으신 분?"

4,000명 전원이 손을 들었다. 그날 모인 사람들만의 문제는 아니다. 전 세계 모든 관리자들이 인재 선별에 애를 먹는다(아니라고 하는 사람이 있다면 거짓말이다). 제너럴일렉트릭General Electric의 전설적 전임 CEO 잭 웰치도 몇 해 전 내게 이렇게 말했다.

"탁월한 인사결정이란 한없이 어렵죠."

웰치는 GE 재직 시절, 하급 관리자 때 내린 인사결정의 50퍼센트는 실패로 돌아갔고 30년 후 CEO가 됐을 때도 실패율이 20퍼센트에 달했다고 털어놓았다. 20세기 최고의 기업 리더 중 한 명이 인사결정 실패율을 50퍼센트에서 20퍼센트로 낮추는 데 장장 30년이 걸렸다. 탁월한 인사결정이 얼마나 어려운지 실감할 수 있다.

적임자 선택이 왜 이렇게 어려울까? 물론 이유는 많다. 우선 미래 니즈를 예측하기 어렵고, 사람의 특성과 기량을 빠르고 정확하게 평가하는 것도 쉽지 않다. 탁월한 인사결정의 걸림돌들은 다른 장에서 본격적으로 다루기로 하고, 이 장에서는 가장 근본적인 문제를 들추고자 한다. 근본적인 문제는 이것이다. 우리는 탁월한 인사결정에 유리한 뇌를 타고나지도 못했고 합당한 교육을 받지도 못했다.

인간이란 동물은 약 200만 년 전에 지구에 출현했다.[1] 인간은 진화에 진화를 거듭했다. 하지만 진화 과정은 매우 느리다. 오늘날 인간의 뇌는 먼 옛날 열대의 사바나에서 사슴을 쫓던 원시 사냥꾼의 뇌와 별반 다를 게 없다. 우리는 만 년이나 묵은 하드웨어로 생각하고 행동하고 일하고 인사결정을 내리는 셈이다.[2]

그럼 원시시대 선조들에게는 어떤 종류의 결정이 필요했을까? 이때의 결정은 크게 '4F'를 수반한다. 4F란 싸움fight, 도망flight, 먹을거리food 그리고 성교fornication다. 움직이는 것이 포착됐을 때 가장 중요한 것은 '저것이 나를 잡아먹을 것인가, 내가 저것을 잡아먹을 것인가?'라는 생사가 걸린 판단이었다. 판단 오류는 죽음과 직결됐다. 상대(사슴)를 놓친 탓에 식량 확보에 실패하여 굶어 죽거나, 달아나지 못해 사자에게 잡아먹히거나.

초기 인류는 서로에 대해서도 동일한 종류의 결정을 내려야 했다. 낯선 이가 나의 모닥불로 접근한다. 싸울 것인가, 도망갈 것인가, 아니면 남은 두 가지 F 중 하나를 위해 연대할 것인가? 이때의 판단 근거는 무엇이었을까? 이때 원시인은 자신과 상대의 유사성을 살폈다. 상대가 자신과 비슷하면 받아들였고, 그렇지 않으면 맞서 싸우거나 자리를 내주고 달아났다. 당시에는 매우 효과적인 전략이었다. 지금 당신이 이 책을 읽고 있는 것은 당신의 조상이 '사람 선택'에서(그리고 '동물 선택'에서) 날마다, 무사히, 적절한 판단을 내린 덕분이다. 우리 조상은 적자생존에서 살아남아 자신의 유전자를, 즉 적자의 상황 판단 신경회로를 후대에 전수했다.

그 결과 인간의 뇌는 선택 상황에 처하면 무의식적으로, 전광석화처럼, 일고의 망설임 없이, 본능에 따른 결정을 내리도록 진화했다. 본능적 판단의 기준은 유사성, 익숙함, 편안함이다.[3] 우리는 태어나는 순간부터 자신과 비슷한 사람을 인정하고 믿는다. 좋은 예가 있다. 심리학 학술지 《사이컬로지컬 사이언스Psychological Science》 최근호에 실린 한 논문에 따르면, 아기들은 자신과 닮은 사람을 좋아할 뿐 아니라 자신과 다른 사람에게 적대적인 사람도 좋아한다.[4] 아기만 그런 것이 아니다. 나이가 들어도 유유상종 성향은 바뀌지 않는다. 여러 연구에 따르면 사람은 커서도 국적, 인종, 성별, 교육 수준, 직종 등 공통점이 있는 사람끼리 뭉친다. 하다못해 이름의 머리글자만 같아도 친밀감을 느낀다.

100년 전만 해도 세상이 지금보다 배타적이었고, 비즈니스는 단순했으며, 직업은 안정적이었다. 그때는 동질성을 좇는 원초적이고 직감적인 의사결정 패턴이 심각한 문제를 야기하지 않았지만, 오늘날에는 엄청난 걸림돌로 떠올랐다. 요즘처럼 고도로 연계된 다문화 글로벌 환경에서는 동류 집단의 비호와 인정만으로는 성공을 이룰 수 없다. 이제는 다양한 배경과 상호보완적 기량으로 무장하고 적절한 이의제기 자질을 갖춘 인물들로 조직을 정예화해야 성공할 수 있다.

하드웨어만 고물이 아니다. 설상가상으로 우리의 '소프트웨어'마저 구식이다. 월드 비즈니스 포럼에서 나는 또다시 질문을 던졌다.

"여러분 중 인사평가 교육을 받아보신 분?"

4,000명 중 달랑 20명만 손을 들었다. 전체의 0.5퍼센트에 불과했다. 나는 40여 국에서 같은 질문을 반복했다. 결과는 언제나 비슷했다. 전 세계 리더와 관리자의 대부분은 직원의 역량을 평가하고 그들의 잠재력 실현을 지원하는 데 필요한 적절한 교육이나 훈련을 받지 못했다.

세계적 교육학자 켄 로빈슨Ken Robinson이 2006년 TED 강연 '학교가 창의력을 죽인다'에서 역설했듯, 우리의 교육은 위험 수준으로 낙후되어 있다.[5] 우리는 언어와 수학은 정규과정으로 가르치면서 사회화 기량은 저절로 형성될 것으로 기대한다. MBA 과정도 예외는 아니어서 태생부터 심각한 결함을 보였다. 1928년까지 회계와 경제학은 미국의 34개 경영대학원 모두에서 가르쳤지만, 당시 용어로 '인사관리' 과목을 가르치는 곳은 단 두 군데에 불과했다.[6]

물적 자산과 자본이 핵심 생산요소였고 효율성이 최대 덕목이었던 20세기 초에는 그럴 수 있다고 치자. 하지만 인적 자산과 혁신이 기업의 미래를 결정하는 오늘날에는 얘기가 다르다. 그런데도 1920년대나 지금이나 상황은 크게 바뀌지 않았다.

최근 시카고 드폴 대학교의 에리히 C. 디어도르프^{Erich C. Dierdorff}와 로버트 S. 루빈^{Robert S. Rubin}이 MBA 과정의 타당성 검증을 위한 대규모 연구 조사에 착수했다. 두 학자는 현행 MBA 과정을 관리자 역량의 실증모델(실험적 사실을 바탕으로 한 리더의 조건)과 현직 관리자들의 의견에 비교했다.[7] 분석 결과, 현장에서 가장 중요하다고 평가되는 3대 역량은 인적자본 관리, 의사결정 프로세스 관리, 전략과 혁신 관리였다. 그런데 MBA 과정 필수과목 중 이 세 가지의 비중이 가장 적었다. 전체 MBA 프로그램의 29퍼센트만 인적자본 관리 관련 과목을 두 가지 이상 제공했고, 의사결정 프로세스 관리 관련 과목을 두 가지 이상 개설한 곳은 19퍼센트에 불과했다. 이와 대조적으로 경영지원 업무 관련 과목을 두 가지 이상 제공하는 곳은 87퍼센트에 달했다.

우리는 디지털 기술 혁명이 만들어낸 환상적인 세상에 산다. 현대는 전 세계가 첨단 정보시스템으로 결합되어 질적·양적으로 유례없는 가능성을 창출하는 지구촌 문명 시대다. 이 책만 해도 킨들^{Kindle}이나 아이패드나 삼성 태블릿으로 읽는 독자들이 많을 것이다. 10년 전만 해도 상상조차 못했던 제품들이다(우연찮게도 세 제품의 개발사들은 내가 머리말에서 소개한 인재경영 선도 업체들과 겹친다). 이런 제품들은 첨단의 하드웨어와 소프트웨어를 장착하고 우리 세계에 최적화된 기능성을 발휘하고 있지만, 막상 우리의 뇌와 교육시스템은 그렇지 못하다.

긍정적 뉴스도 있다. 인간의 신경회로망은 예상 외로 유연하다. 우리에게 의지만 있다면 원초적 본능은 누르고, 우리 뇌의 '의결기관executive center'인 전전두엽을 활성화시켜 인사결정의 질을 높일 수 있다.[8] 잭 웰치도 규율 있는 학습과 실천을 통해 조직을 정예화하고 뛰어난 리더를 육성하는 실력을 쌓았다. 제프 베조스, 로저 아넬리, 스티브 잡스, 윤종용도 마찬가지였다. 여러분도 할 수 있다. 그것이 이 책의 존재 목적이다.

인정할 것은 인정하고 시작하자. 우리는 무의식적 편향에 휘둘리는 존재이며, 우리가 몸담았던 학교나 조직도 그것을 고쳐주려 힘써 노력하지 않았다. 개선 노력은 이제 각자의 과제이자 기회로 남았다.

02

확신의 함정

지난 몇 해 동안 듀크 대학교 연구진이 미국 대기업 CFO(최고재무책임자)들에게 향후 12개월 동안의 S&P 500 지수 수익률 추산을 요청했다.[1] 지수 수익률 예측은 노련한 전문가에게도 어렵다는 것을 알기에 연구진은 CFO들에게 '80퍼센트 신뢰 구간(수익률이 포함되어 있을 것으로 80퍼센트 확신하는 예상 범위)'을 허용했다. 바꿔 말하면 뜻밖의 결과가 나올 확률은 20퍼센트였다. 하지만 이듬해에 결과치가 나왔을 때 실제 수익률 가운데 자그마치 67퍼센트가 CFO들의 예상 범위를 벗어났다.

다시 말하지만 주가지수 수익률 예측을 아마추어 개인투자자에게 부탁한 것이 아니다. 세계에서 내로라하는 재무담당 임원들에게 의뢰했고, 그들은 본인의 추정치에 나름 상당한 자신감을 보였다. 하지만 그들 중 3분의 2가 틀렸다. 그렇게 확신했건만 예상은 보기

좋게 빗나갔다.

예측에 대한 과신은 인간에게 만연한 심리적 편향이다. 과잉 확신 편향이 재무예측이나 일기예보에만 해당되는 것은 아니다. 인사결정에도 극적인 영향을 미친다. 우리 대부분은 관련 교육을 받은 적도 없고, 비즈니스 현장에서 관련 경험을 쌓은 적도 없으면서 자신에게 타인의 역량을 정확히 판단할 능력이 있다고 여긴다. 관리자급으로 막 승진한 사람이면 경험이 전혀 없을 테고, 심지어 고위임원도 구체적이고 유의미한 경험이 부족한 경우가 많다. 이곤젠더에서 시행한 조사에 따르면, 미국과 영국의 대형 상장사 이사회 임원들 중 CEO 승계자 선임 과정에 참여해본 경험이 없거나 있어도 고작 한 번이었던 사람이 70퍼센트에 달했다. 이런 사람들이 기업의 운명을 좌우하는 고위직 임용 심사의 책임자였다.

이런 근거 없는 자신감은 어디서 오는 걸까? 눈앞의 정보만 과신하고 건실한 평가와 정확한 예측을 위해 좀 더 알아야 할 것들을 고민하지 않는 성향 때문이다.

1장에서 말했듯 사람을 선택하는 데 우리의 뇌는 유사성과 익숙함과 편안함에 근거해 신속한 결정을 내리도록 프로그램 되어 있다. 그런데 충동적 결정을 부추기는 편향이 하나 더 있다. 이 편향은 한결 미묘하게 작용한다. 인간의 의사결정 관련 정신활동에 대한 연구로 2002년 노벨경제학상을 수상한 프린스턴 대학교 명예교수 대니얼 카너먼^{Daniel Kahneman}은 이 편향을 'WYSIATI'로 명명했다. WYSIATI는 '보이는 것이 전부다^{What you see is all there is}'의 약자다.[2] 날마다 새로 쏟아지는 정보의 홍수와 끝없이 선택과 판단을 요구받는 상황에서 우리의 뇌는 에너지 고갈을 막기 위한 방편으로 거의 자동적으로 움직인다(카너먼은 이렇게 즉각적이고 직관적이고 말초적인 사고를 시스템 1이라 부른다). 시스템 1은 여러모로 유용하게 작용한다. 하지만 한정적이고 불확실하고, 심지어 무관한 정보를 바탕으로 이야기를 만들어내고, 그것을 전폭적으로 믿어버리는 사태를 초래하기도 한다. 직관적 결정도 필요하겠지만 때로는 의식적이고 신중하고 분석적인 사고(시스템 2)가 필요할 때가 있다. 특히 인사결정에는 시스템 2가 필요하다. 하지만 평소 우리를 지배하는 것은 시스템 1이다. 또는 시스템 2가 발동하기도 전에 시스템 1이 반응해버린다. 앞서 예로 든 CFO와 이사진뿐만이 아니다. 사람은 누구나 자신의 견해를 맹신하면서 오류의 위험을 재고하지 않는 경향을 보인다.

실례를 들어보자. 당신이 '메리는 5년 전 아이비리그 대학을 졸업하고 세계적 소비재 생산업체에 입사했으며 능력을 인정받아 단기간에 이미 두 차례나 승진했다'라는 정보를 접했다고 하자. 당연히 메리의 프로필에 관심이 갈 것이다. 혹시 우리 회사에 해당 분야의 경력자가 필요하지 않은가? 필요하다면 당장 연락하고 싶을 것이다.

이번에는 '조는 대학을 졸업하는 데 남보다 두 배의 시간이 걸렸다. 지난 4년 동안 영세한 개인회사에서 일하다가 그나마도 최근에 해고당했다'라는 정보가 들어왔다. 조에 대한 인상이 어떠한가? 조가 해당 분야의 경력자 채용 공고를 보고 입사 지원을 한다 해도 과연 면접실 문턱을 넘을 수 있을까?

이렇게 메리는 밀려드는 면접 제의를 받게 되고 면접심사에서도 늘 순항한다. 반면 조의 이력서는 여기저기서 쓰레기통에 처박히는 신세다. 하지만 두 후보에 대해 내가 공개하지 않은 사실이 있다. 메리는 특례로 대학에 입학해서 평균 C학점으로 졸업했으며, 일자리도 가족의 인맥으로 얻었다. 회사에서 동료에 대한 배려는 바닥이고 업무에서는 민폐 사원으로 악명이 높았다. 조는 야간근무로 학비를 벌며 어렵게 대학을 졸업했고, 전 직장에서 성실히 일하며 많은 공을 세웠지만 사장이 그를 해고하고 대신 자신의 아들을 그 자리에 앉혔다. 메리는 자세한 속사정을 모르고 부적격자를 채용하기 딱 좋은 경우고, 조는 훌륭한 후보를 성급하게 딱지 놓기 딱 좋은 경우다.

나는 임원 서치 컨설턴트로 활동하면서 이런 WYSIATI의 폐해를 많이 접했다. 지금까지 500여 건의 임원 인선에 관여했는데, 대개는 우리가 최종 선정한 후보 네 명을 기업에 추천하는 방식이었다. 그러니까 나는 2,000명에 달하는 후보를 만난 셈이다. 나는 모든 면접에 동석해서 고객사 면접관과 후보 사이의 상호작용을 면밀히 살폈고, 면접 직후에는 고객사와 의견을 나눴다. 거의 예외 없이 고객사는 후보를 논하는 데 사전 미팅이나 내부 문건 등을 통해 이미 알고 있던 자질이나 경력에만 집중하는 경향을 보였다. 다음과 같은 질문을 던지는 사람은 극히 드물었다.

"채용과 승진 대상자를 확실히 가리기 위해 후보와 해당 직무와 우리 회사와 우리 시장에 대해 더 알아야 할 것은 무엇인가?"

이렇게 우리는 무의식적으로 이미 알고 있는 것에 근거한 선택을 한다.

인사평가의 핵심 점검 요소들은 뒷장에서 하나씩 짚어가기로 하고, 당장은 이런 조언을 하고 싶다. 먼저 우리는 자신에게 자기과신 성향, 이른바 WYSIATI 성향이 있다는 것을 인정할 필요가 있다. 팀원이나 동업자를 고를 때든 의사나 유모를 선택할 때든 마찬가지다. 앞으로 누군가를 당신 편으로 들일 때는 이 점을 명심하자. '사람' 판단은 지극히 어려운 일이며, 자동적으로 또는 타성적으로 뚝딱 이루어질 수 없다. 이미 알고 있는 것들의 명단을 작성하고 그 밖에 어떤 정보가 더 필요한지 반드시 자문하고 고민하자. 주위를 최고 인재로 채우려면 반드시 필요한 단계다. 절대로 건너뛰지 말자.

03

미루는 버릇

몇 해 전 미국 유수의 생명과학 기업이 개최한 리더십 연수에 연사로 초청받았을 때였다. 나는 연수에 참가한 300명의 임원들에게 물었다.

"조직을 처음부터 다시 꾸린다면 현재의 직원 중 몇 퍼센트나 다시 고용하시겠습니까?"

임원들의 답변은 현장에서 전자장치를 이용해 (익명으로) 수집됐다. 가장 많은 답변은 "50퍼센트 정도"였다. 예전에 어떤 기자가 교황 요한 23세에게 교황청에는 일하는 사람이 몇이나 되는지 물었다. 교황은 농담반 진담반으로 "반 정도!"라고 답했다. 그때가 연상되는 답변이었다.

그로부터 몇 달 뒤 어느 대규모 설비제 회사의 임원진 워크숍에 참석했을 때도 나는 17명의 최고경영진에게 같은 질문을 던졌다.

그들의 무기명 답변은 10퍼센트에서 100퍼센트까지 다양했다. 하지만 평균치로 따지면 60퍼센트였다. 이 기업의 리더들은 자사 직원 열 명 중 네 명은 지금의 자리에 적합하지 않다고 여기고 있는 셈이다. 나는 유럽, 아시아, 남미 지역의 7개 해외사업장에서 원격으로 워크숍에 참여한 관리자들에게도 동일한 질문을 했다. 지역별 답변은 스위스 지사의 희망찬 80퍼센트에서 남미 모처의 우울한 30퍼센트까지 들쭉날쭉했다.

나는 지금도 기회 있을 때마다 같은 질문을 던진다. 기업마다 지역마다 답변은 천차만별이지만 그 과정에서 근본적인 문제 하나가 대두했다. 우리 대부분은 부적격자를 하차시키는 데 서툴고 느리기 짝이 없다.[1] 미국 금융회사 캐피털 원^{Capital One}의 공동창립자 겸 CEO 리처드 페어뱅크^{Richard Fairbank}가 말했듯, "대부분의 기업은 주어진 시간의 2퍼센트를 직원 채용에 쓰고 75퍼센트는 채용 오류 수습에 쓴다." 기업 활동에서만 이러는 것이 아니다. 우리는 잘못 선택한 친구나 연인에 대해서도 같은 우를 범하며 산다.

조직에 부적격자가 있는가? 부적격자 발생 이유는 다양하다. 자신이 애초에 인사결정에 실패한 탓이기도 하고, 전임자가 잘못 뽑은 사람을 물려받은 탓이기도 하다. 거기다 시간이 가면 기업환경도 변하고 사람들 자체도 변한다. 어떤 경우든 불편한 결정을 미루는 안주 성향^{inertia}이 득세하게 놔두면 곤란하다. 발전이 없는 직원이 있다면 당사자에게 사실을 알려서 개선을 유도하든지 조직에서 하차시켜야 한다.

직원 해고는 왜 이렇게 힘든 것일까? 세 가지 강력한 심리작용이 방해공작을 펴기 때문이다. 그 세 가지는 지연행동, 손실 회피, 측은지심이다.

사람이 할 일을 미루는 이유는 간단하다. 불쾌한 상황을 피하고 싶어서다. 정원이나 헛간 정리, 따분한 친척 방문, 쓴소리가 작렬할 것이 뻔한 대화 등 가급적이면 피하고 싶은 일들이다. 거북하고 불편한 상황을 좋아하며 반길 사람은 없다. 지연행동을 막을 방법은 무엇일까? 아예 공식적 절차로 만들어서 하기 싫어도 하게끔 하는 방법밖에 없다. 신경과학자 데이비드 이글먼^{David Eagleman}은 이 방법을 '율리시스의 계약^{Ulysses Contracts}'이라고 부른다.[2]

율리시스는 그리스 신화의 영웅 오디세우스의 라틴어 이름이다. 신화에서 오디세우스는 트로이 전쟁에 참전했다가 무려 10년이나 험지의 바다를 헤맨 끝에 가까스로 고향에 돌아온다. 오디세우스의 오랜 방황은 온갖 진기한 모험을 포함하는데, 한번은 그의 배가 아름다운 노래로 선원들을 홀려 배를 난파시키는 바다 요괴 사이렌들이 사는 바다를 지나게 된다. 오디세우스는 사이렌의 노래를 들어보고 싶었다. 하지만 노래에 홀려 엉뚱한 지시를 내릴까봐 선원들에게 자신을 돛대에 꽁꽁 묶고 모두들 귀를 밀랍으로 틀어막을 것을 명령한다. 현재의 오디세우스가 미래의 오디세우스의 행동을 구속한 것이다.

오디세우스처럼 우리도 불편한 평가와 결정을 미루는 행동으로부터 미래의 나를 통제할 장치가 필요하다. 일단 정기적으로 팀원 평가 기간을 두고 빼도 박도 못하게 사방에 알리자. 일정을 달력에 보란 듯이 표시하고, 비서에게도 때가 되면 알려달라고 부탁하고, 상사에게도 당신의 계획을 말하자. 한 발 더 나아가 상사에게 직원 평가를 상여금에 연동되는 주요 성과지표로 삼고 싶다고 말하자.

안주 성향을 가중시키는 또 다른 심리작용이 손실 회피 욕구다. 우리는 주위가 제 몫을 하지 못한다는 것을 알면서도 결단에 따른 잠재 이득을 꿈꾸기보다 잠재 손해를 걱정하는 데 더 많은 시간을 보낸다. 일례로 사람들은 1만 달러를 따거나 잃을 가능성이 반반인 내기는 대부분 거부한다. 실제로 여러 실험에서 상금이 손실예상액의 최소 두 배(2만 달러 이상)는 되어야 피검자의 상당수가 내기를 받아들였다.[3]

우리는 상황이 극적으로 나빠지고 문제의 직원이 다른 직원들의 성과를 심하게 깎아먹는 것이 명백해지기 전까지는 기왕의 직원과 함께 가는 쪽을 택한다. 해당 직원에게 이미 너무 많은 시간과 에너지와 비용을 쓴 데다가 다음 직원이 더 나으리란 보장이 없다는 소심함까지 발동해서 선뜻 결단을 내리지 못한다.

손실 회피 욕구를 누르는 방법은 금융거래인처럼 생각하는 훈련을 하는 것이다. 주식, 채권, 부동산 등 다양한 투자 종목을 두고 자산을 운용하는 사람들은 어딘가에서 이익이 나면 다른 곳에서는 손실이 발생한다는 것을 안다. 최악의 실수는 손실 종목을 선택한 것이 아니라 손실 종목을 포기하지 않고 끼고 있다가 동반 침몰하는 것이다. 일찌감치 손을 떼서 더 이상의 손해를 막고 남은 자산을 다른 곳에 투자하는 습관이 중요하다. 하지만 이런 습관은 그냥 얻어지지 않는다. 거기에는 규율과 의지가 따른다. 인사결정에도 투자자 같은 마음 자세가 요구된다.

안주 성향을 부추기는 또 하나의 동인은 바로 측은지심이다. 인간은 사회적 동물이다. 다른 사람을 곤경에 밀어 넣으면서 흥이 날 사람은 없다. 정상적인 사람이라면 그런 상황이 곤혹스럽다. 상대의 기분은 어떨까? 그 사람의 앞날은? 그 사람의 가족은? 인간적 차원에서 가끔은 최고가 아닌 사람들에게 관대해져도 되지 않을까? 이것이 우리의 인지상정이자 선한 본능이다.

하지만 우리의 측은지심을 다른 각도로 활용하면 어떨까? 무위 無爲, inaction 로 말미암은 당장의 속편함보다 장기적 결과를 생각해보자. 직원이 몇 년이나 기대에 못 미치는 성과로 당신에게 실망을 안겼는데도 그에게 일언반구 하지 않는다면 결국 어떤 일이 발생할까? 해당 직원의 실적 저조가 전체 그룹의 실적에 영향을 미칠 테고, 팀원들은 말할 것도 없고 당신의 마음에도 분노가 쌓여갈 것이다. 결국은 당신이나 당신의 후임자가 어쩔 수 없이 그를 해고해야 하는 순간이 온다. 해당 직원이 더 나이 든 후에 어쩌면 경쟁이 더욱 심해진 취업시장으로 내몰리는 결과가 빚어진다. 오늘의 힘든 결정이 결국에는 모두에게 해피엔딩이 될 수도 있다. 동료가 당신 기준에 맞지 않으면 당사자에게 솔직하게 말하고 개선의 기회를 주거나 그에게 더 맞는 자리와 역할을 찾아보자. 무엇을 해도 침묵보다는 낫다. 리더에게 요구되는 두 가지 도덕적 의무는 주위에 대한 허심탄회와 노심초사다.

윌리엄 N. 손다이크 주니어^{William N. Thorndike Jr.}는 그의 명저 『아웃사이더』에서 성공적 CEO 여덟 명을 소개했다. 8인의 CEO가 대표하는 기업들은 S&P 500 기업군의 평균 수익률을 20배 앞서는 초우량 업체들이었다.⁴ 8인의 면면은 더할 수 없이 다양했다. 그중에는 달 궤도를 선회한 우주비행사 출신도 있었고, CEO가 되기 전에는 경영 경험이 전혀 없었던 미망인도 있었고, 투자의 귀재로 불리는 워런 버핏^{Warren Buffett}도 있었다. 하지만 8인 모두에게 해당되는 공통점이 한 가지 있었다. 이들은 부적격자를 조직에서 하차시키는 데 주저하지 않았다.

캐서린 그레이엄^{Katharine Graham}은 워싱턴 포스트 컴퍼니의 경영자였던 남편이 갑자기 세상을 떠나자 46세의 나이에 남편의 뒤를 이어 세계적 미디어기업의 CEO가 됐다. 그레이엄은 딕 시몬스^{Dick Simmons}라는 적임자를 발견할 때까지 COO(최고운영책임자)를 네 명이나 갈아치웠다. COO 발탁을 시작으로 주위를 최고 인재로 채운 덕분에 그녀는 이후 22년에 걸쳐 S&P 500 기업군을 18배, 동종 기업군을 6배 이상 압도하는 재무성과를 구가하며 《워싱턴 포스트》지를 세계에서 가장 영향력 있는 언론매체로 키웠다.

안주 성향은 우리 모두의 발목을 잡는다. 그 손아귀에서 벗어나려면 미루고 싶은 결정을 공개적인 약속으로 만들고, 손실 종목을 재빨리 버릴 줄 아는 금융거래자처럼 사고하는 훈련을 하고, 온정은 단기적이 아니라 장기적 관점에서 베풀어야 한다.

04

믿는 도끼

고위직 인선에 두 명의 최종 후보를 놓고 고심하는 회사가 있다고 치자. 후보 중 한 사람은 회사에 오래 몸담은 내부 후보고, 다른 사람은 외부 후보다. 후보에 대해 아는 것이 이것밖에 없을 때 당신이라면 둘 중 누구를 선택하겠는가? 누구를 선택하는 것이 더 안전할까? 이 회사가 현재 고수익 성장 중이라면 선택이 좀 수월할까? 반대로 이 회사의 최근 경영실적이 바닥을 치고 있는 경우라면 당신의 판단이 달라질까?

이와 관련해서 몇 년 전 하버드 경영대학원의 라케시 쿠라나와 니틴 노리아가 역사적인 연구에 나섰다. 두 학자는 200개 기업에서 15년 동안 발생한 CEO 승계와 승계 이후 경영실적을 추적해서 CEO 승계 형태가 기업의 영업이익에 미치는 영향을 조사했다.[1] 두 연구자는 우선 네 가지 시나리오를 세웠다. (1) 실적이 좋은 회사의 내부 승진, (2) 실적이 부진한 회사의 내부 승진, (3) 실적이 좋은 회사의 외부 영입, (4) 실적이 나쁜 회사의 외부 영입. 조사 결과 내부 후보는 기업의 실적을 눈에 띄게 바꾸지 않았다. 같은 회사에서 비슷한 사람이 비슷한 방식으로 일하면 비슷한 결과가 얻어지는 것은 어쩌면 당연한 일이다. 반면 외부 후보는 극과 극의 결과를 만들었다. 고전하는 회사에 부임한 외부 후보(시나리오 4)는 전반적으로 회사의 가치를 크게 높인 반면, 잘나가는 회사로 들어간 외부 후보(시나리오 3)는 회사의 가치를 크게 깎아먹었다.

여기까지만 보면 내부 승진이 나름 안전한 선택이라는 판단이 든다. 특히 회사가 잘나갈 때는 내부 승진이 답이라는 결론이 나온다. 내가 서두에서 던진 질문에 대한 여러분의 직관적 대답도 이 결론과 크게 다르지 않았을 것으로 생각한다. 하지만 이 결론은 쿠라나와 노리아의 연구 결과를 겉만 둘러보고 속은 뜯어보지 않은 성급한 추정에 불과하다.

쿠라나와 노리아의 연구 결과를 자세히 들여다보자. 외부 영입(시나리오 3, 4)보다 내부 승진(시나리오 1, 2)의 실적 분산(평균에서 멀리 흩어진 정도)이 훨씬 컸다. 그것도 가장 안전하다고 생각했던 시나리오 1의 실적 분산이 가장 컸다. 바꿔 말하면 잘나가는 회사에서 내부 후보가 CEO로 승진했을 때의 실적 변화가 가장 들쑥날쑥했다.[2] 평균치 양옆으로 표준편차를 더하고 빼서 시나리오 1의 실적 확률 범위를 구해봤더니, 내부 승진이 가장 성공적인 경우에는 기업 가치가 8배나 상승할 수 있지만, 최악의 내부 승진은 불과 1년 만에

기업 가치를 40퍼센트나 까먹을 수 있다는 분석이 나왔다.[3]

이 연구 결과를 처음 읽었을 때는 나도 내 눈을 의심했다. 착오가 있었던 게 아닐까? 익숙한 후보가 가장 의외의 결과를 만든다니 믿기지 않았다. 하지만 쿠라나 교수를 만나서 내가 읽은 것이 사실임을 확인했다. 믿기 힘들지만 내부 후보 승진이 외부 후보 영입보다 더 아슬아슬한 모험이다. 고을 원님과 달리 CEO의 경우는 구관이 명관이 아닐 가망이 높다.

나는 쿠라나와 노리아의 연구 결과에 반하는 연구 사례를 찾아보았다. 하지만 오늘까지 단 한 건도 발견하지 못했다. 그래서 방향을 바꿨다. 나는 '안전한 대안이 위험한 이유'에 대해 여러 기업의 임원들과 학자들에게 의견을 구했다. 그렇게 얻은 답은 어찌 보면 단순했다.

내부 후보의 경우, 평가가 치밀하게 이루어지지 않는다. CEO 승계를 비롯해 내부 임용 전반에서 공통적인 현상이다. 특히 회사가 잘 돌아갈 때 이런 경향이 두드러진다. 유력한 내부 후보들의 과거 성과를 비교해서 그중 가장 나은 사람을 승진시키는 것이 내부 임용의 관례다. 해당 직무에 따르는 도전과제나 그 과제를 타개할 핵심 역량이 무엇일지는 깊이 생각하지 않는다. 반대로 외부인을 임용할 때는 엄청 꼼꼼해진다. 자세한 직무 분석을 시행하고, 넓은 후보군을 검토하고, 엄격한 구조화 면접structured interview(평가의 주관성을 최소화하고 일관성과 타당성을 높이기 위해 질문 내용과 방법을 미리 정해놓고 진행하는 표준화된 면접을 말한다 – 옮긴이)을 시행하고, 심층적 평판조회

reference check(주변인 평가)로 검증에 나서는 등 만전을 기한다. 동료나 지인을 상대로 이런 과정을 밟기는 쉽지 않다. 내부인은 십중팔구 이렇게 반문할 것이다.

"내가 회사에 헌신한 세월과 그 과정에서 세운 업적이 이미 내가 적임자라는 것을 말해주지 않는가? 나를 그렇게 봐왔으면서 아직도 몰라?"

내 말에 오해가 없기를 바란다. 무조건 외부인 발탁이 옳다는 것은 아니다. 오히려 나는 조직 외부보다 내부에서 적임자가 배출되는 일이 많아져야 한다고 믿는 사람이다. 최근 미들테네시 주립대학교의 그레고리 L. 나겔과 플로리다 주립대학교의 제임스 S. 앙 James S. Ang이 CEO 승계에 관한 흥미로운 연구 결과를 내놓았다. 두 사람은 정교한 다중회귀분석multiple regression analysis(2개 이상의 독립변수 사이의 상호관계와 인과관계를 분석하는 추측통계 기법-옮긴이)을 통해서 기업이 다른 선택을 했더라면 어떤 결과가 나왔을지 분석했다(다시 말해 외부 영입 대신 내부 승진을 택했다면 또는 반대의 경우라면 결과가 어떻게 달라졌을지 추산했다). 분석 결과, 평균적으로 외부 영입에 비해 내부 승진이 재무적으로 이득을 보고, 반대로 내부 승진에 비해 외부 영입이 손실을 내는 것으로 나타났다.[4]

쿠라나와 노리아의 연구처럼 이들의 연구에서도 내부 승진이 비록 실적 분산은 크지만 평균적으로 높은 가치를 창출하는 것으로 드러났다. 두 가지 연구 모두 CEO 승계에 국한된 연구였다. 하지만 외부 영입과 내부 승진은 CEO 승계에 국한되지 않는다. 여기서 얻은 인사결정의 교훈을 회사 전체로 확대 적용할 수 있다고 본다. 내부 승진의 또 다른 이점은 직원의 사기 진작과 동기 유발 효과로 인재 파이프라인$^{talent\ pipeline}$(인재 공급 및 양성 시스템)이 강화된다는 것이다. 높은 자리를 모두 외부인사가 차지하고 있는 회사에서 일할 마음이 날까? 승진 기회가 없는 곳은 직장인의 무덤이다.

　요약하면 이렇다. 조직 내부에서 최고의 후보가 배출되고 승진하도록 노력하되 자질 있는 외부 후보에 대한 벤치마킹도 게을리하지 말자. 미국의 리더십 연구기관인 창조적 리더십 센터$^{Center\ for}$ $^{Creative\ Leadership,\ CCL}$의 조사에 따르면, 최선의 선택은 내부 후보군과 외부 후보군 모두를 폭넓고 균형 있게 고려했을 때 나온다.[5] 적임자의 조건을 공들여 정의하고 시간과 노력을 투자해 각각의 후보를 면밀히 평가하자. 집을 보러 다닐 때든 차기 CEO를 물색할 때든 정확한 평가의 정도正道는 부지런한 비교 판단이다. 그것이 엉뚱한 외부인의 유입과 부적합한 내부인의 승진을 피하는 최선책이다.

격정적 인사

우리는 후보에게서 열정을 찾는다. 하지만 의사결정자가 경계해야 할 것 또한 열정이다. 감정이 개입하면 판단이 흐려진다. 후회스런 충동구매를 했다면 그것은 판매원이나 광고에 홀려서 그 순간 생각하기를 멈추고 느끼기 시작한 탓이다. "한번 시승해보십시오. 한 바퀴 돌아보세요. 어때요, 죽이죠?" "이 원피스를 입으면 남편도 아내를 몰라봅니다." 혹한 마음에 사기도 하지만 급한 마음에 사기도 한다. "아직 재고가 있는지 알아보겠습니다." "오늘이 세일 마지막 날입니다."

누구나 아는 얘기고 누구나 겪는 일이다. 우리는 모두 순간의 충동에 말려 어리석은 행동을 한다. 이것은 인간의 보편적 약점이다. 물론 이렇게 말하면 일반론에 지나지 않지만 학자들이 실험을 통해 보여주면 학설이 된다.

콜롬비아 대학교의 시나 아이엔가Sheena Iyengar와 레이먼드 피스먼Raymond Fisman이 열정과 논리가 연애 상대와 배우자 선택에 미치는 경쟁적·상충적 영향을 조사했다. 잠재 배우자 선택이야말로 가장 중요한 인사결정이라고 할 수 있다. 두 학자는 어느 날 중매결혼의 잠재적 이점을 논의하다가 스피드 데이팅speed-dating 실험을 해보기로 했다.[1] 요즈음 독신남녀의 풍속도에 익숙하지 않은 독자를 위해 부연하자면, 스피드 데이팅이란 여러 독신 남녀가 한 장소에 모여서 계속 상대를 바꿔가며 잠깐씩(5분가량) 일대일 대화를 가지는 것을 말한다. 참석한 이성과 모두 대화를 나눈 후 각자 다시 만나고 싶은 사람을 써서 낸다. 운이 좋으면 이 과정에서 사랑의 작대기가 연결된다.

아이엔가와 피스먼은 여기에 한 가지 실험적 장치를 보탰다. 두 학자는 이벤트 전과 후에 참가자들에게 이상형의 조건을 적어내라고 했다. 놀랍게도 사람들의 파트너 서치 기준은 스피드 데이팅 전과 후가 달랐다. 스피드 데이팅에서 끌렸던 상대와 비슷해지는 방향으로 바뀐 것이다. 예를 들어 처음에는 지적이고 성실한 상대를 찾는다고 했던 사람이 막상 스피드 데이팅에서는 매력적이고 웃기는 사람에게 끌렸다. 그러고는 자신은 처음부터 그런 짝을 찾고 있었다고 여겼다. 이런 경향이 참가자들 사이에 고르게 나타났다. 그런데 6개월 후 이벤트 참가자들에게 파트너 서치 기준을 다시 물었더니 다들 처음의 이상형으로 돌아가 있었다. 순간의 열정이 사라진 것이다.

나는 고객사 면접관과 우리가 추천한 후보의 면접에서도 이런 현상을 비일비재하게 목격했다. 어떤 매력적인 후보가 홀연히 회의실로 들어와 좌중을 홀리는 순간, 고객사 니즈 분석과 적임자 요건 정의에 쏟았던 시간과 노력은 모두 물거품이 되고 만다(후보가 경력이나 노하우나 기량으로 면접자를 홀리는 때도 있지만 그보다는 성격적 카리스마와 아름다운 외모로 압도하는 경우가 더 흔하다). 후보의 특징이나 매력이 해당 직무와 아무 상관이 없는데도 그는 다른 후보들을 모두 밀어내고 일약 선발 1순위로 등극한다. 첫 만남의 후광이 계속 남아서 해당 후보가 성공적 업무 수행에 필요한 조건을 빠짐없이 만족시키는지를 보는 후속 평가에 난항을 겪는 경우가 많다. 후보가 마음에 들면 심사기준을 해당 후보에 맞게 바꿔버리는 성향 때문이다. 눈에 콩깍지가 씌었다고 하는 것은 이럴 때를 두고 하는 말이다. 일단 콩깍지가 개입하면 철두철미한 검토는 물 건너가고, 'WYSIATI(보이는 것이 전부다) 법칙'이 상황을 접수한다. 이제 면접관에게 남은 일은 자신의 격정적 선택을 합리화할 멋진 평계를 만들어내는 것뿐이다.

그렇다면 어떻게 즉흥적 판단을 피할 수 있을까?

첫째, 스피드 데이팅 참가자처럼 면접을 시작하기 전에 회사와 주주가 후보에게 바라는 기량과 자질을 명시한 명단을 만들어서 이를 후보 평가의 체크리스트로 활용하자(체크리스트에 대해서는 16장에서 자세히 다룬다). 명단을 수정하고픈 욕망이 치밀 때마다 스스로에게 묻자. 상황이 바뀐 것이 있는가? 혹시 내가 방금 만난 사람에게 휘둘리고 있지는 않은가?

둘째, 합리적 결정을 도와줄 조언자를 구하자. 이때 조언자의 역할은 후보 평가에 참여하는 것이 아니라 일종의 공명판^{sounding board}으로 기능하는 것이다. 즉 내 의견을 들어주고 그 과정에서 내가 스스로 깨닫게 도와주는 사람이다. 당신을 잘 알고 당신이 냉철한 객관성을 유지하도록 이끌어줄 사람이 필요하다. 그 사람과 후보에 대한 인상을 논하자.

셋째, 거리를 두고 상황을 보려고 노력하자. ≪하버드 비즈니스 리뷰≫의 전임 편집장 수지 웰치가 『10-10-10: 인생이 달라지는 선택의 법칙』에서 한 조언이 여기에도 적용된다.[2] 수지 웰치의 조언은 다음의 질문을 던져보라는 것이다.

"나는 지금의 결정을 10분 후, 10개월 후, 그리고 10년 후에는 어떻게 생각할까?"

넷째, 급하게 결정하지 말고 시간을 가지자. '하룻밤 자면서 생각해보라'는 표현이 괜히 있는 말이 아니다. 본능적 결정은 아무리 강렬해도 빠르게 스러지는 법이다. 대개는 하루나 이틀 안에 정리된다.

06

의사결정 피로

최근에 이런 이야기를 들었다. 어떤 60대 남자가 대장암 수술을 받았다. 수술은 저녁 7시에 시작됐다. 한 시간 만에 의사가 수술실에서 나와 가족에게 전한 말은 부정적이었다. 불행하게도 가망 없는 상황이라는 내용이었다. 의사는 화학요법이나 방사선요법도 소용이 없다면서 말기환자를 위한 고통 완화 처치를 추천하며 마지막을 준비하는 것이 좋겠다고 조언했다. 환자는 하루 동안 비통함에 젖어 있다가 다른 의사의 진단을 받아보기로 했다. 두 번째 의사가 남자를 수술했고, 남자는 12년이 흐른 지금도 건재하다.

이 이야기에 중요한 디테일이 숨어 있다. 내 친구 중에 부에노스아이레스에서 유명한 비뇨기과 의사가 있는데 그는 이 사연을 듣자마자 이렇게 외쳤다.

"의사가 그렇게 늦은 시간에 수술을 잡는 게 어디 있어! 녹초가

다 된 시간이잖아! 머리가 제대로 돌아가겠어?"

이야기 속의 60대 환자는 판사였다. 하지만 그는 먼젓번 의사를 오진으로 고소하지 않았다. 내 친구가 말한 바로 그 이유 때문이었다. 판사인 그도 의사결정 피로decision fatigue라는 지극히 인간적인 고충을 누구보다 잘 알고 있었다. 의사결정 피로란 다른 결정들에 시달린 끝에 정신적 에너지가 고갈되어 잘못된 결정을 내리는 경향을 말한다.

사실 판사야말로 이런 경향의 제물이 되기 딱 좋은 직업이다. 콜롬비아 대학교의 조나단 레바브Jonathan Levav 교수는 온종일 수감자의 가석방 심리를 하는 판사들을 대상으로, 이들이 내린 판결 1,000여 건을 조사했다. 조사 결과, 판사의 업무 시작 시간이나 점심식사 직후의 가석방 승인 비율이 다른 시간대의 비율보다 훨씬 높았다. 레바브 교수의 결론은 이러했다.

"가석방 심사를 받는 수감자 입장에서는 심사 순서가 매우 중요하다. 심사 대상자 가운데 최초 3인에 포함되는 것이 마지막 3인에 포함되는 것보다 가석방 가능성이 적게는 두 배에서 크게는 여섯 배까지 높아진다."[1]

사회심리학자 로이 F. 바우마이스터Roy F. Baumeister도 처음에는 케이스웨스턴리저브 대학교에서, 나중에는 플로리다 주립대학교에서 비슷한 취지의 연구를 했다. 바우마이스터 교수는 자아ego의 정신 활동은 내적 에너지의 이동에 의존하며, 이 에너지의 양은 누구에게나 유한하다는 지그문트 프로이트Sigmund Freud의 정신분석 이론을 검증하고자 했다.[2] 바우마이스터 교수는 이런 현상을 자아 고갈ego depletion이라고 불렀다.

교수의 여러 실험 중 하나를 소개해보자. 그는 세 시간 동안 아무것도 먹지 않은 대학생들을 연구실로 불러 이들을 세 그룹으로 나눴다. 그룹 1에게는 갓 구운 초코칩 쿠키를 담은 접시와 무를 담은 접시를 주면서 쿠키는 먹지 말고 무는 맘껏 먹으라고 했고, 그룹 2에게는 똑같이 쿠키 접시와 무 접시를 주면서 원하는 것을 맘껏 먹으라고 했다. 그룹 3에게는 아예 아무것도 주지 않았다. 시간이 한참 흐른 후에 조사자들은 세 그룹에게 '간단한' 문제라고 하면서 상당히 복잡한 기하학 문제를 냈다. 바우마이스터의 예상대로 그룹 1에 속한 학생들이 다른 두 그룹에 속한 학생들보다 포기가 빨랐다. 군침 도는 쿠키를 눈앞에 두고도 먹지 않고 참느라 학생들의 한정된 정신에너지가 바닥났고, 그 때문에 다른 과제를 수행할 여력이 없어 가장 먼저 손을 들고 만 것이다.

평소에는 착한 사람들이 퇴근 무렵에는 까칠해지는 이유가 궁금한가? 자아 고갈 때문이다. 우리는 왜 정크푸드를 사먹을까? 앞의 사연에 나온 의사는 왜 그렇게 성급하고 잘못된 진단을 내렸으며, 판사들은 왜 늦은 오후에는 그렇게 엄격해질까? 역시 자아 고갈 때문이다. 우리가 가끔씩 엉터리 인사결정을 내리는 이유도 이와 무관하지 않다. 바우마이스터 교수의 말처럼 "의사결정 능력은 개인의 성격이나 특성이 아니다. 일종의 변동적인 상태일 뿐이다."[3]

하루에 내려야 하는 결정이 많아지면 각각의 결정은 더 고달파

지고, 우리는 슬슬 지름길을 찾기 시작한다. 지름길 찾기는 보통 두 가지 방식으로 일어난다. 저녁 수술에 들어갔던 의사처럼 신중한 분석 없이 충동적인 결론을 내리거나, 오후 늦게까지 가석방 심리에 임하는 판사처럼 선택을 피하고 현상을 유지하는 쪽으로 결정하는 것이다. 이런 일은 어디서나 개인과 집단을 가리지 않고, 심지어 가장 총명한 사람들에게서도 일어난다.

내가 아는 세계적 전문 서비스 기업에서 최근에 파트너 선출이 있었다. 세계 곳곳의 지사에서 명민함과 신중함을 갖춘 수백 명의 임원들이 한자리에 모였다. 이들 앞에 파트너 후보 수십 명의 이름이 하나씩 차례로 올라왔다. 후보들의 면면을 소개한 서류는 이미 검토한 상태였고, 이 자리에서는 후보별로 10~15분 동안 토론을 거쳐야 했다. 그러다 논란이 많은 후보가 올라왔다. 아니나 다를까 한 시간 넘게 열띤 논쟁이 벌어졌다. 공방전 끝에 파트너들은 기진맥진했지만 아직 갈 길이 멀었다. 수십 명의 후보가 더 남아 있었다. 원칙상 후보 모두가 거론되기 전에는 휴식을 취할 수도 없었다. 그러자 어떤 일이 일어났을까? 명단에 남은 후보 모두에게 일사천리로 승인이 떨어졌다. 토를 다는 사람은 아무도 없었다. 회의장을 채운 파트너들은 후보의 사진이 화면에 뜨기 무섭게 박수치기 바빴다. 다년간의 전문 경험과 신중한 평가는 까맣게 잊혔다.

자아 고갈과 의사결정 피로는 탁월한 인사결정의 걸림돌이다. 이 걸림돌을 어떻게 피할 수 있을까?

첫째, 중요한 면접 일정은 정신에너지가 팔팔할 때로 잡는다. 내 경우는 고객사를 위한 후보 평가가 그날의 주요 업무일 때 후보 면접을 이른 오전이나 점심시간 직후로 잡으려고 노력한다.

둘째, 불필요한 결정이나 우선순위가 낮은 결정을 피한다. 아침으로 무엇을 먹을지, 차를 어디에 세울지, 어떤 노트북을 살지 따지느라 골머리 썩이지 않는다. 운동을 할까 말까 망설이거나 휴가 계획을 세우거나 재테크 방법을 찾는 데 골몰하지 않는다. 이런 모든 것이 우리의 정신에너지를 고갈시킨다. 내 인생의 중요 결정사항이 아닌 것들은 최대한 관례화, 일상화하고, 나의 핵심역량으로 키울 필요가 없는 것들은 최대한 외부에 위탁한다.

마지막으로, 아무리 바빠도 휴식을 취하고 요기를 한다. 의사결정에 탁월한 사람들은 절대로 회의를 연이어 잡거나 마라톤 회의를 하지 않는다. 배를 곯으면서 일하지도 않는다. 바우마이스터 교수의 실험에 의하면 달콤한 레모네이드 한 잔으로도 의사결정 피로가 완화되거나 완전히 해소된다. 내 경우는 60분에서 90분마다 휴식을 갖는 것을 원칙으로 한다. 출출할 때를 대비해 과일땅콩으로 만든 영양바도 챙겨둔다.

Part 2

걸림돌인가 징검다리인가:
외부의 장애와 기회

줄어드는 핵심인재 풀부터 거짓말하는 후보까지
조직 정예화를 방해하는 외적 장애요인은 다양하다.
이들을 제대로 파악해서 위기를 기회로 바꾸는 것이 관건이다.

07

위기의 경제지표

지난 2006년, 이곤젠더는 하버드 경영대학원 학장 니틴 노리아 교수가 이끄는 인재경영 연구에 참여했다. 우리는 47개 기업을 대상으로 상세자료를 수집하고 CEO를 심층 면담했다. 조사 규모는 방대했다. 조사 대상 기업들의 시가총액을 모두 합하면 2조 달러에 달했고, 총매출은 1조 달러가 넘었다. 전체 고용 규모는 300만 명 이상이었다.[1] 이들 기업은 사업 범위에서 모든 산업부문과 모든 지역을 망라했고 높은 명성과 선도적 인사운영을 자랑했다.

하지만 우리는 이들에게서 공통의 위험신호를 발견했다. 그것은 10년 후면 심각한 인재 부족 사태에 직면하게 되리라는 것이었다. 원인은 다음 세 가지였다.

'세계화, 노령화, 파이프라인의 고갈.'

나는 이 세 가지 문제를 '위기의 경제지표the other GDP'라고 부른다.

이 셋이 맞물려 인재난의 퍼펙트 스톰^{perfect storm}을 형성했다. 연구 시점으로부터 8년이 흐른 지금, 세 가지 폭풍의 핵은 여전히 득세 중이고, 기업과 개인이 처한 인재 수급 여건은 전보다 나을 게 없거나 더 나빠졌다.

세계화의 문제는 기업들이 자국시장을 넘어 세계시장으로 뻗어 나가면서 비롯됐다. 자연히 기업들은 시장 팽창을 지원할 인적자원 확보 경쟁에 돌입했다. 2006년 연구에 따르면, 당시 메이저 글로벌 기업들은 향후 6년 동안 해외시장 개발을 통해 88퍼센트 매출 확대를 목표했다. 국제통화기금^{IMF}을 비롯한 국제금융기관들도 지금부터 2016년까지 세계 경제성장의 70퍼센트는 신흥시장 확대에서 비롯될 것으로 전망한다.[2] 거기다 신흥경제권의 기업들도 해외사업 확장에 가세하는 추세다.[3]

머리말에서 언급한 브라질 철광석 생산업체 발레의 세계 제패가 대표적인 예다. 발레의 뒤를 이어 다른 브라질 기업들도 비슷한 야망을 드러내고 있고, 여기에 인도와 한국, 중국 기업의 성장세도 만만치 않다. 경영 잡지 《포춘》 선정 세계 500대 기업에 포함된 중국 기업의 수가 2003년에는 8개에 불과했지만 2012년에는 73개로 대폭 늘었다. 여기에는 중국 기업의 해외시장 확대가 한몫했다. 이처럼 세계화에 따라 해외 권역별 주요 시장마다 경쟁업체의 수가 급속히 증가하고 있다. 이들은 고객만 놓고 경쟁하는 것이 아니라 인재를 놓고도 경쟁한다.

노령화가 가용 인재 풀에 미치는 영향 또한 심각하다. 젊고 패기 있는 임원으로 가장 선호하는 연령대는 35~44세다. 하지만 베이비부머 세대^{baby boomers}(종전 후 사회적 안정 속에 태어난 세대를 통칭하며, 국가에 따라 연령대 차이가 있지만, 미국의 경우 제2차 세계대전 직후인 1945년부터 1965년 사이에 출생한 세대를 말하고, 우리나라의 경우는 주로 1955~1963년생을 지칭한다-옮긴이)가 나이 들면서 전 세계 인재 시장에서 이 연령대의 비중이 극적으로 감소하고 있다. 2006년 당시 연구진은 이 연령대에 속하는 젊은 리더의 수가 수년 내에 30퍼센트 감소할 것으로 추산했다.

진짜 문제는 이런 인적자원의 감소세가 같은 기간 업계의 비즈니스 확장세와 맞물린다는 점이었다. 이런 상황은 기업들이 앞으로 성장에 필요한 인적자원의 반밖에 확보하지 못할 것으로 전망됐다. 10년 전에는 이런 인구학적 변화의 여파가 주로 미국과 유럽에만 미쳤지만, 지금은 전 세계적인 문제로 확대되고 있다. 2020년이 되면 러시아, 캐나다, 한국을 포함한 주요 경제국 상당수에서 은퇴자 수가 경제활동인구로 유입되는 사람의 수를 넘어설 것으로 예상된다. 이런 추세에서는 중국조차 예외가 아니다.[4]

세 번째 현상은 앞의 두 가지 현상에 결부되어 있으면서 두 가지 현상 못지않게 심각하지만 상대적으로 덜 알려져 있다. 바로 파이프라인의 고갈이다. 어느 회사랄 것 없이 미래 리더 배출을 위한 파이프라인이 미약하고, 그나마도 관리가 미흡한 실정이다.

하버드 경영대학원의 보리스 그로이스버그^{Boris Groysberg} 교수는 최고관리자 과정 참가자를 대상으로 매년 경영 실태 설문조사를 시행한다. 지난해(이 책의 미국 발행 시점을 고려할 때 2012~2013년이다-옮긴이) 평가에서 기업의 리더십 파이프라인은 5점 만점에 평균 3.2점을 기록했다. 이에 비해 현직 CEO에 대한 평가는 4점, 현직 최고경영진에 대한 평가는 3.8점이었다. 불길한 조짐은 거기서 그치지 않았다. 인재관리 영역에서는 3.3점을 넘긴 경우가 없었고, 직무순환제 같은 직원 계발 활동은 고작 2.6점에 그쳤다. 간단히 말해 자사가 자격 있는 인재 선별과 육성에 효과적으로 임하고 있다고 생각하는 임원은 거의 없었다.[5]

이것이 조사 대상 임원들이 몸담은 기업들만의 문제일 리 없다. 최근 고객사 상당수, 특히 선진경제국의 기업들에서 나는 불길한 '2의 법칙'이 작용하고 있음을 발견했다. 고위직 리더의 반수가 향후 2년 안에 정년퇴직을 앞두고 있고, 이들의 반수가 후임 내정자 또는 단기간에 직무인계가 가능한 후임자가 없는 상태다. 이 문제에 대해 그로이스버그 교수는 이렇게 말했다.

"기업들이 지금 당장은 고통을 느끼지 않겠지만 앞으로 5년이나 10년 후 사람들이 퇴직하기 시작하면 어디서 차세대 리더들을 구한단 말인가?"[6]

세계화, 고령화, 파이프라인의 고갈. 요즘 같은 추세라면 이 세 가지 중 하나만으로도 향후 10년 동안 유례없는 인재 초과 수요가 발생할 수 있다.[7] 요즘처럼 세계화가 빠르게 진행된 적도, 노령화에 따른 인구 불균형이 심했던 적도 없었다. 내가 임원 서치와 인재관리 교육에 몸담은 이래 기업의 인재개발 활동에 대한 설문 평가가 요즘처럼 낮았던 적도 없었다. 이 세 가지 악재가 만나 역사상 선례를 찾아보기 힘든 인재 확보 전쟁이 일어날 것으로 예상된다.

2013년 후반, 나는 《하버드 비즈니스 리뷰》의 독자용 웹캐스트 서비스를 이용해서 위의 세 가지 '위기의 경제지표'에 대한 상대적 중요도를 묻는 온라인 여론조사를 시행했다. 응답자들은 본인이 속한 조직을 기준으로 답했다. 세계화 문제는 응답자의 95퍼센트가 중대한 문제로 인식했고, 노령화와 파이프라인은 참가자의 100퍼센트가 중요한 문제로 인식했다. 특히 응답자의 3분의 2가 사내 파이프라인 고갈을 중대하거나 결정적인 문제로 꼽았다.

이런 난관을 어떻게 타개할 수 있을까?

우선 위기는 기회라는 것을 인지하자. 팀이나 조직뿐 아니라 개인에게도 기회가 될 수 있다. 시장이 요구하는 조건을 갖추고, 현명한 진로 결정을 하고, 기량 연마에 열성을 다하면, 당신은 가파른 수요곡선을 타고 눈부시게 부상할 수 있다. 당신이 관리자나 경영자라면 지금부터라도 우수인력 채용과 계발, 유지에 전에 없는 노력을 기울이자. 무리로부터 여러 발 앞서 나갈 수 있다.

우선순위를 정하고 주위를 비판적 시선으로 돌아보자. 당신의 회사 또는 당신의 산업에서 세계화는 불가피한 과정인가? 그렇다면 이런 고민이 필요하다. 세계화가 나의 우선순위와 조직에 어떤 영향을 미칠 것인가? 우리 회사는 노령화 위협에 처해 있는가? 우리 회사 리더십 팀의 역량과 강점은 무엇인가? 리더십 벤치에 새로 채울 자리가 많아질 전망인가? 새로운 시장과 고객군, 새로운 기술과 전략을 위해 새로운 유형의 인력이 필요하지 않은가? 조직에서 전략적으로 가장 중요한 인력은 누구인가? 가장 유능한 인력은? 가장 중요한 인력은? 경쟁 팀, 경쟁 사업 유닛, 경쟁 기업에서 가장 눈독 들인 인력은? 그들을 어떻게 유지할 것인가?

무엇보다 중요한 질문은 이것이다. 우리 회사에서 떠오르는 스타는 누구인가? 누가 가장 전도유망한가? 중책이나 난제를 맡길 만한 사람은? 역할이 달라져야 할 사람은? 이들에게 필요한 훈련은 무엇인가?

앞으로는 내부 인재계발이 조직의 승패를 가른다. 왜 그럴까? 모두가 경쟁사에서 인재를 빼오는 방법으로 '위기의 경제지표'를 타개하려 든다면, 결국은 허무한 제로섬 게임(본전치기)으로 끝나게 된다. 제로섬 게임에 그치면 다행이다. 자칫하면 네거티브섬 게임(제살 깎아먹기)이 된다. 20장에서 자세히 설명하겠지만, 인력의 이식성^{portability}은 생각만큼 높지 않아서 옮겨 심었을 때 전과 똑같이 빛을 발하리란 보장이 없다. 소수의 인재로 언제까지나 돌려막기를 할 수는 없다. 내부인력이 잠재력을 온전히 실현할 수 있도록 회사가 지원해야 한다.

과거 몇 년 동안 시장 심리와 경영 환경을 지배한 화두는 2000년대 후반에 닥친 미국발 국제 경제위기의 여파였다. 노동 통계에 따르면 실업률은 아직도 전 세계적으로 높은 수치를 점한다. 특히 청년 실업률이 위험 수준에 놓일 정도로 높다. 뉴스의 표면만 보면 세상에 일자리보다 일할 사람이 넘쳐나서 문제인 것 같지만 정작 중요한 신호들은 뉴스 아래에 가려져 있다. 세계화, 고령화 파이프라인의 고갈 때문에 탁월한 전문 인력은 앞으로 해가 다르게 귀해질 수밖에 없다. 대다수에게는 큰 고비가 되겠지만, 조직 정예화의 결의와 선견지명으로 무장한 리더에게는 다시없을 기회가 될 수도 있다.

08

최고와 나머지

평범한 직원과 고도로 생산적인 직원의 차이는 무엇일까?

1990년대에 나는 이 문제를 다룬 논문들을 조사하다가 놀라운 사실을 접했다. 생산직처럼 비교적 단순하고 반복적인 업무의 경우는 '스타' 근로자가 일반 근로자보다 40퍼센트 이상 높은 생산성을 냈다. 생산직 근로자들의 성과 분포는 전형적인 종 모양의 곡선을 그렸다(통계학에서는 이런 분포를 종형곡선^{bell curve}, 정규분포^{normal distribution}, 가우스 분포^{Gaussian distribution} 등의 이름으로 부른다). 그리고 이때의 표준편차는 20퍼센트에 불과했다. 다시 말해 근로자 대부분이 평균치 가까이 몰려 있고, 특출하게 높은 성과를 내는 사람과 유난히 낮은 성과를 내는 사람은 소수일 뿐이다. 하지만 놀랍게도 업무 난이도가 증가함에 따라 최고와 나머지 간의 격차가 기하급수적으로 늘어났다.

예를 들어 최고의 생명보험 판매원의 생산성은 평범한 판매원의

240퍼센트에 달했고, 특출한 소프트웨어 개발자나 컨설턴트는 평범한 동료보다 자그마치 1,200퍼센트 앞섰다.[1]

이 자료를 접한 것이 벌써 20년 전이다. 최고 인재를 선별하고 계발하는 일이 얼마나 중요한지 절감하게 하는 자료였다. 나는 최근 또 한 번 내 마음을 흔들어놓은 논문을 만났다. 버지니아 롱우드 대학교 어니스트 오보일 주니어Ernest O'Boyle Jr.와 인디애나 대학교의 허먼 아귀니스Herman Aguinis의 연구보고서 「최고와 나머지: 개인별 성과의 정규성 표준 검토The Best and the Rest: Revisiting the Norm of Normality of Individual Performance」였다.

거기에는 직원의 성과 분포가 정규분포를 따를 거라는 산업 현장의 오랜 믿음을 송두리째 흔드는 결과가 담겨 있었다. 두 학자는 다양한 직업군에 속한 63만 3,263명의 사람들을 대상으로 다섯 번에 걸쳐 방대한 조사를 시행했다. 조사 대상의 직업은 연구자, 연예인, 정치인, 운동선수 등을 망라했다.[2]

조사 결과, 직업을 막론하고 최고와 나머지 사이에 엄청난 차이가 있었다. 이들의 성과 분포는 내가 20년 전에 봤던 블루컬러 노동자들의 경우와 달리 종 모양의 정규분포 곡선을 그리지 않았다. 대신 오른쪽으로 뚝 떨어지면서 '긴 꼬리'를 형성하는 둥근 L자형 곡선을 그렸다(통계학에서는 이런 꼬리를 파레토 분포Pareto distribution 또는 멱함수 분포power-law distribution라고 부른다).

이런 곡선을 그리는 대표적인 현상으로 도서 판매실적이 있다. 해마다 수많은 책이 출판되지만, 절대 다수는 고작 몇 부 팔리다 말

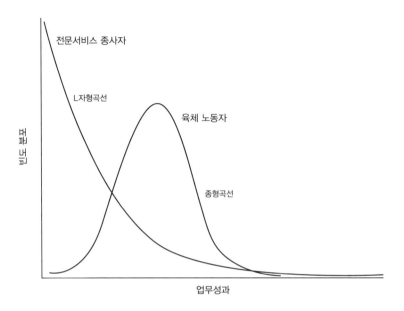

표 8-1 최고와 나머지 – 종형곡선 VS L자형곡선

전문서비스 종사자

L자형곡선

육체 노동자

종형곡선

부의 분포

업무성과

고 극수소만 수백만 부가 팔린다. 표 8-1이 종형곡선과 L자형곡선을 대조적으로 보여준다.

글로벌 경영컨설팅 회사 베인앤컴퍼니[Bain & Company]의 마이클 맨킨스[Michael Mankins]와 앨런 버드[Alan Bird], 제임스 루트[James Root]가 《하버드 비즈니스 리뷰》에 기고한 논문 「성공적인 올스타팀 만들기[Making Star Teams Out of Star Players]」도 흥미로운 사례를 제공한다. 세 학자의 연구에 따르면, 애플에서 가장 뛰어난 소프트웨어 개발자는 다른 테크놀로지 회사의 평균적 소프트웨어 개발자보다 아홉 배 높은 생산성을 보였고, 라스베이거스 시저 팰리스 호텔 카지노에서 가장 뛰어난 블랙잭 딜러의 게임 진행 시간은 그 일대 다른 카지노의 평균적 딜러보다 다섯 배 이상 길었다. 또한 노드스트롬Nordstrom의 최고 판매사원은 다른 백화점의 평범한 판매사원보다 최소 여덟 배의 판매 실적을 올렸고, 일류병원의 최고 이식 전문 외과의의 수술 성공률은 평균 성공률의 최소 여섯 배에 달했다.[3]

모든 직종에서, 특히 업무 난이도가 높은 직업일수록 직원 대다수가 낮은 성과를 보이고 극소수의 소중한 스타들이 놀랍게 높은 성과를 낸다. 우리는 최고와 나머지의 차이가 거대하게, 그리고 빠르게 벌어지는 세상에 산다. 금융 전문가 나심 니콜라스 탈레브Nassim Nicholas Taleb는 저서 『블랙 스완』에서 이런 세상을 '극단의 세상Extremistan'으로 칭했다.

극단의 세상이 경고하는 바는 분명하다.[4] 예견이 어렵고 정설이 무의미하고 돌발사태가 잦은 '극단의 세상'에서는 지극히 선별적이어야 살아남는다. 흔하게 마주치는 후보 타입, 다시 말해 '무난한 사람'만을 채용해서는 오늘날의 비즈니스 환경에서 성공할 수 없다. 오보일과 아귀니스의 결론대로 '과잉경쟁 시대에서 핵심인재를 유지하지 못하는 조직은 생존에 허덕이게 된다.'[5] 반대로 스타를 발굴하고 육성하고 보유하는 데 시간과 에너지를 쏟는다면 당신과 당신의 회사는 나머지 모든 것에서 비약적으로 앞서 나가게 될 것이다.

아울러 분포 곡선에서 본인의 위치를 생각해볼 필요가 있다. 평범한 상사, 평범한 회사, 평범한 동료들, 평범한 도전들은 당신마저 평범하게 만든다. 당신의 위와 옆에 있는 사람들을 돌아보자. 그들은 당신이 L자형곡선의 맨 오른쪽으로 성장하도록 도와줄 사람들인가?

09

황홀한 무지

나는 (적합한 면접 말고) '전형적인' 면접을 '두 거짓말쟁이의 대화'라고 부른다. 일단 면접관(거짓말쟁이 1호)이 회사와 보직에 대한 온갖 장밋빛 묘사로 기선을 제압하면서 후보의 지상낙원 방문을 격하게 환영한다. 그러면 후보(거짓말쟁이 2호)가 이에 질세라 자신이 얼마나 전지전능한지 늘어놓으며 자신이 입사하는 날은 지상낙원에 신이 강림하는 날이 될 것임을 약속한다.

쌍방 모두 본인의 업적이나 회사를 의식적으로 윤색하지 않는 도덕군자라 쳐도 두 사람이 거짓말쟁이라는 사실에는 변함이 없다. 여러 연구에 의하면, 우울증 진단을 받은 사람을 제외하면 사람에게는 본인이 실제보다 훨씬 잘났다고 믿는 본능적이고 자연적인 성향이 있다.[1] 우리 대부분은 '다행스럽게도' 자신의 실제 능력을 잘 모른다. 그래서 자신의 장점을 극대화하고 단점은 최소화하는 자기편의적 태도를 보인다. 이런 낙관 편향이 나쁜 것만은 아니다. 자존감을 북돋고 목적을 향한 추진력을 공급하는 순기능도 한다. 하지만 타인이 우리를 정확히 평가하는 데는 방해가 된다. 우리가 낙관 편향을 가진 타인을 평가할 때도 마찬가지다. 이력서나 자기 소개서, 소셜미디어의 프로필, 면접시험 등을 통해 우리에게 제공 되는 정보의 대부분이 결국은 자기평가에 의한 것이기 때문이다.[2]

자기 무지는 인간 본연의 성향이고, 성향의 정도도 사회계층에 상관없이 높게 나타난다. 1982년에 폴 메이브 Paul Mabe와 스티븐 웨 스트 Stephen West가 인간의 자기인식에 관한 굵직한 연구들을 포괄적 으로 검토했다. 아울러 두 연구자는 대대적인 사례 연구를 통해 자 기인식과 실제성 사이의 연관성을 분석했다. 인식과 실제가 완전히 일치하는 경우를 연관지수 1로 정했을 때 전체 사례의 평균 연관지 수는 0.29에 불과했다. 본인 실력에 대한 객관적 피드백을 지속적 이고 즉각적으로 받는 운동선수의 경우는 그나마 좀 높은 0.47이었 다. 하지만 비즈니스 세계로 가면 연관지수가 대폭 떨어진다. 대인 관계 기량에서는 0.17점을 기록했고, 관리자 역량에서는 충격적인 0.04점을 기록했다. 한마디로 자기인식력이 영점이라는 뜻이다.[3] 복 합적인 업무일수록 성과 평가가 어렵기 때문에 어찌 보면 당연한 결과다.

'360도 평가 360-degree review'라는 것이 있다. 상사, 동료, 부하직원, 외부 고객 등으로 평가주체를 다양화한 전방위 평가를 말한다. 이론 적으로는 이런 다면평가가 현실 파악에 도움이 된다. 연구 조사에서도 개인을 평가할 때 본인보다는 주변인의 평가가 정확하다고 나온다. 하지만 불행히도 이런 종류의 외부 피드백은 드물게 오거나 때늦게 오는 경우가 많고 협박이나 사탕발림일 가능성 또한 높다.

다른 회사나 다른 팀에 들어갈 목적으로 면접에 임하는 후보의 입장에서 생각해보자. 어떻게든 좋은 인상을 주고 싶을 것이다. 그래서 의식적·무의식적으로 긍정적 자질은 필요 이상 강조하고 단점은 정도를 낮추거나 모르는 척한다. 심리학 연구에도 우리의 낙관 편향이 단지 자만심이나 허세 같은 개인 속성에 따른다기보다 상당 부분 상황과 처지에 기인한다는 분석이 많다. 황홀한 무지에도 정도의 차이가 있어서 낙관 편향이 유난히 강하게 발효되는 상황이 있다. 그런 상황을 예를 들면 다음과 같다.

- 포괄적이고 불분명한 기준, 예컨대 '관리자 역량'처럼 애매한 개념에 비추어 본인을 평가할 때 그렇다. 이때 사람은 자신이 잘하는 요소에 초점을 맞추거나 자신에게 유리하게 해석한다.
- 새로운 프로젝트나 새로운 영역을 맡을 때 그렇다. 2장에서 소개한 'WYSIATI(보이는 것이 전부다) 성향'이 발동해서 미지의 사항들을 곧잘 무시한다.
- 잃을 게 없다고 판단되는 상황에서 그렇다. 가령 실업자나 불행한 사람이 특히 자기 포장에 적극적이다.

타인의 자기 과신 성향에 속지 않고 최고 인재 등용에 성공하려면 어떻게 해야 할까?

첫째, 후보의 자기인지 능력과 겸양의 미덕을 면밀히 살핀다. 경영컨설팅 회사 더테이블 그룹의 창립자이자 회장 패트릭 렌시오니Patrick Lencioni는 임원 인선에서 두 가지 'H'를 본다. 두 가지 H는 갈망hunger과 겸양humility이다. 짐 콜린스도 이 두 가지의 조합이 조직을 '좋은 기업을 넘어 위대한 기업으로' 키우는 '제5단계 리더'의 특징이라고 말했다. 당신의 후보는 두 가지 H를 모두 갖추고 있는가? 자신의 약점을 신중히 말할 줄 아는가? 그를 움직이는 것은 개인적 동기인가, 사회적 동기인가?

둘째, 후보가 받는 사회적 압박감을 줄여서 후보의 과도하게 긍정적인 자기평가를 예방한다. 나는 후보를 처음 면접하는 자리에서 후보와 맺는 장기적 관계에 집중하려 애쓴다. 그리고 후보에게 이 기회가 정말 본인에게 맞는 기회인지 솔직하게 바라보고 더 좋은 기회의 가능성도 고려할 것을 당부한다. 후보에게 적절한 시기에 평판조회가 있을 것임을 알려주고 그때 접촉할 사람의 명단에 상호 합의한다. 첫 만남부터 보수를 논의하지는 않는다. 보수는 기회 상실에 대한 보상금이 아니다. 후보가 금전적 보상에 혹해 최선의 결정을 희생시키지 않도록 배려한다. 이런 노력이 후보를 보다 정직하고 객관적으로 만든다.

셋째, 후보에게 기량에서 품행까지 해당 직무에 요구되는 바를 자세히 설명하고 예상되는 어려움에 대해서도 솔직히 말해준다. 후보가 '현실적 면접'을 통해 새로운 직무에 대한 긍정적 · 부정적 정보를 모두 얻으면 자신이 정말 그 역할에 맞는 사람인지 객관적으로 판단할 수 있게 된다.

뉴저지 럿거스 주립대학교의 진 필립스^{Jean Phillips} 교수가 '현실적 면접'을 다룬 40건의 연구를 분석했다. '현실적 면접'은 성공적 채용과 이직률 감소, 직무 만족으로 이어졌고, 이런 결과는 콜센터 상담원, 슈퍼마켓 직원, 세관 검사관, 간호사, 육군과 해군 신병, 생명보험 판매원, 은행원, 호텔 접수담당자 등 직종을 막론하고 일관되게 나타났다. 거품을 뺀 면접은 부적격 후보가 알아서 물러나게 하는 효과도 있고, 최종 합격자가 새로운 환경을 좀 더 행복하게 견디도록 '예방주사'를 놓는 효과도 있다.[4]

넷째, 후보에게 해당 직무와 본인의 적성을 남과 의논할 것을 권한다. 의논 상대가 비슷한 일을 해봤거나 비슷한 상황에 처해본 친구나 동료나 지인이면 더 좋다. 본인에 대한 즉석 360도 평가를 받는 것과 비슷하다. 남이 나를 더 정확하게 본다. 그리고 사람은 본인의 사회 그물망에 속한 사람들과 논의할 때 훨씬 솔직해진다.

마지막으로, 이왕 후보에 대한 평판조회를 할 거면 치밀하게 한다. 평판조회도 또 하나의 넘어야 할 산이다. 그 산에 대한 이야기는 다음 장으로 이어진다.

10

나쁜 후보, 좋은 평판

나는 독서광이다. 커리어 초기에는 아르헨티나에서 미국으로 출장 갈 때마다 유명 서점에서 며칠씩 책을 탐독하며 보냈다. 구입한 책이 너무 많아서 담아갈 가방을 새로 사야 할 때도 많았다. 한동안 그러다가 더 이상의 여행 가방 수집을 거부하고 출장 갈 때 아예 빈 가방을 한두 개 챙겨갔다. 얼마 후 기쁘게도 제프 베조스가 아마존닷컴을 창립해서 내 인생을 바꿔놓았다. 아마존 사이트에 들어가서 원하는 책을 클릭만 하면 일주일 안에 부에노스아이레스의 집에 앉아서 편히 받아볼 수 있었다. 그것은 시작에 불과했다. 지금은 세상 어디에 있든 위스퍼넷Whispernet으로 킨들 전자책을 몇 초 만에 다운받는다. 가방 없이도 온 세계로 서재 분량의 책을 가지고 다니며 읽는 세상이 됐다.

책을 그렇게 많이 모았지만, 사지 않았다가 뒤늦게 후회하는 책들도 물론 있다. 그중 하나가 1980년대 후반에 우연히 봤던, 나쁜 후보에 대한 평판조회를 받았을 때의 대처법에 관한 책이었다. 그 책을 훑어보며 킥킥 웃었던 기억이 난다. 이런 대목이 있었다.

'이런 직원이 귀사에서 일한다면 귀사로서도 엄청난 행운입니다.'

뛰어난 직원이라는 말처럼 보이지만 사실은 지독히 게으른 직원이라는 뜻이었다. 하지만 나는 그 책을 도로 책장에 꽂았다. 몇 년 후 다시 찾아봤지만 구할 수가 없었다.

마침내 그 책을 구한 것은 20년이 지난 후였다. 2012년 1월 나는 GMAT-R의 공식 주관사인 미국 경영대학원 입학위원회Graduate Management Admission Council, GMAC가 주최하는 글로벌 리더십 컨퍼런스에 기조연설자로 참석했다. 나는 신뢰할 만한 평판조회가 얼마나 어려운지 설명하면서 오래전에 바보처럼 놓쳐버린 작고 재미있는 책 얘기를 꺼냈다. 놀랍게도 콘퍼런스 참가자 한 명이 손을 번쩍 들었다. "그 책의 저자가 제 친한 친굽니다. 제가 책임지고 한 권 구해드리죠!" 정말이었다. 몇 주 후 저자 로버트 J. 손튼Robert J. Thornton이 직접 서명한 『국제적으로 애매모호한 추천장 모음The Lexicon of Internationally Ambiguous Recommendations』이 우편으로 도착했다. 책 제목의 머리글자가 교묘하게도 L.I.A.R.(거짓말쟁이)이었다.[1]

이 책은 단순한 시나리오로 시작한다. 당신은 대기업에서 일한다. 그런데 다른 회사에 고위관리직으로 이직을 원하는 동료가 추천장을 부탁한다. 당신은 그 사람을 충분히 겪었고, 따라서 그 사람이 '자기 양말 서랍 하나도 관리 못할 인간'임을 잘 안다. 그렇다고 인정상 부탁을 매몰차게 거절하기도 어렵다. 어떻게 해야 할까? '추천장'에 사실대로 쓰면 동료가 이직에 실패해서 당신과 계속 일하게 된다. 거기다 나중에 당신이 이직 기회를 막았다는 것을 알게 되는 날에는 당신을 고소하겠다고 펄펄 뛸지도 모른다. 그렇다고 추천장에 거짓말을 쓰면 당신은 사기꾼이나 다름없다.

이런 진퇴양난의 상황에 이 책이 교묘한 해결책을 제시한다. 어느 조직에나 '문제적 직원'은 있고 그 유형은 상습적 결근, 부정행위, 나태, 열정 결여, 품행 방종, 단순 무식 등 다양하다. 저자는 이 책 3장에 350여 개의 '국제적으로 애매모호한' 추천사들을 나쁜 직원의 유형별로 일목요연하게 정리해놓았다. 문장의 이중적 의미를 단숨에 알아채지 못하는 독자를 위해서 저자는 친절하게 해석까지 달아놓았다. 예를 들어 상습적 결근 항목에 '정말 찾아보기 어려운 직원입니다'라는 표현이 있다. 언뜻 '보기 드물게 재능 있는 직원'으로 읽히지만 '어디 숨었는지 알 수 없는 인간'이라는 뜻도 된다. 이런 문장도 있다. '이 사람이 저의 동료였다는 것이 기쁩니다.' 더는 동료로 두고 싶지 않다는 소리 없는 외침이다. 좀 더 미묘한 표현을 원한다면 '단언컨대 이 사람만 한 사람도 없습니다'도 있다.

물론 이 책은 유머집이다. 하지만 인사결정의 중요하고 심각한 이슈를 건드리고 있다. 채용 후보에 대해 전적으로 진솔하고 믿을 만한 평가를 얻기란 쉽지 않다. 게다가 비즈니스의 세계화, 소송의 일상화가 특징인 세상에서 타인에 대한 평가란 민감하고 난감한 사안이 아닐 수 없다. 하지만 효과적인 채용과 승진 결정, 나아가 조직 정예화를 위해서는 적절한 평판조회가 필요하다.

평판조회가 필요한 첫 번째 이유는 이력서와 소셜미디어 프로필, 면접에서 허위사실을 기재하거나 불리한 사실을 누락하는 사람들이 많기 때문이다. 언젠가 영국 대중지《메일 온 선데이》에 영국 유수 기업의 이사회 및 감사위원회 멤버로 재직 중인 어느 임원의 이력이 날조로 드러난 사건이 실렸다. 이 임원은 따지도 않은 학위와 다녀본 적 없는 직장들을 내세워 회사를 속였고, 심지어 사기전과 2범이라는 것을 숨기려고 이름까지 바꿨다. 이 정도 사기행각까지는 아니더라도 앞 장에서 설명했다시피 사람에게는 부지불식간에 본인의 기량은 과대평가하거나 미화하고, 약점은 과소평가하거나 얼버무리는 경향이 있다. 후보 본인만 거짓말하는 것이 아니다. 선의의 발로 또는 앙갚음의 두려움 때문에 윤색되는 주변인들의 평가가 이런 크고 작은 거짓말들을 영구화한다.

노골적인 속임수는 구글 서치로도 잡아낼 수 있다. 하지만 정례적이고 일상적인 백그라운드 체크 기법으로 적발률을 높일 수 있다. 하버드 대학교의 디팍 말호트라Deepak Malhotra, 린 M. 반 숄Lyn M. Van Swol, 마이클 T. 브라운Michael T. Braun이 최근 발표한 연구 결과에 따르면, 말투나 말버릇을 주의 깊게 살피는 것도 좋은 방법이 된다. 거짓말하는 사람은 사실대로 말하는 사람보다 비속어와 3인칭 대명사, 복문의 사용 빈도가 높고, 전반적으로 장황하게 말하는 경향이 있다.[2] 하지만 이런 눈썰미가 생기려면 훈련이 필요하다.[3] 내 경험상 가감 없는 사실에 접근하는 유일한 방법은 해당 후보와 밀접히 일했던 다양한 사람들을 대상으로 탐색적 대화를 가지는 것이다.

어떻게 하면 평판조회 과정에서 거짓말쟁이들(L.I.A.R. 문장을 구사하는 사람들 포함)을 숨아낼 수 있을까?

첫째, 먼저 포괄적이고 유의미한 정보 제공자가 될 만한 사람들을 추려서 추천인 명단을 만들고 후보의 동의를 얻는다. 추천인 명단이 후보의 이전 근무지 여러 곳에 걸쳐 예전 상사, 동료, 부하직원을 골고루 포함하도록 한다. 확인할 역량을 염두에 두고 명단을 줄여나간다. 후보의 상사였던 사람에게는 후보의 전략 지향성과 성취욕을 묻기 좋고, 과거 동료는 후보가 동류집단에서 어떤 영향력을 어떻게 발휘했는지 말해줄 것이고, 과거 부하직원은 후보의 리더십을 판단하는 데 중요한 정보원이 된다.

둘째, 추천인이 진솔한 판단을 하도록 동기를 부여한다. 실패 가능성이 높은 이직은 후보에게도 이로울 것이 없으며, 따라서 믿을 만한 평가를 얻는 것이 매우 중요하다는 것을 대화 시작 시점에 미리 강조한다. 완벽한 후보란 존재하지 않고, 누구나 강점과 약점이 있으며, 후보에 대해 가능한 많이 알아야 그가 채용됐을 때 융화와 계발을 위한 적절한 지원이 가능하다는 점도 설명한다. 추천인의 견해는 엄격히 비밀에 붙여진다는 것도 강조하자. 추천인과 이메일을 주고받는 것보다는 직접 만나거나 전화 통화하는 것이 좋다. 상대의 목소리나 표정에서 망설임이나 감정을 포착할 수 있어야 실상 파악에 유리하다.

셋째, 추천인이 편향의 그물에 걸리지 않도록 도와준다. "마틴 씨 어때요?"와 같은 넓고 밋밋한 질문은 피한다. 그렇게 물어보면 해당 직무에 관련된 특징보다는 후보의 뛰어난 점이나 두드러진 점을 '뭉뚱그려' 평하는 답변이 나오기 쉽다. 추천인이 한 번 그렇게 답한 다음에는 후속 답변들도 때가 타기 마련이다. 진술의 일관성을 유지하려는 욕구 때문이다. 따라서 해석의 여지가 많은 질문으로 대화를 시작하는 것은 좋지 않다. 대신 추천인에게 후보와 어떤 관계인지를 확인한 후에 후보가 맡을 직무의 특성과 난제를 구체적으로 설명하고 후보가 비슷한 상황에서 일한 적이 있었는지 묻는다. 있었다면 그때 후보의 정확한 역할은 무엇이었는지, 그가 어떤 업무를 어떻게 처리했으며, 결과는 어땠는지 자세히 물어본다.

참, 세상에는 L.I.A.R. 문장들도 있다는 것을 숙지하자. 그래야 그런 요령을 쓰는 추천인들에게 속절없이 당하지 않는다.

11

승률에 속고 선발에 울고

침팬지, 어린아이, 고양이, 눈을 가리고 다트를 던지는 사람. 이들이
마구잡이로 뽑은 주식의 실적이 자산관리 전문가들이 공들여 선정
한 주식의 실적을 가뿐히 앞섰다는 이야기는 누구나 한 번쯤 들어
봤을 것이다. 최근 런던 시티 대학교의 카스 경영대학원 연구팀이
일명 '몽키 지수'와 시가총액 가중지수를 비교하는 실험을 했다. 몽
키 지수란 컴퓨터가 원숭이의 의사결정 행태를 모방해서 무작위로
주식투자 종목을 뽑고 무작위로 가중치를 매겨서 만든 지수를 말
한다. 시가총액 가중지수는 말하자면 투자 전문가들이 추천하는 종
목들의 지수다. 연구팀은 몽키 지수를 천만 번 생성해서 비교했는
데, 매번 몽키 펀드가 우세했다.[1]

불행히도 사람 뽑기에서도 사람은 원숭이보다 별반 나을 게 없
다. 후보의 채용 전 평가 결과와 채용 후 업무성과의 연관성을 기

준으로 면접관의 적중률을 측정해보라. 면접관마다 적중률이 천차만별로 나온다. 전지전능하고 공평무사하고 언제나 참된 하느님의 실력을 상관계수 1.0이라 하자. 상관계수가 1.0이면 모든 선택에서 백발백중이다. 매의 눈을 가진 지구 최강의 면접관이라면 상관계수 0.7에 해당한다. 이들의 평가는 70퍼센트의 적중률을 보인다. 나는 이런 사람들을 신의 대리자$^{vice-God}$라고 부른다. 사람들 대부분은 상관계수 0.3 근처에 모여 있다. 채용 성공률이 30퍼센트에 그친다는 뜻이다. 보는 눈이 최악인 면접관은 평가와 성과의 상관계수가 0 이하(약 -0.1)로 떨어진다. 누가 이렇게 무능한지 아는 것도 나쁘지 않다. 그 면접관의 추천과 반대로 뽑으면 오히려 성공률이 올라갈 테니까!

그냥 인재가 아니라 최고 인재를 뽑을 때는 상황이 더 심각해진다. 신의 대리자보다 훌륭한 면접관도 승산은 의외로 낮다. 이 점을 증명하기 위해 내가 자주 내는 논리 문제가 하나 있다. 당신은 동류집단에서 상위 10퍼센트에 드는 최고 인재만 채용하고자 한다. 당신의 평가 적중률은 신의 경지에 근접한 90퍼센트다. 당신이 누군가를 상위 10퍼센트의 최고 인재로 판단할 때 당신의 판단은 열 번 중 아홉 번은 들어맞는다. 당신이 특정 후보를 상위 10퍼센트에서 배제할 때도 열에 아홉은 맞는다. 당신이 재직 기간 동안 100명의 후보를 평가한다고 치자. 당신이 뽑은 사람 중에 진짜로 상위 10퍼센트의 인재는 몇 퍼센트나 될까? 잠시 생각해보고 답을 적어보자.

나는 세계를 돌아다니며 학생들과 전문서비스 종사자들과 임원

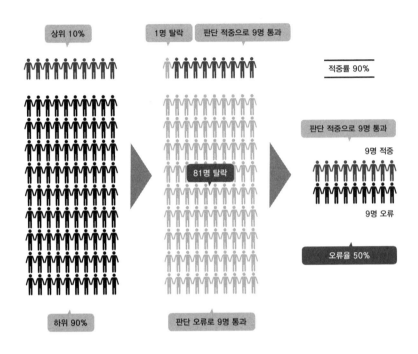

표 11-1 최고 인재 선발 가능성(평가 적중률이 90%일 때)

상위 10%

1명 탈락   판단 적중으로 9명 통과

적중률 90%

판단 적중으로 9명 통과

9명 적중

81명 탈락

9명 오류

오류율 50%

하위 90%

판단 오류로 9명 통과

들에게 이 문제를 수백 번 냈다. 사람들의 대답은 9퍼센트에서 90퍼센트까지 다양하다. 이들 중 정답을 대는 소수도 직관적으로 맞혔을 뿐 제대로 계산하는 사람은 드물다.

정답은 50퍼센트다. 90퍼센트의 적중률을 가진 사람도 반은 엉뚱한 사람을 뽑는다. 백 마디 말보다 그림 하나가 효과적으로 설명한다. 표 11-1을 보면 왜 그런 결과가 나오는지 쉽게 이해할 수 있다.

평가 대상은 100명이다. 이 중 상위 10퍼센트의 인재는 10명이다. 하지만 당신은 그 10명이 누구인지 모른다. 보기 쉽도록 그림에서는 10명의 스타 인재를 맨 앞줄에 놓았다. 당신은 90퍼센트의 적중률로 이 10명 중 9명을 제대로 평가해서 통과자 그룹으로 보낸다. 하위 90명의 후보를 평가할 때도 90퍼센트의 적중률을 발휘해서 81명의 후보를 무사히 떨어뜨린다. 하지만 10퍼센트의 오류율 때문에 하위 90명 중 9명을 엉뚱하게 통과시키고 만다. 결과적으로 당신이 통과시킨 18명 중 절반만 실제 상위 10퍼센트의 최고 인재다. 물론 당신은 진짜 스타 9명과 기준미달 9명을 분간하지 못한다.

이것이 당신이 90퍼센트의 평가 적중률을 가지고 최고 인재를 선별했을 때의 결과다. 이렇게 현실에서는 가능하지 않은 적중률을 적용해도 결과는 절반의 성공이다. 90퍼센트 대신 70퍼센트의 적중률을 적용하면 어떨까(이 책을 읽고 최고의 면접관이 된 사람의 실력이 그쯤일 것이다). 표 11-2가 보여주듯 이때의 오류율은 80퍼센트에 육박한다.

아직 절망하기는 이르다. 몇 가지 베스트 프랙티스를 적용하면 승산을 높일 수 있다.

첫째, 처음부터 탁월한 후보가 많이 모인 우수 후보군을 만들어 거기서 시작한다. 광업회사는 탐사 단계에 엄청난 시간과 돈을 쓴다. 목표 광물의 함유량이 높은 광석을 골라서 채굴하고 정제하기 위해서다. 인재를 발굴할 때도 마찬가지다. 스타를 10퍼센트 넘게 포함하는 '물 좋은' 후보군에서 시작할 필요가 있다. 적절한 정보 수집을 통해 최고의 후보들이 많은 곳을 파악하고, 과거 성공사례를 분석해서 성공 가능성이 높은 적임자 요건을 정의한다. 예를 들

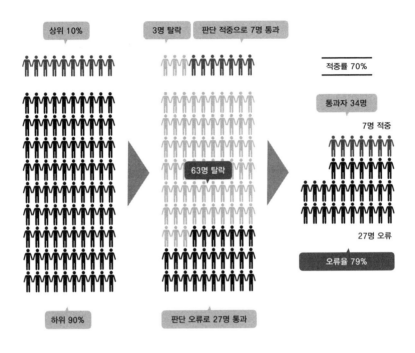

표 11-2 최고 인재 선발 가능성(평가 적중률이 70%일 때)

상위 10%   3명 탈락   판단 적중으로 7명 통과

적중률 70%

통과자 34명

7명 적중

63명 탈락

27명 오류

오류율 79%

하위 90%   판단 오류로 27명 통과

어 회계부서의 부서장을 구한다면 유명 회계 법인들에 훌륭한 후보가 많이 모여 있다.

둘째, 후보를 평가할 때는 면접과 평판조회에만 의지하지 말고, 표본작업 평가$^{work\ sample}$와 연습과제 평가$^{practice\ assignments}$를 병행한다. 물론 업무가 복합적인 고위직의 경우는 이런 평가가 힘들다. 하지만 자동차 부품 조립과 소프트웨어 코딩에서 그래픽디자인과 연설문 집필에 이르기까지 의외로 표준화된 직무가 많다. 표준화된 직무의 경우는 후보의 기량과 숙련도를 사전에 테스트할 수 있다.

마지막으로, 후보 평가에 여러 면접관이 공조한다. 광업에서는 순도 높은 금을 얻기 위해서 순차적 여과$^{sequential\ filters}$를 시행한다. 이처럼 인사결정에도 순차적 여과 과정이 요구된다. 다만 명심할 것이 있다. 신의 대리자로 소수정예 평가단을 꾸리고, 평가단에 원숭이는 얼씬도 못하게 해야 한다. 그 이유는 다음 장에서 설명한다.

12

민주주의의 덫

임원들이 자사의 인사결정 관행을 설명할 때 자주 쓰는 방법이 정치 형태에 비유하는 것이다. 독재형 회사에서는 채용과 해고와 승진 결정을 해당 팀이나 사업 유닛이나 기업의 수장이 혼자 일방적으로 행한다. 이보다 조금 나은 버전이 자비로운 군주제다. 왕이나 여왕이 다스리기는 하지만 표면상으로는 직원 전체의 최대 이익을 대변한다. 그런가 하면 민주적인 회사도 있다. 인사결정에 모든 이해당사자가 선택권을 행사하고, 나아가 거부권까지 행사한다. 안타깝지만 이 중 어느 시스템도 좋은 해결책은 아니다. 인사결정에 가장 효과적인 시스템은 '선별적 귀족주의selective aristocracy'다. 이는 의사결정 건별로 세 명의 소수정예 평가자가 판단 결과를 제공하는 체제를 말한다.

이 해법은 내가 임원 서치 컨설턴트로서 다년간 겪은 일화성 경험에서 나온 것만은 아니다. 오랜 시간 기대 비용과 효과를 예측하고 검증한 정량적 결과이기도 하다. 앞 장에서 썼던 가상의 예를 다시 써보자. 당신은 최고 인재 예측에서 90퍼센트의 적중률을 자랑하는 반신반인半神半人급 평가자다. 하지만 당신이 100명의 후보를 평가했을 때의 오류율은 앞 장에서 봤다시피 여전히 50퍼센트나 된다. 이때 같은 적중률을 가진 두 번째 선발위원을 투입한다면? 두 번째 평가자는 당신이 1차 선발에서 뽑아놓은 후보들만 면접한다. 두 번째 평가자는 1차 선발 때보다 우수 후보 비중이 높은 후보군에서 시작하기 때문에 긍정오류false positive의 가능성이 10퍼센트대로 떨어진다. 다시 말해 우수 후보가 아닌 사람이 1차와 2차 선발 모두에서 우수 후보로 뽑힐 가능성은 10퍼센트에 불과하다. 여기서 세 번째 평가자를 투입하면 긍정오류 가능성은 1퍼센트대로 떨어진다. 이 과정이 표 12-1에 나와 있다. 여기까지는 희소식이다.

나쁜 소식은 여과 단계(순차적 평가자)가 늘어나면서 판단 오류로 우수 후보가 탈락할 가능성도 늘어난다는 것이다. 평가자들의 판단 적중률이 90퍼센트일 때 첫 번째 평가자가 우수 후보 10명 중 1명을 낙방시키고 9명을 통과시킨다. 두 번째와 세 번째 평가자가 9명에서 2명을 더 떨어뜨린다. 반신반인급 적중률을 뽐내는 평가자 세 명이 모여도 이처럼 부정오류false negative가 일어날 가능성이 27퍼센트나 된다(표 12-2 참고).

만약 더 많은 사람이 판단에 개입한다면 상황은 어떻게 될까? 평가자가 4명, 5명, 아니 10명이라면? 후보 평가에 3명 이상의 평가

표 12-1 3단계 여과로 기준미달 후보를 거의 배제할 수 있다

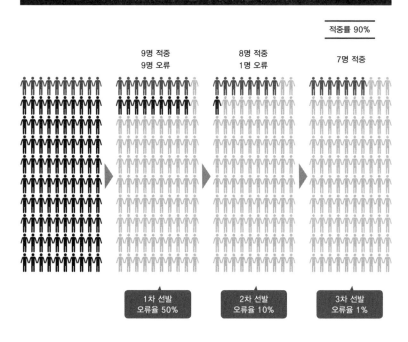

적중률 90%

9명 적중
9명 오류

8명 적중
1명 오류

7명 적중

1차 선발
오류율 50%

2차 선발
오류율 10%

3차 선발
오류율 1%

자가 개입하는 회사도 많다. 또는 실력 없는 평가자가 개입한다면? 앞 장에서 언급했던 평범한 면접관이나 최악의 면접관이 평가단에 낀다면? 실력 없는 평가자는 그냥 원숭이가 아니다. 기관총을 든 원숭이다. 이들은 후보들을 무작위로, 무차별적으로 죽인다. 이들을 평가 프로세스에 포함하는 것은 민주주의가 아니다. 그건 무정부주의다.

몇 년 전 내가 어떤 경영대학원 학장에게 이 문제를 설명하자 학장은 고개를 크게 끄덕였다. "이제야 우리 학교의 문제를 알겠군요. 우리는 모두에게 동등한 발언권과 선택권을 줍니다. 덕분에 교수

표 12-2 3단계 여과는 우수 후보도 3명이나 떨어뜨린다

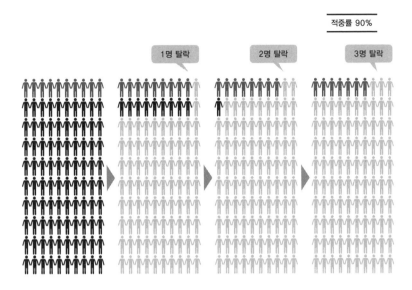

적중률 90%

1명 탈락　　　　2명 탈락　　　　3명 탈락

임용 결정에서 별로 실수하는 일이 없습니다. 하지만 그 과정에서 다른 곳에서 스타 교수가 된 후보들을 무수히 놓쳤죠."

　물론 저성과자를 채용하거나 승진시키는 것이 미래의 스타를 간과하는 것보다 더 위험하고 더 나쁜 결정이다. 하지만 오늘날 인재 경쟁 시대에 탁월한 후보를 멋모르고 탈락시키는 관리자는 장기적 경쟁에서 승리할 수 없다.

　어떻게 하면 선별적 귀족주의, 다시 말해 효과적 인재 선발 체제를 구축할 수 있을까?

　첫째, 해당 직무와 조직에서 성공하려면 어떤 점이 필요한지 확실히 이해하는 사람을 평가자로 삼는다. 협조 의지와 책임감을 생각할

때 신입자의 직속상사가 될 사람과 그 사람의 상사, 그리고 상황에 밝고 실력 있는 인사전문가를 우선적으로 고려하는 것이 좋다. 평가단을 구성할 빼어난 평가자 셋을 확보하자. 내 판단으로는 이 구성이 최선이다. 이 구성으로도 최고 인재를 몰라볼 확률이 27퍼센트쯤 되지만, 자격미달 후보를 99퍼센트 배제할 확률을 확보할 수 있다면 그 정도 아픔은 감수할 가치가 있다.

둘째, 철저한 평가와 탁월한 결정을 향한 의욕이 충만한 사람이 훌륭한 면접관이 될 수 있다. 인사결정의 성공으로 얻을 이득 때문이든 남을 돕는 데서 오는 보람 때문이든 동기가 확실한 사람이 평가자로 바람직하다. 탁월한 면접관과 형편없는 면접관을 가르는 최대 변수 중 하나가 당사자의 의욕이다. 이는 이미 50년 전부터 여러 연구로 증명된 사실이다.[1]

마지막으로, 평가자 전원이 구조화 면접과 평판조회 등의 검증된 평가 기법에 정통해야 한다. 그러려면 훈련과 경험이 필요하다. 만약 그럴 시간이 없다면, 대안으로 이 책에서 얻은 교훈을 서로 나누는 것이다. 노력이 중요하다. 노력 여하에 따라 기관총을 맨 원숭이도 반인반신半人半神으로 환골탈태할 수 있다.

13

채용 타율

누구나 인사결정에 성공한 경험이 있다. 하지만 과거에 성공 경험이 있었다고 다음에도 같은 성과를 내리라는 보장은 없다. 당신과 동료 평가자들이 과연 신의 대리자일까? 인재 선발에서 언제라도 높은 적중률을 보여줄수 있을까? 항상 믿고 맡겨도 될까? 혹시 과거의 성공은 요행수에 불과하지 않았을까? 만약 그때 평가단의 궁합이 우연히 천기에 닿은 거라면? 대답하기 힘든 문제다. 다행히 야구의 세계에서 해법의 실마리를 찾을 수 있다.

채용 타율^{hiring batting average}은 현대 경영학의 아버지 고^故 피터 드러커^{Peter Drucker}가 1985년 《하버드 비즈니스 리뷰》에 발표한 논문 「인사결정 방법^{How to Make People Decisions}」의 첫 문단에 등장하는 개념이다.[1] 드러커는 이렇게 썼다.

'임원들이 채용과 승진에서 잘못된 결정을 하는 일이 다반사다.

이들의 타율은 종합적으로 0.333을 넘지 못한다. 인사결정에서 기껏해야 3분의 1만 적중하고, 3분의 1은 효과가 미미하고, 나머지 3분의 1은 명백한 실패로 돌아간다.'

야구에서 3할 타율은 위대하지만 인사결정의 타율이 3할이면 상당히 곤란하다.

드러커의 논문이 발표된 지 20년 후, 『승자의 조건』을 공동 집필한 GE의 전임 CEO 잭 웰치와 《하버드 비즈니스 리뷰》의 전임 편집장 수지 웰치가 《비즈니스위크^{BusinessWeek}》에 같은 주제의 칼럼을 기고했다. 웰치 부부의 칼럼은 어떤 CEO가 그들에게 보낸 이메일에 대한 답이었다. 이 CEO는 본인 회사가 이듬해까지 두 배로 성장할 전망이며 이에 따라 직원 수백 명을 신규 채용할 예정이라면서 단기간 내에 많은 직원을 성공적으로 채용하는 방법을 물었다.[2]

가장 먼저 웰치 부부는 인재 인수의 베스트 프랙티스를 '신앙처럼' 따를 것을 강조했다. 인재 인수의 베스트 프랙티스는 첫째, 후보의 가치관이 기업의 가치관과 맞는지 확인하고, 둘째, 다수의 면접관에 의한 다중 면접을 실시하고, 셋째, 평판조회에 만전을 기하는 것이다. 아울러 웰치 부부는 채용 과정에 참여하는 모든 사람의 채용 타율을 추적 관찰해서 인재 발굴의 성과가 높은 사람만 선발 로테이션에 넣고 성과가 형편없는 사람은 그냥 벤치에 앉혀둘 것을 조언했다. 후보 면접심사에 임하는 평가자의 선택은 '채용 찬성' 아니면 '채용 반대'다. '어쩌면'은 용납되지 않는다. 면접 후 6개월이 경과했을 때 상사가 신입직원의 성과를 기대 이하, 기대 만족, 기대 이상으로 평가하고, 평가 결과를 면접심사 때의 성적과 비교해서 면접관 각각의 심사 정확도, 이른바 채용 타율을 계산한다.

예를 들어 어떤 면접관이 10명의 후보를 당선시켰고, 6개월 후 그중 8명이 기대 만족이나 기대 이상의 성과를 보였다면 해당 면접관의 채용 타율은 8할이다. 이런 훌륭한 면접관은 우수 선수 스카우터로 계속 활약해야 한다.

간단하지 않은가? 채용 타율제 운영으로 적어도 네 가지 혜택을 누릴 수 있다. 첫째, 면접관 중에서 알갱이와 쭉정이를 구분할 수 있다. 누가 신의 대리자인지, 누가 기관총을 들고 후보를 마구잡이로 붙이고 떨어뜨리는 원숭이인지 알 수 있다. 둘째, 안주 성향이라는 타성을 방지한다. 나쁜 결정이 큰 상처로 곪아터지는 것을 방지하려면 본인의 인사결정 실력에 대한 자체 평가를 미루지 말고 얼른얼른, 꾸준히, 시행해야 한다. 셋째, 심사 실명제는 면접관의 투지와 책임감을 고취한다. 웰치 부부의 표현처럼 '결과의 책임이 궁극적으로 누구에게 있는지 구체적 숫자로 명시되기 시작하면 채용 면접은 순식간에 잡담에서 실질적 대화로 진화한다.'³ 마지막으로, 채용 타율은 상사가 신입직원과 보다 긴밀히 연대할 동기를 부여한다. 채용 타율 증진을 위해서 사내에 전에 없던 코칭과 멘토링이 활발해지지 않을까?

대학 졸업생을 매년 수천 명씩 채용하는 인도의 대기업 타타^{Tata}의 IT서비스 업체 TCS^{Tata Consultancy Services}도 신입직원 선발에 비슷한 방법을 적용한다. 다만 이 방법을 면접관에게 적용하는 것이 아니라 채용 후보생을 공급하는 교육기관을 상대로 시행한다. 다시 말해 후보들의 출신 학교별 평균 채용 성공률을 구해서 채용 타율이 뛰어난 학교에서 졸업반 전체를 일괄 모집하는 방식을 취한다. TCS는 이런 방식으로 고도로 선택적인 선발기준을 적용하는 동시에, 채용 과정에 드는 시간과 비용은 줄이는 일거양득의 효과를 봤다.[4]

물론 직원을 수백, 수천 명씩 뽑는 경우는 흔치 않다. 하지만 본인과 동료의 통산 채용 타율 분석은 효과적이고 효율적인 조직 정예화의 발판이 된다. 채용 타율은 채용 과정에 규율을 부여하고, 채용 성공률의 일관성을 유지하며, 관리자를 훌륭한 평가자로 훈련시키는 강력하고 유용한 도구다.

자신의 채용 타율을 측정하는 것부터 시작하자. 타율 계산은 행사가 아니라 습관이 되어야 한다. 과거 5년 동안 당신이 참여했던 모든 채용과 승진 결정을 검토하자. 당시에 당신이 내렸던 판단과 해당 직원의 실제 성과를 대조하면 된다. 그리고 앞으로 임용 과정에 참여할 때마다 달력에 6개월 후를 표시해놓고 당신의 평가가 적중했는지 확인하자. 당신이 퇴짜 놓았던 후보들만 아니라 다른 곳에 발령 냈던 사람들의 성과도 함께 살피는 것이 좋다. 당신의 인사 결정 적중률은 얼마인가? 채용 타율을 높이려면 앞으로 어떤 것을 경계하고 어떤 것에 집중해야 할까?

자신을 점검한 다음에는 웰치 부부의 권고처럼 주위 사람들의 채용 타율도 추적하자. 자신의 타율을 구할 때와 같은 방법으로 검토와 측정을 거치면 된다. '사람' 결정에서 당신을 돕거나 대리하는 동료, 자문, 직원의 판단 적중률을 파악하는 것은 다른 무엇보다 중요하다. 채용 타율제는 주위의 역량개발과 커리어 성공을 위해서도 더없이 효과적이다. 리더만 아니라 인사결정에 참여하는 모두가 유능해야 '좋은 기업이 위대한 기업으로' 진화할 수 있다.

14

불순한 동기

다야크족은 인도네시아 보르네오 섬의 원주민이다. 지금도 섬의 내륙에 수백만 명의 다야크족이 산다. 지금의 다야크족은 여러 부족이 충돌 없이 평화롭게 살지만, 그들의 선조는 다른 종족의 목을 베는 머리사냥 관습으로 유명했다. 다야크족의 머리사냥 전통은 신령이 내린 관습법에 의한 것이었다. 관습법에 의하면 적의 목을 자르고 그 머리를 가져오는 전사만이 애도 의식에 쓰는 신성한 단지를 열 수 있었다.

하지만 다야크 전사들이 무시무시한 전리품 경쟁을 하는 데는 다른 이유도 작용했다. 적의 머리는 권세와 사회적 위상의 상징이었고, 신랑이 신부의 집에 바치는 예물로 쓰이기도 했다. 전투에서 가져온 머리는 구혼자가 가족과 공동체와 땅을 무사히 건사할 만큼 용감하고 능력 있는 사내라는 증거였다. 또한 머리는 부족을 질

병과 외침에서 보호하고, 기름진 토양과 풍작을 약속하는 부적과도 같았다. 하지만 다야크족의 머리사냥에는 엄격한 원칙이 있었다. 전사들은 다른 부족의 선제공격 없이 먼저 싸움을 시작할 수 없었고, 항복한 적은 죽일 수 없었다. 그리고 전투 지도자에게는 어떤 경우에도 진실을 말할 도덕적 의무가 있었다.[1]

다야크족이 기독교와 이슬람교로 대거 개종하면서 머리사냥 관습도 사실상 사라졌다. 하지만 머리사냥headhunting이라는 용어는 남아서 오늘날 내가 하는 일을 지칭하는 말이 되었다. 임원 서치 회사들과 임원 서치 컨설턴트들이 용어만 물려받은 것이 아니라 다야크 전사의 진정성과 원칙까지 물려받았다면 더는 바랄 게 없다.

여기까지만 읽으면 이 책의 목적이 결국 임원 서치 컨설턴트 고용 권장이라고 생각하기 쉽다.

"탁월한 인사결정을 방해하는 내부의 난관과 외부의 장애를 뛰어넘고 싶으십니까? 그렇다면 이 책의 지은이 같은 임원 서치 컨설턴트를 고용해서 도움을 받으십시오"라고 말이다.

하지만 독자 여러분 예상은 빗나갔다. 컨설턴트를 고용하는 것은 성공적 인재 등용과 조직 정예화의 유일한 방법도, 심지어 최선책도 아니다. 사실 나는 임원 서치 회사의 가치는 상당히 조건적이라고 생각한다. 예컨대 내가 최근에 읽은 한 연구 결과에 따르면, 적어도 대기업 CEO 임용에 전문 컨설턴트가 개입하면 최적의 내부 후보가 배제되고 그보다 못한 외부 후보가 선택되는 결과를 가져올 때가 많았다.

물론 임원 서치 컨설턴트가 빛을 발하는 경우도 많다. 언젠가 이 곤젠더의 오랜 고객사였던 한 스위스 기업의 CEO로부터 칭찬인지 비판인지 모를 아리송한 평을 들었다.

"클라우디오, 나는 당신이나 당신의 동료들이 누군가의 장래를 정말로 평가하거나 예측할 수 있다고 생각하지 않아요. 고위직 후보들은 머리가 비상한 사람들이에요. 맘만 먹으면 얼마든지 상대를 속일 수 있죠. 그런데도 내가 당신의 회사와 일하는 것은 서치 회사의 후보 평가 능력 때문이 아니라 그 회사에 축적된 지식 때문이에요. 서치 회사는 오랫동안 고위임원들의 경력을 추적하고 그들의 성과와 업적을 관찰하지 않습니까. 그건 황금의 가치가 있죠."

스위스 CEO의 말이 다 옳다고 할 수는 없다. 임원 서치 컨설턴트가 임원들을 많이, 그리고 자세히 아는 것은 사실이다. 아르헨티나의 고위관리자 중 아무나 두 사람을 대보라. 나는 두 사람의 경력을 간추려 소개하고, 두 사람의 야망과 포부를 설명하고, 두 사람이 서로를 어떻게 생각하는지도 말할 수 있다. 임원 서치 컨설턴트는 대개 지역이나 시장, 산업이나 업종, 직능이나 경영 상황별로 전문·특화된 인력이기 때문이다.

하지만 스위스 고객사의 생각과 달리, 임원 서치 컨설턴트들은 확실히 남보다 높은 후보 평가 능력을 보유하고 있다. 임원 서치 컨설턴트는 이 일에 특화한 훈련을 받고 실무 경험을 쌓은 전문 인력이다. 그들은 해당 직무와 직위에 요구되는 핵심역량을 파악하고, 면접과 평판조회로 가용정보를 극대화하고, 잠재 스타와 나머지를 구분하고, 후보는 물론 정보 제공자와 추천인과도 밀도 높은 신뢰 관계를 구축하는 법을 익힌 사람들이다. 이런 능력이면 황금을 넘어 백금의 가치가 있다고 믿는다.

하지만 임원 서치 컨설팅이 적임자 찾기에 도움이 되는 만큼 해가 될 수도 있다. 임원 서치 컨설턴트가 비뚤어지는 것은 주로 보수 지급 방식 때문이다. 정확히 말하면 성공수수료^{contingency arrangement}와 비율수수료^{percentage fee}가 문제다.

적의 머리를 바치고 힘과 명예를 얻는 보르네오 섬의 다야크 전사처럼 임원 서치 컨설턴트도 머리를 제공해야만 보상금을 얻는다. 아무 머리나 상관없이 머릿수가 중요했던 다야크 전사에게는 성공수수료 같은 조건부 지불 방식이 합당하다. 하지만 특정 직무에 최적화된 머리를 찾을 때는 이런 지불 방식이 맞지 않는다. 때로는 머리가 자기 발로 올 때도 있고, 애초에 머리를 외부에서 찾을 필요가 없을 때도 있다. 내부에 훌륭한 후보가 있을 때가 그런 경우다. 그런데 컨설턴트가 추천하는 외부 후보의 합격 여부가 보상을 결정하는 관행 때문에 컨설턴트가 외부 후보를 후하게 평가하고 내부 후보는 열외로 놓는 불순한 동기가 생긴다. 컨설턴트가 일부러 그러지 않는다 해도 무의식이 발동할 여지는 충분하다. 조건부 성공수수료 대신 누가 채용되든 상관없이 동일한 의뢰수수료를 지급하는 것이 서치 컨설턴트가 모든 후보를 객관적으로 평가하는 데 도움이 될 것이다.

두 번째 불순한 동기는 정액수수료가 아닌 비율수수료다. 대형 서치 회사는 보통 채용된 임원이 받는 연봉(급여+상여금)의 3분의 1을 보수로 받는다. 이 관행 역시 컨설턴트가 내부 후보보다 외부 후보를 우선시하는 경향을 부른다. 기업이 외부에서 임원을 영입할 때는 이직의 대가로 보통 30퍼센트 정도 프리미엄을 붙인 연봉을 지급하기 때문이다. 비율수수료는 임원 서치 컨설턴트가 최적의 후보보다 최고 연봉자를 후보로 미는 동기가 된다. 고객사 입장에서는 자칫 필요 이상 많은 비용을 지불하는 셈이다. 이 경우도 해결 방법은 있다. 후보가 받을 연봉과 무관하고 해당 보직의 중요성과 서치 난이도를 반영해서 미리 책정한 고정수수료를 지급하는 것이다.

임원 서치 수수료의 두 가지 문제를 바로잡았다 해도 임원 서치 컨설턴트는 특별한 상황에만 기용할 것을 권한다. 예를 들어 회사 내부에 마땅한 후보가 없거나, 회사가 새로운 사업이나 시장에 진출하거나, 전략적 변화를 추진할 때는 임원 서치 컨설턴트의 도움을 받는 것이 유리하다.

컨설턴트를 선임할 때도 다른 인사결정과 같은 접근법을 취한다. 다수의 서치 회사나 컨설턴트를 후보군으로 놓고 심층 평가와 평판조회를 실시한다. 임원 서치 컨설턴트와 일해 본 동료들에게 정보를 얻는 것으로 시작하자. 동료에게 어떤 컨설턴트가 실력 있는 후보를 일관성 있게 제공했는지 묻는다. 이렇게 후보자 명단이 추려지면 각각의 컨설턴트를 직접 만나 해당 분야에서 비슷한 서치를 수행한 경험이 있는지 확인하고, 아울러 컨설턴트의 전문성과 정직성, 관심도를 가늠한다.

내가 믿을 만한 사람인가? 내부 후보와 외부 후보 양측에게 믿음을 줄 사람인가? 설득력과 영감을 갖추고 있나? 해당 컨설턴트가 서치 과정의 어디까지 직접 수행하고 어디부터 부하직원들에게 위임하는지도 확실히 해둔다. 후보 물색이나 후보 평가 같은 민감한 부분을 경험이 부족한 손에 맡기는 것은 부적절하다. 해당 서치 회사의 내부 협력과 지식 공유 수준도 고려하자. 서치 회사의 전사적 공동자산에 접근성을 확보하는 것이 좋다. 이런 조건들이 모두 구비되어야 서치 컨설턴트가 제 가치를 다할 수 있다.

Part 3

스타 발굴 :
평가와 선별의 논리

최고의 인재를 얻으려면 적중 가능성이
높은 곳에서 후보를 찾아야 하고,
적중 가능성을 높여줄 평가 프로세스와 평가항목을
설계해야 한다.

15

매직 넘버

1611년, 위대한 천문학자 요하네스 케플러^{Johannes Kepler}의 아내가 프라하에서 콜레라로 사망했다. 그로써 불행했던 결혼생활도 끝이 났다. 두 사람의 결혼은 중매결혼이었다. 이후 케플러는 재혼 상대를 남에게 맡기지 말고 본인이 직접 나서서 적합한 반려자를 체계적으로 물색하겠다고 결심했다. 그는 신붓감이 될 만한 11명의 여인을 골라 후보 명단을 만들고 장장 2년이나 이들을 꼼꼼히 지켜봤다. 케플러는 마침내 가장 맘에 드는 여인을 결정했다. 그런데 친구들의 설득에 넘어가 명단에서 4등이었던 다른 여인에게 청혼했다. 다행히 4등 여인은 그의 청혼을 거절했다. 너무 오래 기다리게 해서 화가 났던 것이다. 덕분에 케플러는 가장 마음에 들었던 여인에게 청혼했고 두 사람은 오래오래 행복하게 살았다.

그로부터 2세기 후, 이번에는 유명한 진화생물학자 찰스 다윈

Charles Darwin이 결혼을 앞두고 고민에 빠졌다. 다윈은 케플러와는 다른 접근법을 취했다. 그는 며칠을 두고 종이에 결혼의 장단점을 적으며 결혼을 할지 말지 궁리했다. 결혼의 장점이 단점을 압도하는 결과가 나오자 다윈은 곧바로 잠재후보들을 타진했다. 그는 동료, 친구, 지인, 친척을 두루 살폈다. 깨달음은 순식간이었다. 매력적이고 지적이고 교양을 갖춘 사촌누이 엠마가 완벽해 보였다. 다윈은 그녀에게 청혼했다. 둘은 결혼해서 10명의 자녀를 낳았다. 엠마는 남편의 연구 활동을 훌륭히 내조하고, 남편의 건강문제도 살뜰히 보살폈다. 그녀는 다윈에게 더없이 소중한 자산이었다. 두 사람도 길고 행복한 결혼생활을 누렸다.

케플러와 다윈은 배우자 선택에서 극적으로 다른 전략을 썼다. 케플러는 여러 후보를 놓고 2년 동안 지켜본 뒤 평가했다. 다윈은 자신의 필요와 원하는 바를 곰곰이 따져본 후 거기에 딱 들어맞는 단 한 명의 후보를 신속히 골랐다.

중요한 인사결정을 할 때 몇 명의 후보를 두는 것이 가장 좋을까?

이 문제를 다룬 여러 연구가 있다. 통계학에서는 주로 확률모델을 동원한다. 확률모델이란 여러 실측 데이터의 확률분포를 통해서 미지의 상황을 통계적으로 추측하는 기법이다. 이 경우에 적용하는 확률모델은 '37퍼센트 법칙'으로 요약된다. 100명의 후보가 있을 때 처음 37명을 심사해보면 전체 수준을 감 잡을 수 있으며, 나머지 중에서 앞의 37명보다 나은 후보가 나타나는 즉시 그 사람을 선택하면 최고의 후보를 선택할 가능성이 극대화될 수 있다는 것이

이 법칙의 내용이다.

한편 생물학자들은 동물의 짝짓기 과정에서 관찰되는 선택 패턴에 집중한다. 동물은 여러 이성의 반응을 통해 자신의 매력도를 가늠한다. 우월한 이성의 접근을 받으면 포부 수준$^{aspiration\ level}$이 올라가고, 열등한 상대에게 거절당하면 포부 수준이 떨어진다. 사춘기 때 이런 탐색 과정을 20번쯤 거치고 나면 동물은 동종 이성 중 누가 자신의 현실적 목표가 될지 깨닫게 되고, 이에 따라 누울 자리 보면서 다리를 뻗는 안정적인 선택을 한다.[1]

물론 현실세계에서 후보를 100명씩 고려하는 일은 흔치 않다. 후보 20명도 드물다. 20명은커녕 대개는 대안 없이 덜렁 1명의 후보만 고려하는 일이 많다. 창조적 리더십 센터^{CCL}의 연구에 따르면 임원 임용에서 단일 후보 지명이 전체 경우의 4분의 1을 차지한다. 칩과 댄 히스$^{Chip\ and\ Dan\ Heath}$의 저서 『자신 있게 결정하라: 불확실함에 맞서는 생각의 프로세스』도 최근의 연구를 인용해서 이런 의사결정 관행이 업계에 만연한다고 지적한다.[2]

오하이오 주립대학교 전임교수 폴 너트$^{Paul\ Nutt}$가 30년 동안 168건의 주요 비즈니스 의사결정 과정을 수집해서 분석했다. 그랬더니 자그마치 71퍼센트의 의사결정이 임원진의 단일 대안 검토에 따른 것으로 드러났다. 대부분의 선택이 양자택일이었다는 얘기다. 이 기업을 인수할 것인가 말 것인가? 이 제품을 출시할 것인가 말 것인가? 이 시장에 진입할 것인가 말 것인가? 이 후보를 채용할 것인가 말 것인가? 분석 결과 이런 가부 결정 시나리오의 52퍼센트가 잘못된 결과로 이어졌다. 반면 두 가지 이상의 대안을 놓고 의사결정을 할 경우 실패율은 32퍼센트에 그쳤다.[3]

독일 테크놀로지 기업이 행한 주요 의사결정 83건을 분석한 또 다른 연구에 따르면, 전체 의사결정의 40퍼센트가 양자택일이었다. 하지만 긍정적 결과의 가능성은 여러 대안을 놓고 선택했을 때가 양자택일보다 여섯 배나 높았다.[4] 조직 정예화를 원한다면 다양한 대안을 놓고 검토하는 것이 좋다.

그런데 대안이 너무 많은 것도 좋지 않다. 사람에게는 결정 장애라는 것이 있어서 '선택 과부하$^{choice\ overload}$'를 피하는 쪽으로 반응한다. 콜롬비아 대학교의 시나 아이엔가와 마크 레퍼$^{Mark\ Lepper}$가 유명한 '잼 실험'을 했다. 슈퍼마켓에서 다양한 맛의 잼을 진열하고 고객의 구매행동을 조사하는 실험이었다. 한쪽 판매대에는 여섯 가지 제품을, 다른 판매대에는 스물네 가지 제품을 진열했더니, 놀랍게도 여섯 가지 대안이 주어졌을 때가 스물네 가지 대안에 직면했을 때보다 실제 구매율이 열 배나 높았다.[5] 너무 많은 선택이 구매를 방해한 것이다. 세상사가 다 그렇듯 선택 범위도 과유불급이다.

그렇다면 후보 수의 매직 넘버는 몇일까? 나는 인도에 있는 이곤젠더 리서치센터의 힘을 빌려 전 세계에서 수행된 임원 서치 수천건을 대상으로 우리가 고객사에 추천한 최종 후보의 수와 채용된 후보의 '체류율$^{stick\ rate}$' 사이의 관계를 조사했다. 체류율은 채용된 후보가 해당 기업에 근속한 햇수를 말한다. 처음 채용된 보직과 승진한 보직에 있었던 기간을 모두 포함했다. 나는 경쟁률이 높았던 합격자의 체류율이 높을 것으로 예상했다. 어느 정도까지는 내 예상이 맞았다. 하지만 후보의 수가 3~4명이 넘어가자 체류율은 급격히 하락했다. 역시 옵션이 너무 많으면 최선의 선택에 지장이 있다.

결과적으로 성공적 인사결정을 위한 이상적 후보 수는 3~4명이다. 흥미롭게도 이상적인 면접관 수와 같다. 하지만 명심할 것이 있다. 케플러와 다윈의 후보 수는 각각 11명과 1명이었다. 이상적 후보 수를 훌쩍 벗어난다. 하지만 두 과학자 모두 행복한 결혼생활을 누렸다. 어떻게 된 일일까? 두 사람은 배우자 후보를 너무 많게 또는 적게 잡은 약점을 탁월한 인사결정 전략으로 보완했다. 케플러는 배우자 후보들을 명민하게 선정해서 이들을 장기간 엄정히 평가했다. 다윈은 자신의 필요와 여건을 명확히 파악한 후, 오랫동안 알아왔던 사촌 엠마야말로 조건에 합당한 최적의 사람이라는 결론을 내렸다. 길지도 짧지도 않은 후보자 명단은 분명 인사결정의 질을 높인다. 하지만 철저한 준비와 평가를 대체할 방법은 아무것도 없다.

16

체크리스트 불패의 법칙

1953년 이전에는 분만 직후 신생아의 상태를 파악할 표준절차가 없었다. 분만실 의사들은 그저 직감적인 판단에 의지했고, 그에 따라 위험신호를 놓치는 경우가 종종 일어나 신생아 사망률이 높았다. 1953년 어느 날, 아침식사 자리에서 누군가가 마취과 의사 버지니아 아프가^{Virginia Apgar}에게 신생아 건강 상태를 빠르고 체계적으로 파악할 수 있는 방법을 물었다. "쉬워요." 아프가는 종이에 다섯 가지 항목(심박 수, 호흡, 자극에 대한 반응, 근육의 힘, 피부 빛깔)과 세 가지 점수(0, 1, 2)를 적었다. 아기 출생 1분 후에 이 척도로 검사해서 점수를 합산한다. 10점 만점에서 8점이면 혈색 좋고, 맥박이 잘 뛰고, 얼굴을 찡그리고 몸을 꿈틀대며 힘차게 우는 건강한 아기를 뜻한다. 반면 총점이 4점 이하면 의료진의 즉각적인 개입이 요구되는 응급상황이다. 아프가 테스트는 지금도 전 세계 분만실에서 날마다

쓰이고 있다.[1]

외과 전문의이자 저널리스트 아툴 가완디^{Atul Gawande} 박사도 여러 저서와 강연을 통해 의료서비스에서 체크리스트의 필요성을 역설했다.[2] 그의 연구팀이 개발한 '안전한 수술을 위한 체크리스트^{safe surgery checklist}'를 전 세계 병원에 적용한 결과 수술 후 합병증 발생률과 사망률이 현저히 낮아졌다. 내 의견으로는 탁월한 인사결정에도 체크리스트가 필수적이다.

아프가 테스트가 탄생한 지 2년 후인 1955년에도 역사적인 일이 있었다. 당시 훗날의 대학자 대니얼 카너먼은 21세의 이스라엘 방위군 중위였다. 그에게 막중한 임무가 주어졌다. 전군에 적용할 면접 시스템을 마련하라는 것이었다. 당시 병사 선발은 일련의 정신력 테스트와 모집장교의 면담으로 이루어지고 있었다. 군은 지적 능력과 대인관계 능력을 기반으로 모집장교를 선발해서 다양한 논제를 커버하도록 훈련했다. 하지만 불행히도 이 평가 시스템은 실효성이 없었다. 그래서 젊은 카너먼 중위에게 개선 명령이 떨어지기에 이른 것이다.[3]

저명한 심리학자 겸 경제학자이며 2002년 노벨경제학상을 수상한 카너먼 박사는 당시를 이렇게 회고했다. "당시의 내게 그런 임무는 아마존 강에 다리를 놓으라는 명령만큼이나 황당한 것이었다." 하지만 당시 청년 카너먼이 읽은 미국 심리학자 폴 밀^{Paul Meehl}의 저서가 안목일신^{眼目一新}의 계기가 되었다. 밀의 저서에는 간단한 통계 원칙이 직관적 판단보다 양질의 예측을 한다는 내용이 있었다.[4] 밀은 개괄적 평가에 반대했고 역량별 평가를 지지했다. 이에 따라 카너먼은 전투부대원의 작전 수행력을 좌우할 여섯 가지 품성을 정했다. 거기에는 책임감과 사교성 외에 시대와 군대의 특성상 '남자의 자부심'도 있었다. 카너먼은 항목별로 질문지를 개발했다. 설문은 직업 이력, 꼼꼼함, 교우관계, 스포츠에 대한 흥미와 참여를 비롯해 후보자의 인생을 여러모로 심도 있게 파고들었다. 면접관들은 지침에 따라 미리 설계된 질문을 하고 후보자의 답변을 들은 다음, 각각의 항목에 1부터 5까지 등급을 매겼다. 이렇게 도출한 여섯 가지 평점의 합산치는 병사의 작전 수행력을 예측하는 데 기존 평가 모델보다 훨씬 효과적이었다. 이스라엘 군대는 이때 개발된 카너먼의 신병 면접 프로세스를 거의 원형 그대로 40년이나 사용했다.[5]

내게도 체크리스트 성공 스토리가 있다. 1990년대 초였다. 당시 아르헨티나 정부는 국가 기반산업 전반에 걸쳐 국영기업의 민영화를 대대적으로 전개했다. 대형 공기업들이 생존과 성장을 위해 너도나도 경영 효율화와 시장지향형 체질 개선을 서둘렀다. 그 상황은 나와 이곤젠더에 더없는 기회인 동시에 엄청난 도전이자 시험대였다. 나는 수십 개 기업에서 최고경영진 평가를 의뢰받아 수행했다. 그리고 그 과정에서 임원 평가의 수행과 결과 전달을 위한 견고한 프레임워크의 필요성을 절실히 느꼈다.

나는 스탠퍼드 MBA 과정과 맥킨지^{McKinsey & Company}에서 배우고 경험한 것을 총동원해서 기업 임원에게 요구되는 다섯 가지 자질을 선정했다. 그 다섯 가지 항목은 교육적 배경, 전문대학원, 과업 지향성, 조직화 능력, 팀 빌딩과 리더십이었다. 나는 항목별로 관리자의 등급을 매기고 평균을 내서, 그것으로 관리자별 예상 기여도에 대한 나의 소견을 대신했다. 이 접근법은 놀라운 성과를 냈다. 이 평가 방법으로 임용된 임원들의 체류율은 5년 이상이었고, 대다수가 더 높은 직위로 승진했다.

나는 지금도 이 체크리스트 접근법을 쓴다. 채용 성공률을 90퍼센트 수준으로 유지하기 위해서 평가항목 세트를 업그레이드하고 상황에 맞게 조율할 뿐이다. 이 프레임워크의 성공으로 나는 이곤젠더의 주요 서비스라인 중 하나인 글로벌 경영진 평가 서비스의 설립자이자 초대 리더가 됐다. 이 서비스는 현재 이곤젠더에서 두 번째로 큰 매출원이다. 또한 내가 이끄는 전문가 육성팀은 60개가 넘는 세계 지사에서 내부 인력 전문 역량개발을 주도했다.[6]

여러분도 체크리스트 기법을 인사결정에 도입할 수 있다. 인재를 가늠하는 보편적 평가항목은 잠재력, 감성지능, 이식성, 여덟 가지 리더십 핵심역량 등이 있다. 보편적 평가항목은 뒷장에서 차례로 다룰 예정이다. 하지만 체크리스트는 보편적 평가항목 외에 해당 직무에 특화한 필요 역량까지 최대한 구체적으로 반영해야 한다.

우선 해당 직무에 필요한 필수 조건을 적어본다. 가령 특정 언어에 능통해야 할 때가 있다. 다음에는 후보가 갖췄으면 하는 우대 조건을 꼽아본다. 우대 조건은 일종의 '차별화 역량'이다. 차별화 역량 리스트는 짧아야 한다. 5~6개 항목이 적당하고 10개를 넘지 않도록 한다. 항목별로 후보를 심사해서 1등급부터 5등급까지 등급을 매긴다. 등급은 5단계를 넘지 않는 것이 좋다. 마지막으로, 모든 항목에 동등한 가중치를 적용해서 후보별로 총점을 내고 최고득점 후보를 고르면 된다.

이름난 임원 서치 회사의 기밀보고서에는 그 회사만의 독자적이고 전문적인 체크리스트가 반드시 존재한다. 물론 후보들의 인적 사항과 경력도 기밀이지만, 가장 중요한 것은 각 후보에 대한 핵심 역량별 평가와 그에 따른 종합 권고 사항이다. 세계 유수의 대기업 이사회들도 이런 방식으로 CEO를 선임한다. 규율 있는 논의를 통해 후보 각각을 동일한 체크리스트로 채점할 때 최선의 선택이 가능하다. 그리고 잘 뽑은 CEO는 말 그대로 수십억 달러의 가치를 창조한다.

이런 체크리스트 방식에 회의를 품는 사람도 많다. 일각에서는 내가 정교하고 치밀한 평가 프로세스를 내세우지도, 평가항목마다 다른 가중치를 적용하는 복잡한 알고리즘을 쓰지 않는 것을 의아해한다. 하지만 카너먼 박사의 말에 따르면, 밀의 선구적 업적 이래 이 분야에서 가장 괄목할 연구를 꼽자면 심리학자 로빈 도스^{Robyn} ^{Dawes}의 논문 「의사결정에서 부적합 선형모형이 가진 강건성^{The Robust} ^{Beauty of Improper Linear Models in Decision Making}」이다. 도스는 이 논문에서 복잡한 통계 알고리즘이 의사결정 수준에 이바지하는 가치는 미미하거나 없다고 말한다. 성과 예측에 유효한 지표(변수)들을 뽑고 그

지표들에 동일한 가중치를 적용해서 합산하는 간단한 방법도 복잡한 다중회귀분석 관계식 못지않게 정확하다는 뜻이다.[7]

다른 일각에서는 나의 '기계적인' 계산법이 직관의 힘을 무시한 처사라고 비판한다. "그런 식의 판단은 로봇도 할 수 있잖아요!" 이번에도 카너먼 박사의 말을 빌리자면, 박사는 그의 이스라엘군 면접시스템을 비판하는 사람들에게 이렇게 조언했다.

"직관적 판단은 면접을 지침대로 모두 수행한 다음에 하면 된다. 눈을 감고 신병이 진짜 군인이 된 모습을 상상하며 1부터 5까지 종합 등급을 매겨보라."[8]

이런 '직관적' 등급은 우수 후보를 예측하는 데 속성별 점수 합계 못지않은 효과를 발휘한다. 하지만 그 효과는 면접관이 후보에 대한 객관적 역량 평가를 마친 다음에만 가능하다. 직관도 객관적 사실에 기초해야 빛을 발한다. 체크리스트가 답이다.

17

타고나거나 길러지거나

야구의 전설은 많지만 메이저리그 마지막 4할 타자 테드 윌리엄스 Ted Williams를 능가하는 전설은 드물다. 윌리엄스는 제2차 세계대전과 한국전 참전으로 한창 활동할 나이에 다섯 시즌을 쉬고도 뛰어난 선구안과 빠른 손목과 과학적 타격 자세로 홈런, 타점, 출루율, 장타율 등 타격의 모든 면에서 놀랍고 꾸준한 성적을 거뒀다. 군복무 시절에도 뛰어난 무훈으로 여러 차례 메달과 훈장을 받았다.[1] 윌리엄스가 1941년에 달성한 시즌 타율 0.406의 기록은 아직까지 불멸의 기록으로 남아 있다. 또한 그는 통산 홈런 500개 이상의 선수 가운데 최고 통산 타율(0.344)을 세웠고, 이 기록 역시 그가 그라운드에서 은퇴한 지 50년이 지난 지금도 깨지지 않았다. 윌리엄스는 타격 부문 트리플 크라운triple crown 2회 석권, MVP 2회 수상, 아메리칸리그 타격왕 6회 등극, 17번의 올스타게임 선발 등 야구 역사에 남는 불세출의 활약을 펼쳤고, 1966년 명예의 전당 헌액과 함께 '세상의 존경universal reverence'을 얻었다.[2]

윌리엄스의 복제인간이 있다면 구단주 사이에 영입 전쟁이 벌어질 것이다. 믿어지지 않겠지만 완전히 가능성 없는 일도 아니다. 2002년 7월 5일 윌리엄스가 향년 83세를 일기로 타계했을 때 그의 가족은 고인의 시신을 냉동보존하기로 했다(이는 죽으면 화장해서 유골을 생전에 낚시를 즐겼던 플로리다키스 바다에 뿌려달라는 윌리엄스의 당초 유언에 어긋나는 것이었다). 스포츠 칼럼니스트 톰 버두치Tom Verducci의 《스포츠 일러스트레이티드Sports Illustrated》에 쓴 칼럼을 보면, 의료진이 윌리엄스의 시신에 '신경분리술neuroseparation'을 시행했으며(14장에 소개한 다야크족의 머리사냥 관습의 첨단 버전이라고 해두자), 현재 그의 머리와 몸은 애리조나 소재 냉동보존연구소의 액체질소 저장용기에 따로 보관 중이다.[3] 윌리엄스의 딸은 이런 결정이 훗날 부친의 DNA를 복제해서 '50년쯤 후에는 윌리엄스 복제인간들이 세계를 누비기를' 바랐던 이복남동생의 야망이 부른 일임을 밝혔다.[4]

설사 인간복제가 가능하다 해도 그게 생각처럼 효과가 있을까? 윌리엄스의 클론도 원래 윌리엄스만큼 놀라운 야구선수가 될까? 최고의 타자는 태어나는 것일까, 만들어지는 것일까? 셀린 디옹 같은 가수, 넬슨 만델라 같은 리더, 빌 게이츠 같은 사업의 귀재는 태어나는 것일까, 만들어지는 것일까? 물론 천부적으로 뛰어난 사람들은 있다. 천재 음악가 모차르트는 서너 살 때 건반악기를 연주했다. 최근으로 오면 1989년에 방글라데시에서 태어난 서니 산와르

Sunny Sanwar가 있다. 산와르는 7세 때 미술관 급 초상화를 그렸고, 8세 때는 6개 언어를 유창하게 읽고 쓰고 말했으며, 8개월 만에 고등학교를 우등으로 졸업했다. 반면 전형적인 대기만성 인재들도 있다. 윈스턴 처칠Winston Churchill은 청소년 시절 가망 없는 아이로 낙인찍혔고, 찰스 다윈도 학교에 적응하지 못했으며, 천하의 알베르트 아인슈타인도 어렸을 때는 다른 아이들보다 말이 느렸다.

후천적으로 바꿀 수 있는 것은 무엇이고, 바꿀 수 없는 것은 무엇일까? 특히 몸과 머리가 다 자란 성인은 어디까지 변화시킬 수 있을까? 고대 문명인은 인간의 진보는 신의 은총으로만 가능하다고 보았고, 이런 사고방식은 중세까지 이어졌다. 물론 모두가 장 칼뱅Jean Calvin처럼 구원 여부는 태어나기 전부터 정해져 있으며 그것을 인간이 바꿀 방법은 없다는 예정설을 믿은 것은 아니었다. 극소수이기는 했지만 인간 스스로 운명을 바꿀 수 있다고 믿는 사람들도 있었다. 중세에는 아들이 아버지의 일을 이었고, 여성은 무조건 하등한 취급을 받았으며, 가난과 부와 지위는 대물림됐다. 새로이 축적되거나 개발되는 지식은 거의 없었다.

그러다 18세기에 이르러 계몽주의가 인간 의식에 일대 혁신을 가져왔다. 평등과 자유에 기초한 인본주의가 새로운 과학, 예술, 교육, 정치사상의 시대를 열면서 기존의 사고방식을 송두리째 뒤집었다. 사람들은 인간 능력의 가소성plasticity과 나아가 사회체제와 계층도 바뀐다는 사회 유동성social mobility을 믿기 시작했다. 오늘날은 신체와 의식의 발달에 나이가 따로 없다는 인식이 맞물려 자기계발 분야가 하나의 거대한 산업을 형성했다. 요즘은 노력 여하에 따라 체형과 체질 개선은 물론, 사고방식과 의식구조도 바꿀 수 있고, 속독과 화술에서 협업 능력과 협상 능력까지 어떤 기량이든 후천적으로 배양할 수 있다는 생각이 대세다.

언제나 그렇듯 진실은 양극단의 중간 어디쯤엔가 존재한다. 육성 nurture이 본성nature을 능가할 때가 있는가 하면 그 반대의 경우도 많다. 긍정심리학의 창시자 마틴 셀리그만Martin Seligman은 저서 『아픈 당신의 심리학 처방전』에서 출생 직후 헤어진 일란성 쌍둥이에 관한 연구와 다른 흥미로운 조사들을 근거로 세간의 통념을 여럿 뒤집었다.[5]

셀리그만이 밝힌 (사기를 꺾는) 몇 가지 진실을 소개하면 이렇다. 다이어트는 장기적으로는 결코 효과가 없다. 알코올 중독을 극복하는 데 자연적 치유를 능가하는 치료법은 없다. 성인기의 성격장애는 유년기의 불행한 경험 탓이 아니며, 따라서 유년기에 입은 정신적 외상이 해소됐다고 성인의 성격장애가 함께 해소되는 것은 아니다. 우울해지는가? 나쁜 소식만 있는 것은 아니다. 셀리그만은 공황장애와 성기능장애 극복, 감정 조절, (적절한 접근법만 쓴다면) 우울증 치료, 낙천주의 배양 같은 중요한 문제에서 개인 의지가 큰 힘을 발휘한다고 말한다.

인재를 효과적으로 평가하고 계발하려면 우선 사람들에게서 바꿀 수 있는 것은 무엇이고 바꿀 수 없는 것은 무엇인지를 명확히 이해하는 것이 중요하다.

IQ, 즉 (분석적 · 언어적 · 수학적 · 논리적 추론 능력을 포함하는) 일반지능 수준은 성장기 이후에는 상당히 고정적이다. 물론 인재가 꼭 천재일 필요는 없다. 대개의 업무는 일종의 '한계 수준threshold level IQ'만 넘으면 IQ가 업무성과를 크게 좌우하지 않는다. 하지만 직종에 따라 해당 업무를 소화할 지적 능력을 갖춘 사람인지 따져야 할 때가 있다. 특히 지식근로자에게는 높은 지능이 중요 역량이다. 지능은 시간이 흘러도 눈에 띄게 좋아지지 않기 때문이다. 그렇다고 채용 과정에서 IQ 측정을 하기는 힘들다. 대개는 학력과 경력으로 지적 능력을 가늠하고, 아울러 면접 중에 심혈을 기울여 판단한다.

가치관도 어른이 된 후에는 좀처럼 바뀌지 않는다. 청렴과 성실 같은 기본가치는 후보의 자격을 가리는 1차 시금석이다. 아울러 해당 후보가 당신과 핵심가치를 공유하고 있는지를 확인한다. 스킬은 가르칠 수 있어도 품성은 가르칠 수 없다. 짐 콜린스는『좋은 기업을 넘어 위대한 기업으로』에서 미국의 제철회사 뉴코 스틸Nucor Steel을 예로 들었다. 뉴코 스틸은 직원 채용을 할 때 철강 타운보다 농촌 출신을 우대한다. 제철 기술을 가르치는 것은 쉬워도 농부의 건실한 노동윤리를 불어넣기란 쉽지 않다는 판단에서였다.[6] 지원자가 과거에 직장 업무나 개인 활동에서 이타심을 발휘한 사례가 있는지도 확인하자.

성취동기도 성격 형성기 이후에 갑자기 장착하기는 어려운 특성이 있다. 성취동기는 탁월함과 발전과 성장과 배움에 대한 열정이다. 성취동기는 리더십의 4대 요소(호기심, 통찰력, 참여의식, 의지력)와 더불어 잠재력을 가늠하는 핵심지표이기도 하다. 잠재력 판단지표에 대해서는 다음 장에서 자세히 다룬다.

위에 언급한 세 가지 성과 동인, 곧 지적 능력과 가치관과 성취동기는 천부적으로 타고나거나 일찌감치 형성되는 특성들이다. 따라서 후보 면접과 평판조회 때 주의 깊게 확인할 필요가 있다.

18

생존자 출신 CEO

페드로 알고르타Pedro Algorta는 안데스 비행기 추락 사고의 생환자였다. 1972년 10월 13일, 알고르타를 포함한 45명의 승객을 태운 쌍발 터보프롭엔진 경비행기가 얼어붙은 안데스 산맥을 넘어 칠레로 향했다. 우루과이 몬테비데오에서 칠레로 원정경기를 떠나는 럭비팀과 선수들의 가족이 전세 낸 비행기였다. 그런데 비행기가 격렬한 난기류를 만나 균형을 잃고 눈 덮인 고산준령으로 곤두박질쳤다. 조종사가 어떻게든 고도를 회복하려 했지만 갑자기 시야에 들어온 산봉우리를 피할 방법은 없었다. 날개가 차례로 산비탈에 부딪혀 떨어져나가고 동체만 남은 비행기는 두 동강이 난 채로 해발 3,600미터의 눈 덮인 산으로 추락했다. 추락의 충격으로 승객 중 12명이 즉사했고, 부상으로 다음 날 5명이 더 사망했다. 희생자 중 네 명은 알고르타의 대학 동급생이었고, 그중 한 명은 알고르타를 따라 비행기를 탔던 그의 가장 친한 친구였다. 하지만 스물한 살짜리 청년의 시련은 이때부터가 시작이었다. 추락 시점만 해도 알고르타는 자신이 20세기 최고의 생환 스토리의 주인공이 될 줄은 꿈에도 몰랐다.[1]

이 사건을 자세히 다룬 책이 이미 여러 권 출판됐고, 1993년에는 영화 〈얼라이브^Alive〉까지 나왔다. 잘 알려진 이야기지만 사연을 간략히 소개하자면 이렇다. 살을 에는 추위 속에 기약 없는 낮밤이 끝없이 이어졌고 중상자들은 하핵심지표나둘 죽어갔다. 어느 날 알고르타는 멀리 어둠 속에서 굉음을 들었다. 그리고 몇 초 후 눈사태가 뻥 뚫려 있던 비행기 동체를 집어삼켰다. 이 눈사태로 또다시 몇 사람이 목숨을 잃었다. 알고르타도 눈에 묻혔다. 눈이 순식간에 얼어붙으면서 호흡할 산소가 점점 동이 났다. 이제는 죽는구나 하는 순간, 승객 한 사람이 알고르타의 얼굴에 덮여 있던 눈을 밀어냈고, 그의 폐에 다시 공기가 밀려들었다. 그의 삶을 향한 사투는 계속 이어졌다.

비행기에 남아 있던 음식이라고는 초콜릿 몇 개와 포도주 몇 병이 전부였다. 생존자들은 이것을 나눠 먹으며 며칠을 버텼다. 일행은 비행기 잔해에서 발견한 작은 트랜지스터라디오를 통해서 구조대가 열흘째 안데스 산맥을 뒤지고 있지만 아무것도 찾지 못했고, 생존자가 있다 해도 사고 후 72시간을 버티지 못했을 거라며 이들의 죽음을 기정사실화하는 뉴스를 들었다.

얼마 후 일행은 처절한 결단을 내렸다. 연명하기 위해서는 눈밭에 얼어붙은 시신들의 살점이라도 먹어야 했다. 알고르타는 고인들도 남은 일행이 그렇게 해서라도 살아주기를 바랄 거라며 반대하는 사람들을 설득했다. 길고 괴로운 토론 끝에 그들은 깨진 유리조각으로 시신에서 작게 살점을 잘라냈고, 억지로 목에 넣고 삼켰다. 이런 방법으로 페드로 알고르타를 비롯한 16명의 생존자는 우여곡절을 겪으며 구조될 때까지 장장 72일을 버텼다.

그로부터 14년이 흐른 1986년, 나는 알고르타를 벰베르크 그룹 Bemberg Group에 추천했다. 당시 벰베르크 그룹은 라틴아메리카 최대 산업체 중 하나였다. 알고르타는 맥주회사 킬메스 Quilmes에 속한 작은 맥주공장에서 평범한 프로젝트 매니저로 시작했다. 알고르타는 소비재 산업에 경험이 전혀 없었고, 마케팅이나 영업 쪽 경력도 전무했으며, 심지어 맥주공장이 위치한 코리엔테스 지방에 대해서도 아는 바가 없었다. 하지만 그는 맡은 일에서 놀라운 성과를 거뒀다. 금세 공장장으로 승진했고, 얼마 안 가 킬메스의 CEO가 되었다. 알고르타를 포함한 벰베르크 그룹의 최고경영진은 노베르토 모리타 Norberto Morita의 리더십 아래 그룹을 전형적 가족기업에서 라틴아메리카 최고의 인재들이 관리자로 포진한 거대 복합기업으로 키웠다.

돌이켜보면 내가 알고르타를 기용한 것은 순전히 운이었다. 당시는 내가 임원 서치 컨설팅을 처음 시작하던 무렵이라서 알고르타의 성공 잠재력을 제대로 평가하는 방법을 알지 못했다. 하지만 그의 생환 스토리를 직접 듣고, 또 그를 30년 동안 지근거리에서 지켜보면서 그가 왜 최고의 인재인지 깨달았다. 알고르타에게는 높은 잠재력과 직결되는 두 가지 특징이 있었다. 하나는 적합한 성취동기이고, 다른 하나는 리더십의 4대 요소다.

알고르타는 자기 동기부여가 강한 사람이었다. 적합한 성취동기는 치열한 헌신과 깊은 겸양이 만나서 완성된다. 알고르타는 그룹이나 조직의 유익을 위해서 주위에 긍정적 영향을 미치는 사람이다. 그리고 다른 사람들이 자신의 도움으로 성공을 이뤄가는 데 보람을 느끼고 보상보다 미션 자체를 중시한다.

알고르타는 이런 특성을 젊은 날 안데스 산맥에서 생사의 시련을 겪을 때에도 여실히 드러냈다. 그는 생색은 나지 않지만 누군가는 반드시 해야 할 일을 도맡았다. 눈을 녹여서 물을 만들고, 시신의 살점을 자르고 말리는 궂은일에 몸을 사리지 않았다. 그의 노력으로 구조 요청을 위한 원정대를 꾸릴 수 있었고, 마침내 원정대가 천신만고 끝에 험한 산을 넘어 구조 요청에 성공했다.

알고르타는 사회생활에서도 대의를 위한 솔선수범의 가치를 실천했다. 그가 10년 동안 몸담았던 벰베르크 그룹을 떠난 이유도 이타적이고 전략적인 판단이었다. 그는 그룹 경영진에게 자신이 이끌던 농산업 프로젝트를 포기할 것을 권고하고 스스로 자리에서 물러났다.

알고르타도 HIPO$^{high-potentia}$ 임원들이 공통적으로 보이는 리더십의 4대 요소를 뚜렷이 드러냈다. 리더십의 4대 요소는 앞서 말한 대로 호기심, 통찰력, 참여의식, 의지력이다. 안데스 조난 상황은 딱히 호기심이나 통찰력이 개입할 여지가 없었다. 하지만 알고르타는 달랐다. 그는 얼음에서 흘러나오는 물에 관심을 가졌다. 그는 물이 동쪽으로 흐르는 것으로 보고, 죽어가던 조종사가 조난 위치를 잘못 타전한 게 아닐까 의심했다. 그런 생각을 한 사람은 알고르타가 유일했고, 결과적으로 그의 추측이 사실로 밝혀졌다. 조난자들은 안데스 산맥의 칠레 방향 사면이 아니라 아르헨티나 방향 사면에 있었다.

알고르타의 참여의식과 의지력 또한 72일의 조난 기간 내내 꾸준히 빛났다. 그는 죽음과 고통의 생지옥에 떨어졌지만 거기에 매몰되지 않았다. 열정을 다해 동지들을 돌보고 용기를 주었다. 다리에 다발골절상을 입은 친구 아르투로 노구에이라의 옆을 지키며 친구가 숨을 거두는 순간까지 물과 음식을 먹여주고 잠시라도 고통을 잊게 해주려고 애썼다. 알고르타는 남은 생존자들을 설득해서 만약 죽게 되면 남은 사람들이 자신의 시신을 식량으로 쓰는 것을 허용한다는 약속을 받아내기도 했다.

알고르타는 은퇴할 때까지 경영자로서 위의 자질들을 꾸준히 발휘했다. 그는 끊임없이 새로운 경험과 지식을 추구하고 솔직한 피드백을 찾았다. 선행적으로 정보를 모으고 해석해서 새로운 정책 방향을 설정했고, 감성과 논리를 적절히 활용해서 주위에 비전을 전달하고 사람들을 연결했으며, 외관상 힘든 난관이 있어도 어려운 목표에 도전하기를 마다하지 않았다.

알고르타를 안데스 산맥에서 다른 15인과 함께 살아서 돌아오게 한 것은 적합한 성취동기와 리더십의 4대 요소였다. 나중에는 이런

자질이 그가 탁월한 CEO로 성장하는 밑거름이 됐다.[2]

최고 인재로 성장할 잠재력을 가진 인재가 필요한가? 잠재력을 알아보는 방법은 무엇인가? 높은 성취동기와 리더십의 4대 요소를 잠재력의 핵심 판단지표로 삼자.

19

누가 마시멜로를 먹었나

네 살짜리 남자아이가 식탁에 앉아 있다. 어른이 식탁에 맛있는 마시멜로를 하나 놓아주며 아이에게 선택하라고 한다. 지금 바로 식탁의 마시멜로를 먹든가, 아니면 15분 동안 먹지 않고 참았다가 상으로 한 개를 더 받아서 두 개를 먹든가. 실험 진행자는 이렇게 설명하고 아이와 마시멜로만 남겨두고 방을 나간다.

아이의 입장에서 생각해보자. 달콤하고 말랑말랑한 마시멜로가 눈앞에 놓여 있다. 보는 사람은 아무도 없다. 잔인한 유혹이다. 당신이라면 마시멜로 두 개를 먹기 위해 15분을 참고 기다릴 수 있을까? 이 실험은 1960년대 말에 스탠퍼드 대학교 심리학과 월터 미셸Walter Mischel 교수가 동료의 어린 자녀들을 대상으로 처음 시행했고, 이후 지금까지 여러 차례 되풀이됐다.[1]

결과는 대체적으로 비슷하게 나온다. 어린이 중 3분의 1가량은 어른이 방을 나가자마자 마시멜로를 덥석 잡아서 허겁지겁 먹고, 다른 3분의 1은 용감하게 버티다가 결국은 유혹에 넘어간다(마시멜로 실험을 찍은 동영상들이 유튜브에 올라와 있으니 한 번쯤 보기를 권한다. 유혹을 이기려는 아이들의 고군분투가 웃음을 자아낸다. 손으로 눈을 가리거나 머리를 팔에 파묻는 아이도 있고, 노래하거나 혼잣말하는 아이도 있고, 일부러 손장난, 발장난을 치는 아이도 있다. 가장 내 마음을 짠하게 했던 아이는 마시멜로를 들었다 놨다 하던 꼬마 남자아이였다. 아이는 마시멜로를 세 번 들었다 놨다 하다가 밑 부분을 살짝 베어 먹고는 아무도 모르게(!) 다시 내려놓았다). 나머지 3분의 1은 정말로 용감하다. 이 아이들은 15분을 꿋꿋이 기다려 결국 마시멜로 두 개를 먹었다.

스탠퍼드 마시멜로 실험의 진짜 발견은 아이들이 마시멜로를 먹은 쪽과 유혹을 견딘 쪽으로 갈라졌다는 점이 아니라, 훗날 이 아이들에게 일어난 일이었다. 미셸 교수는 실험에 참가했던 아이들 600명도 더 되는 아이들의 근황을 추적하고 자료를 모았다. 네 살 때 만족을 지연하는 의지력이 있었던 아이들은 보다 조직적이고 자신감 있으며 적극적이고 신뢰성·자립성·회복력을 갖춘 10대로 성장했다. 반대로 유혹을 이기지 못했던 아이들은 상대적으로 고집스럽고, 따지기 좋아하고, 결단력이 떨어지고, 좌절에 쉽게 분노하거나 낙심하고, 시기심이 많은 청소년이 됐다. 학업성적에서도 뚜렷한 차이를 보였다. 만족지연에 성공했던 아이들의 평균 대학 입학시험 점수는 만족지연에 실패했던 아이들보다 210점이나 높았다. 이 아이들이 어른이 되자 성공의 격차는 더욱 크게 벌어졌다.

요컨대 '마시멜로 실험'은 미래 성공의 놀라운 예측변수다. 이 실험이 측정하는 것이 자기절제력이고, 자기절제력은 세계적 경영학자 대니얼 골먼이 감성지능^{Emotional Intelligence}이라고 이름 붙인 역량의 핵심요소이기 때문이다. 내가 미셸 교수의 연구를 처음 접한 것도 골먼의 1995년 화제작 『EQ 감성지능』을 통해서였다.[2] 나는 곧바로 골먼에게 연락해서 공동연구 기회를 타진했고, 이후 7년 동안 그가 공동의장을 맡은 '조직에 미치는 감성지능의 영향 연구 컨소시엄 Consortium for Research on Emotional Intelligence in Organizations, CREIO'의 일원으로 활동했다.

나의 첫 번째 연구는 그동안 이곤젠더의 추천으로 다양한 자리에 채용된 사람들의 프로필을 분석해서 감성지능과 성과의 상관관계를 파악하는 것이었다. 방대한 표본을 조사한 결과 뚜렷한 연관성이 드러났다. 감성지능은 경험, 교육, IQ를 앞서는 가장 중요한 성공의 척도였다. 내가 후보 평가 시점에서 이런 소프트 스킬을 제대로 확인하지 못했던 경우에 후보의 실패율이 전체의 25퍼센트였지만, 제대로 확인했을 때는 실패율이 3퍼센트에 지나지 않았다. 미국, 유럽, 아시아 등 세계 어디서나 같은 결론이 나왔다. 거기다 가변성이 높은 환경과 고위관리직에서 감성지능이 더욱 결정적 역할을 하는 것으로 나타났다.

마시멜로 실험과 후속 연구들이 주는 교훈은 무엇일까? 그것은 당신이 아무리 '똑똑하고' 경험 많고 교육수준이 높아도 자기관리 능력과 관계관리 능력이 따르지 않으면 성공하기 힘들다는 것이다.

반대로 당신이 사람을 선택할 때도 상대의 감성지능을 반드시 신중하게 평가해야 한다. 상대의 자기인식 수준과 관계인식 수준은 어느 정도인가? 상대에게 자기절제 능력이 있는가? 대인관계 기술이 있는가? 리더십, 영향력 구사 능력, 협업 능력, 갈등 해결 능력, 변화관리 능력을 갖추고 있는가?

이런 소프트 스킬은 실무 경험과 학력 같은 하드 스킬보다 평가하기 어렵고, 평가가 어렵다 보니 과소평가되는 경향이 있다. 우리는 하드 스킬을 보고 직원을 뽑고, 나중에는 소프트 스킬의 부재 때문에 해고한다. 앞으로는 이런 실수를 하지 말자. 오늘날의 비즈니스 세계는 변덕스럽고^{Volatile}, 불확실하고^{Uncertain}, 복합적이고^{Complex}, 모호하다^{Ambiguous}. 미 육군은 이런 세계를 약어로 'VUCA의 세계'로 지칭한다. VUCA의 세계에서는 융통성, 적응력, 주도력, 그리고 전략적 탄성이 어느 때보다 중요하다. 그리고 이런 자질들은 감성지능에서 비롯된다. 감성지능이 높은 사람만이, 나아가 자신 주위를 만족지연을 알고 감성지능이 높은 인재들로 채우는 사람만이 고도로 다변화하는 세계에서 생존하고 성장할 수 있다.

20

살진 송아지와 지는 별

아름답고 평화로운 파타고니아 지방에 우리 가족 소유의 목장이 있다. 우리는 거기서 소를 키운다. 가을마다 어미젖을 막 뗀 송아지를 수백 마리씩 사들여서 11개월 동안 야생 목초지에서 방목한다. 소들이 충분히 자라고 살이 오르면 모두 팔고 같은 과정을 되풀이한다. 첫해는 대성공이었다. 소들의 몸무게가 배로 늘었고, 소 값은 하늘을 찔렀다. 이듬해부터 우리는 더 좋은 목장에서 송아지들을 사들이기 시작했다. 그런데 어떤 이유에선지 소들의 평균 몸무게 증가율은 해마다 떨어졌다. 우리의 매출도 동반 하락했고, 급기야 역대 최악의 매출을 기록하고 말았다.

영문을 알 수 없었던 나는 파타고니아에서 3대째 육종과 목우 사업을 하는 친구에게 조언을 구했다. 친구가 물었다.

"클라우디오, 첫해에 송아지가 가장 실하게 자랐다고 했죠? 그때 송아지들을 사온 목장이 어디였나요?"

나는 토양이 형편없고 목초의 품질도 떨어지는 건조지 농장에서 사왔다고 대답했다. 그러자 친구가 말했다.

"그렇군요. 거기에 정답이 있어요. 척박하고 적대적인 환경에서도 살아남은 송아지라면 당신의 목장에 오는 순간 무럭무럭 자라게 됩니다."

지난달 나는 송아지의 절반을 일부러 목초의 질이 떨어지는 목장에서 샀다. 앞으로 1년 후면 내 친구의 이론이 사실인지 아닌지 알게 된다. 하지만 사실 여부에 상관없이 친구의 통찰은 내 무릎을 치게 만들었다. 그 통찰은 인재경영에도 훌륭히 부합하기 때문이다.

현대는 인재 인수의 시대다. 인재관리 전문가들이 임직원 채용에서 중요하게 보는 요건 또한 이식성이다. 다른 직무나 회사나 산업이나 국가로 효과적 이동이 가능해야 최고의 인재라고 할 수 있다. 최고 인재는 새로운 자리로 자신의 강점을 그대로 가져오는 것은 말할 것도 없고, 그 과정에서 더욱 강하게 성장한다. 나의 존경하는 동료이자 영감의 원천인 하버드 경영대학원 교수 보리스 그로이스버그가 인재 이식성 연구의 개척자다(그의 아내 릴리아의 말에 따르면 부부의 막내딸이 말을 뗐을 때 처음 말한 단어가 '이식성portability'이었다고 한다). 매년 하버드 경영대학원에 강연을 갈 때마다 나는 보리스의 이 분야 강의를 빼놓지 않고 참관한다.[1]

사람들은 해당 분야에서 가장 두각을 나타내는 사람을 찾아서 팀에 영입하는 것을 최고의 채용 전략으로 생각한다. 그런데 불행히도 보리스의 연구에 따르면, 사람은 컴퓨터 부품처럼 그렇게 쉽게 호환되지 않는다. 어느 환경에서는 별처럼 빛나던 사람도 다른 환경에 놓이면 하늘에서 추락한다. 보리스는 월가의 한 투자은행에서 다른 투자은행으로 이직하는 주가분석가$^{equity\ research\ analysts}$가 단적인 예라고 말한다. 생각해보면 주가분석가만큼 이식성이 높은 직업도 없다. 보리스의 표현을 그대로 옮기면 이렇다.

투자은행 A의 스타 분석가가 투자은행 B의 스카우트 제안을 받아들인다. 그는 상자 하나에 노트북컴퓨터와 소지품 몇 가지를 담아들고 엘리베이터를 타고 내려가 좌우를 도리도리 살피고 월스트리트를 건너가 엘리베이터를 타고 올라간다. 그리고 정확히 56초 후 그는 새로운 직장에서 일하고 있다. 직장은 달라졌지만 그는 비슷한 근무환경에서 같은 산업부문, 같은 기업들을 분석하고, 같은 고객을 상대한다. 집을 팔고 다른 주로 이주해서 새로 집을 살 필요도 없고, 아이들이 다닐 학교를 알아보고 배우자의 안착을 도울 필요도 없다.

이보다 간단한 이직이 어디 있을까? 하지만 보리스의 조사에 의하면, 스타 주가분석가가 같은 회사에 계속 재직하는 경우는 계속 빛을 발하는 반면 이직하는 경우는 다음해의 성과가 급감하며, 심지어 이직 5년 후에도 성과가 기존 최고치에 못 미치는 것으로 나타난다.

안타깝게도 인재는 생각만큼 이식성이 높지 않다. 성과는 단지 하나의 P가 아니라 다섯 가지의 P를 자양분으로 하기 때문이다. 다섯 가지 P는 프로세스^{processes}, 플랫폼^{platforms}, 제품^{products}, 인력^{people}, 정치^{politics}이다(저자의 설명에 따르면 여기서 정치란 '조직에 시체들이 어디 묻혀 있는지 알고 같은 무덤을 피해가는 능력$^{knowing where the dead are buried in the organization, so that you don't fall in their same graves}$'이다. 즉 한 회사에 오래 몸담으면서 습득·특화한 경험과 정보를 말한다-옮긴이). 이것들 가운데 이직할 때 들고 나올 수 있는 것은 아무것도 없다.

그렇다면 임원을 이 조직에서 저 조직으로 성공적으로 옮기는 것은 결국 불가능한 일일까? 외부에서 임원을 영입할 생각은 아예 접어야 할까? 물론 아니다. 외부인사 영입이 유일한 대안이나 최선의 선택일 때도 많다. 있던 곳을 떠났을 때 시들어버리는 인재도 많지만 그렇지 않은 인재도 있다. 내부 이동이든 외부 영입이든 인재 이식성 문제를 인지하고 예방책을 고려해야 인사결정의 성공률을 높일 수 있다. 인재 이식에 따른 '시드는 별 증후군'을 예방하기 위한 권고 사항은 다음과 같다.

우선 출발지와 도착지가 중요하다. 비옥한 목장에서 우리 목장으로 온 소들은 몸무게가 크게 늘지 않은 반면, 열악한 환경을 버텨낸 소들은 우리 목장에서 몰라보게 살이 올랐다. 임원도 마찬가지다. 원래 있던 곳보다 약한 기업으로 이직하면 실적이 줄기 쉽고, 반대로 있던 곳보다 강한 기업으로 이직하면 계속 빛을 발한다. 현실적으로 생각해도 본인 회사보다 강한 기업에서만 인재를 뽑아오겠다는 발상은 현실성이 떨어진다. 회사들이 맥킨지나 골드만삭스처럼 해당 분야 일등기업에서만 임원을 영입하려 든다면 어떻게 될까?

실효성 없는 경쟁보다 다소 반^{反}직관적 전략을 써보자. 어려운 회사에서도 영롱히 빛났던 진짜 스타를 영입하는 것이 성공법이 될 수 있다.

둘째, 팀에 특화된 인적자원인지 따져본다. 사람은 혼자 이동할 때보다 팀으로 이동할 때 제 기량을 유지하기 쉽다. 보리스는 새로운 회사에서 새로운 일을 처음부터 시작하는 것을 탐험^{exploration}이라고 부른다. 반면 기존 프로젝트나 팀이나 사업 유닛을 인수하는 것은 활용^{exploitation}이다. 활용보다 탐험이 훨씬 어렵다. 직무에 따라서도 이식성 정도가 달라진다. 예를 들어 COO는 업무상 내부 정보와 인적관계를 훤히 꿰고 있어야 하기 때문에 다른 직책보다 이식성이 떨어진다. 반면 CFO처럼 직능 전문성이 우선인 직책은 상대적으로 이직에 유리하다.

마지막으로, 신입 스타가 산업의 성장 동인, 조직의 문화와 전략, 팀의 인적 구성에 부합하는지 미리 확인할 필요가 있다. 다른 기업의 리더로 옮겨간 GE 임원들의 실적을 살펴보면 그 이유를 알 수 있다. GE는 예전부터 경영인재 배출소로 유명했다. 기업마다 GE에서 임원을 영입해가기 바빴다.《포춘》선정 500대 기업 CEO 중에서 GE 출신이 가장 많은 비중을 점할 정도다.[2] GE의 임원이 다른 기업의 CEO로 이직하면 기업의 시장가치가 급등하는 일이 비일비재하다. 대기업의 경우 최소 10억 달러가 상승했고, 100억 달러까지 오른 경우도 있다.[3]

하지만 보리스가 하버드 경영대학원의 앤드류 N. 맥린$^{Andrew\ N.}$

McLean과 니틴 노리아와 공동으로 CEO 영입 후 3년 동안의 기업 주가실적을 분석했더니, 항상 해피엔딩만은 아니었다. 신임 CEO의 다수가 엄청난 가치 창출을 이뤘지만, 다른 일부에게는 대량 가치 파괴의 불명예가 따랐다. 무엇이 희비를 갈랐을까? 바로 조직 적합성, 특히 전략적 부합성이 관건이었다. 사람은 여러 가지다. 사업 기회 발굴과 신규 사업 론칭에 빛을 발하는 사람도 있고, 위기 극복과 사업 정상화에 두각을 나타내는 사람도 있고, 경기를 타는 사업에 강한 사람도 있다.

여러분의 스타들이 계속 빛나기를 바란다면, 언제 어디서나 탁월함을 발하는 임원이 있을 거라는 환상부터 버리는 것이 좋다. 사람은 장소를 탄다. 조직문화의 적합성 여부를 비롯해서 후보들의 이식성을 신중히 평가하자. 훌륭한 후보란 출신이 훌륭한 후보보다 올 자리에 적합한 후보를 말한다.

21

파란만장한 이력

2012년, 나는 《하버드 비즈니스 리뷰》 웹사이트^{HBR.org}에 「색다른 이력을 가진 사람들이 좋은 이유^{Why I Like People with Unconventional Résumés}」라는 제목의 글을 올렸다.[1] 내용은 이러했다. 과거에는 직업적 성공이 경험, 지식, 스킬에 달려 있었다. 하지만 최근 수십 년 동안 상황이 크게 변했다. 첫째, 이제 지식은 누구나 접근 가능하며 빠르게 퇴물이 된다. 둘째, 우리가 사는 세상은 나날이 불확실성이 증가하고 심하게 변동적인 세상이다(19장에서 말한 VUCA의 시대다). 셋째, 비즈니스가 갈수록 글로벌화, 다원화되고 있다.

오늘날의 비즈니스 환경에서는 전통적인 '외길' 직업경로를 밟은 후보보다 파격적 행로와 뚜렷한 역할 전환을 거치며 성공 경험을 쌓은 후보가 오히려 경쟁력을 발한다. 그런 후보는 스타와 범재를 가르는 주요 요소를 이미 입증한 사람들이다. 앞에서 설명했듯이

스타의 주요 요소는 이식성, 감성지능 역량(융통성·적응력·탄성·공감능력·조직인식·관계관리), 잠재력 판단지표(적합한 성취동기·호기심·통찰력·참여의식·의지력)이다. 내 견해로는 직종을 넘나드는 이력은 그 사람의 학습의지와 도전정신, 성장 가능성을 보여주고, 그 사람에게 새로운 기업과 산업과 문화와 전략에 훌륭하게 적응할 능력이 있음을 방증한다.

놀랍게도 300개가 넘는 열정적 댓글이 달리면서 내 글은 HBR 웹사이트에서 그달의 최고 조회 수를 기록했다. 그리고 수백 통의 이메일이 답지했다. 예상대로 내 의견을 바라는 독특한 이력서들이 적잖이 도착했다. 그중에는 어느 유럽 국가의 현직 고위관료가 보낸 것도 있었다. 나는 이력서들을 한 통 한 통 주의 깊게 검토했고 경이로운 이력의 소유자들을 대거 발견했다. 그런데 내가 받은 피드백의 대부분은 별난 이력이 막상 구직일선에서 환영받지 못한다는 한탄이었다. 내부 발탁이든 외부 채용이든 인사결정자들은 변칙적 이력자의 업적을 인정하지도, 이해하지도, 심지어 고려하지도 않았다.

내 글에 달린 댓글 중 몇 가지를 소개하면 이렇다. "전적으로 동감한다. 하지만 유감스럽게도 업계의 생각은 다른 것 같다." "이런 생각을 가진 고용주 어디 없나." "정작 이렇게 생각하는 취업포털이나 인사담당자가 없다는 것이 함정. 내가 기업체 오너면 이런 사람들을 당장 채용한다. 그리고 내가 구직자라면 이런 사람들을 뽑는 회사를 당장 선택한다. 서로 좋은 일인데 서로 만날 일이 없다."

나는 죄책감이 들었다. 나야말로 인재 발굴을 업으로 하면서도 그동안 잠재력이 높은데도 변칙적 이력의 후보를 배제하고 그보다 '안전한' 선택을 한 적이 많았다. 화려한 전력보다 판에 박힌 경력을 선호하는 고객에게 용감하게 반기를 들어야 할 때 대세에 순응하는 공모자 역할에 그쳤던 경우가 나라고 왜 없겠는가. 18장에 소개한 페드로 알고르타는 벰베르크 그룹에 입사할 때 해당 산업과 직능과 지역에 대한 배경지식이 없었음에도 처음 맡은 일에서부터 놀라운 성과를 냈다. 내 커리어를 쌓아가는 동안 더 많은 알고르타를 발굴하고 천거하지 못한 것이 아쉽다.

하지만 지금의 나는 많이 대담해졌다. HBR 웹사이트 글에서도 말했듯 지금은 새로운 인재상이 요구되는 시대다. 내가 임원 서치를 시작하던 1980년대는 성과에 집중하던 시대였다. 당시의 모토는 "미래 성공의 가장 큰 척도는 과거의 성공이다"였다. 하지만 이 기준은 직능들이 역동적으로 다각화되면서 명을 다했다. 그러자 과거실적 평가보다 역량 평가가 대세로 자리했다. 새롭고 다채로운 직능들을 핵심요소로 해체하고 핵심요소별로 후보를 평가했다.

하지만 시대는 또 한 번 변했다. 오늘날의 최우선 과제는 역량보다도 잠재력 파악이다. 이 기준으로 보면 파란만장한 이력을 통해 발군의 생명력을 보인 사람들이 발군의 후보군을 형성한다.

이곤젠더는 다른 임원 서치 회사에서 일하던 사람은 절대 뽑지 않는다. 경쟁사들과 전적으로 차별화된 접근법을 추구하는 것이 우리의 최대 지향점이기 때문이다. 이곤젠더의 컨설턴트들은 이력이 제각각이다(내 경우는 오퍼레이션과 물류로 시작해서 맥킨지에서 경영컨설턴트로 활동하다가 이곤젠더에 합류했다). 이렇게 인적 다양성을 추구하면서도 우리가 결코 타협하지 않는 속성이 있다. 그것은 후보의 도덕성, 조직문화의 적합성, 그리고 잠재력이다.

임원 서치 업무 안팎에서 내가 만났던 파격적 이력의 인재 중 몇몇을 소개하자면 다음과 같다.

- 내가 아는 사람은 북유럽 출신으로 냉전시대에 첩보원 또는 심문관이 되는 훈련을 받고 러시아어를 배웠다. 그는 학사학위가 없었음에도 아비리그 경영대학원에 지원해서 놀랍게도 입학전형을 통과했고, 이후 세계에서 손꼽히는 전문 서비스 기업의 회장이자 CEO가 되었다.
- 또 다른 지인은 아르헨티나 해군 소속 조종사였다. 그는 맥킨지에 입사했고, 직원 연수 프로그램에 뽑혀 속성 경영대학원 과정을 밟았다. 맥킨지의 고객사 중 하나였던 음료회사가 현장 경험이 전무했던 그를 채용했고, 그는 승진을 거듭해 브라질 소재 라틴아메리카 사업부를 총괄하기에 이르렀다.
- 최근 나는 5년 전 세계적 자원개발 회사의 CAPEX$^{Capital\ expenditures}$(설비투자) 프로젝트 구매담당 이사로 임용된 사람을 만났다. 이 사람이 1년에 주무르는 예산만도 500억 달러가 넘었다. 입사 당시 그는 구매나 조달쪽 경험이 전혀 없었지만 회사는 그의 잠재력을 알아보았다. 현재 이 사람은 이 회사에서 가장 규모 있고 중요한 해외사업본부 중 하나를 이끌고 있다.

다국적 광고회사 오길비 앤 매더^{Ogilvy & Mather}를 창립한 광고계의 전설 데이비드 오길비^{David Ogilvy}도 일찍이 이런 말을 남겼다.

"직원을 채용하는 데 가끔은 상상력을 발휘하고 파격을 추구할 필요가 있다."

오길비 본인의 출세도 지극히 비정통적 채용의 결과였다. 그는 대학을 중퇴하고 호텔 주방장 보조, 아미시 공동체의 농부, 가정용 오븐 외판원 등의 직업을 거쳐 39세의 나이에 카피라이터로 광고계에 입문했다.

커리어를 쌓아가는 독자에게 이런 조언을 하고 싶다. 눈앞의 사다리만 곧이곧대로 올라가기보다 새로운 경험과 도전에 스스로를 적극적으로 노출하자. 그리고 그럴 기회로 연결될 인연을 적극적으로 찾자. 조직 정예화를 위해 직원을 평가하는 입장의 독자에게는 이런 조언을 하고 싶다. 후보의 동종 경험과 과거 성과를 검토하는 것도 중요하고, 직무에 필요한 역량을 확인하는 것도 중요하지만, 그보다 더 중요한 것이 있다. 바로 잠재력을 따지는 것이다. 잠재력이야말로 급변하는 세계화 시대에 지속적으로 성공의 문을 여는 열쇠다. 누군가의 경력이 일관성 없고 규준에 벗어난다고 그 사람을 무조건 폄하하거나 배제하는 것은 금물이다. 오히려 그런 사람에게 주목하자. 다재다능함은 엄청난 자산이고 미인 중에 제일은 팔방미인이다.

22

전구와 CEO

제조사가 같은 공장에서 생산한 똑같은 전구가 1,000개 있다. 이들 모두를 필라멘트가 타서 끊어질 때까지 켜놓는다. 그중에는 다른 999개보다 오래가는 하나가 반드시 있다. 하지만 그것이 어떤 전구인지 미리 예측할 방법은 없다. 일각에서는 CEO나 임원도 전구와 다르지 않다고 말한다. 그런 논리라면 무리 중 두각을 나타내는 소수가 되는 것도 그런 소수를 만나는 것도 팔자소관이다. 그런데도 뛰어난 사람이 만인의 모범으로 칭찬받는 것은 왜일까?

10~20년 전만 해도 나는 이런 주장을 들으면 너무 당연한 소리여서 코웃음부터 났다. 사람의 재능과 동기부여 수준은 같지 않다. 항상 더 뛰어난 사람이 있기 마련이다. 사람이 다 같다면 임원 서치 컨설턴트는 있을 필요가 없다. 하지만 시간이 흐르면서 조금 다른 생각이 들었다. 나는 직관에만 기대기보다 관련 연구 자료를 제대

로 찾아보기로 했다. 리더십 성공은 정말로 운에 달린 걸까? 아니면 짐 콜린스가 말하듯 "흥망성쇠는 세상의 외압보다 본인의 내력이 결정하는 걸까?"

통계학자들이 복잡하게 엉켜 있는 능력과 운을 분리하는 놀라운 방법을 개발했다. 진점수이론$^{true\ score\ theory}$이라는 통계모델은 특정 활동에 대한 반복 검사를 통해 얻어진 결과의 분포로 능력이 공헌한 정도와 무작위가 개입한 정도를 따진다. 스포츠 종목을 예로 들어보자. 결과에서 운이 차지하는 비중이 야구의 경우는 12퍼센트에 지나지 않지만, 하키에서는 53퍼센트나 된다. 5판3승제 기준으로 선수가 평균 600번 가량 공을 치는 남자 테니스의 경우는 운이 결과에 미치는 정도가 미미하다.

스포츠 성적에서 임원 실적으로 넘어가보자. 연구에 따르면 이 경우도 운이 무시 못할 영향력을 발휘한다. 금융전략가 마이클 J. 모부신$^{Michael\ J.\ Mauboussin}$의 『내가 다시 서른 살이 된다면』에 텍사스 대학교 앤드류 헨더슨 교수의 연구가 나온다. 핸더슨 교수는 딜로이트 컨설팅과 공동으로 2만여 개 기업의 40년분 자료를 바탕으로 경영실적 패턴을 연구했다. 그의 연구 중에는 인기 경제경영서 13종에 고성과 기업으로 칭찬받은 228개 기업을 조사한 내용도 있었는데, 조사 결과 실제로 그런 평가를 받을 만한 기업은 25퍼센트 미만이라는 분석이 나왔다. '5년 또는 10년 연속 지속적인 초고성과 기업으로 꼽히는 기업들의 상당수는 소가 뒷걸음치다가 개구리 잡은 경우일 가능성이 높은 것으로 나타난다……'[1]

반면 지속적 초고성과 기업들에는 운만으로 설명할 수 없는 공통점이 있다는 연구 결과도 있다. 지속적 성장의 인과因果를 논하는 이론의 상당수가 공염불에 지나지 않지만, 그렇다고 기업의 성공이 '순전히 운'에 달린 것만도 아니라는 뜻이다. 이 점을 증명하는 걸출한 연구가 있다. 하버드 경영대학원의 노엄 T. 와서먼Noam T. Wasserman, 니틴 노리아, 바라트 N. 아난드Bharat N. Anand가 공동으로 조사한 바에 따르면, 조직 성과의 3분의 1은 통계학적으로 설명되지 않는 랜덤 효과random effects에 기인했다.

하지만 기업의 성공에 관여하는 네 가지 인자가 분명히 존재했다. 기업 능력의 33퍼센트는 변동성, 15.5퍼센트는 산업, 13.5퍼센트는 CEO, 5.2퍼센트는 해당 연도가 결정했다. 이것만 봐도 리더십은 기업 능력의 중요한 변수인 동시에(13.5퍼센트는 평균치고, 시장에 따라서는 CEO의 결정력이 40퍼센트에 달했다) 사람의 힘으로 가장 제어 가능한 변수라는 것을 알 수 있다.[2] 해당 연도의 경제 상황은 개별 기업이 어쩔 수 있는 부분이 아니다. 그렇다고 산업을 옮겨 다닐 수도 없는 노릇이다. 또한 기업의 변화 관리나 변화 주도는 엄청난 노력과 시간을 잡아먹는다. 이 세 가지에 비하면 임원 임용은 시행이 쉽고 빠르다.

여기까지는 희망적이다. 리더만 잘 뽑아도 기업의 명운을 바꿀 수 있다. 그런데 그런 리더를 어떻게 찾을 수 있을까? 실력 있는 사람과 운 좋은 사람을 어떻게 구별할까? 서두의 전구 비유로 돌아가 보자. 어떻게 하면 모두를 소진시키지 않고도 최고의 CEO, 관리자,

직원을 가려 뽑을 수 있을까?

산지기처럼 상대적으로 단순한 직무의 경우는 성공 여부가 기량과 의욕만으로 거의 판가름 난다. 따라서 직원 선별도 쉽다. 후보자 전원을 작업에 투입해서 한 시간 동안 처리한 작업량을 측정한 후 가장 높은 실적을 보인 사람을 뽑으면 된다. 하지만 복합적 업무는 사정이 다르다. 이때는 개인의 업무 수행에 여러 다양한 요인이 작용해서 지장을 주기도 하고 보탬이 되기도 한다. 이때는 운이 결과에 미치는 영향이 크기 때문에 평가가 까다롭다. 까다로울 뿐이지 불가능하지는 않다. 관건은 무엇을 평가할지를 아는 것이다.

앞서 설명했듯 가장 먼저 고려할 것은 후보의 지적 능력, 가치관, 잠재력 판단지표, 감성지능, 이식성이다. 여기에 덧붙여 이곤젠더는 수십 년 동안의 임원 서치와 임원 평가 경험을 기반으로 직무와 산업과 국가를 막론하고 성공적인 임원에게서 발견되는 여덟 가지 리더십 핵심역량을 찾아냈다. 물론 세상에 똑같은 직무와 조직은 존재하지 않는다. 역량별 우세 정도는 상황에 따라 달라진다. 하지만 최고 인재에게 공통적으로 발견되는 역량들이 있다. 그 역량들은 다음과 같다.

- 전략지향성^{Strategic orientation}: 개괄적·복합적·분석적·개념적 사고 능력
- 시장통찰력^{Market insight}: 시장 상황이 비즈니스에 미치는 영향을 간파하고 이해하는 능력
- 과업지향성^{Results orientation}: 결과 향상과 목표 달성에 따른 성취감 추구

- 고객지향성^{Customer impact}: 고객 중심 사고와 고객 서비스에 대한 열정
- 협업능력 및 영향력^{Collaboration and influencing}: 동료와 동업자뿐 아니라 같은 지휘 계통에 속하지 않은 사람들과도 효과적으로 공조하는 능력
- 조직역량개발^{Developing organizational capability}: 핵심인재 영입과 육성으로 기업 향상을 꾀하는 의지와 추진력
- 팀 리더십^{Team leadership}: 팀 유효성을 목표하고 그 목표에 맞게 팀을 개발하고 정비하는 능력
- 변화 리더십^{Change leadership}: 직원들의 변화를 이끌어내고 새로운 목표에 맞게 조직을 변화시키고 정비하는 능력

이 여덟 가지 리더십 핵심역량의 중요성은 이곤젠더와 맥킨지의 공동 연구로 입증됐다. 이곤젠더는 자사 데이터베이스에 축적된 10만 건 이상의 임원 평가 자료를 맥킨지가 보유한 700여 기업의 실적 통계 자료와 교차 참조해서 47개 기업에서 5,560명의 고위직 리더를 표본으로 추출했다.[3] 표본의 역량 등급을 검토한 결과 명쾌한 결론이 나왔다. 높은 성장을 기록한 기업은 임원의 역량 수준도 높았다. 기업이 성장하는 데 능력은 적어도 운만큼, 어쩌면 운보다 더 중요하다는 뜻이다.

또 하나의 결론은 평가항목 모두에서 고르게 빼어난 임원은 흔치 않다는 것이다. 역량점수 7점 만점에서 평균 6점 이상의 임원은 전체 표본의 고작 1퍼센트에 지나지 않았다. 평균 5점 이상도 11퍼센트에 그쳤다. 완벽한 사람은 없다. 따라서 성공적 인재 등용의 최

선의 전략은 평가항목 대부분에서 평균 이상이고, 해당 직무 중 중요한 항목 두세 가지에서 빼어난 후보를 찾는 것이다. 그러려면 다음을 신중히 자문하자. 해당 직무는 구체적으로 어떤 일인가? 조직 차원에서 요구하는 조건은 무엇인가? 이 직무를 놓고 봤을 때 여덟 가지 리더십 핵심역량 중에서 최고 인재를 나머지 후보들과 구분 지을 '결정적' 역량은 무엇인가? 해당 후보가 과거 비슷한 상황에서 그 역량을 발휘한 적이 있는가? 그렇다면 어떻게 발휘했는가?

물론 이렇게 진인사盡人事하고 행운까지 따라준다면 금상첨화다.

23

인재를 읽는 만국 공용어

아르헨티나 사람은 스페인어를 하고 영국인 행세를 하며 파리에 살고 싶어 하는 이탈리아 사람이라는 말이 있다. 나는 부에노스아이레스에서 태어났다. 세계인의 축소판 같은 곳이다. 앉은 자리에서 세계를 관찰하기에 이만한 곳이 없다. 특히 유럽과 북미를 간접 경험할 수 있다. 나는 스페인어가 모국어고, 학교에서 영어와 프랑스어, 라틴어를 배웠고, 사회생활을 하면서 포르투갈어와 이탈리아어를 익혔다. 결과적으로 현재 5개 국어를 편안하게 읽고 말한다. 지금도 임원 서치와 강연 일정 때문에 해마다 지구를 평균 열 바퀴씩 돌면서 40개국을 반복적으로 왕래한다.

이 글을 쓰는 지금도 홍콩, 선전深圳, 베이징을 도는 마라톤 강연을 막 마치고 돌아온 상태다. 곧이어 또 다른 마라톤 강연을 위해 인도네시아, 말레이시아, 싱가포르로 떠난다. 동남아시아 강연을 마치고 미국 동부로 돌아가 하버드 경영대학원에서 맡은 강의까지 소화하면 다음에는 중동으로 떠나야 한다. 이 책이 발간될 무렵에는 스위스에서 열리는 이곤젠더 창립 50주년 기념 콘퍼런스에 기조연설자로 참석하고 있을 것이다. 그 콘퍼런스에는 전 세계 69개 지사에 근무하는 나의 동료들이 모두 집결하게 된다.

《뉴욕 타임스》 칼럼니스트 토머스 프리드먼Thomas Friedman은 세계화가 세계를 '획일화'하고 있다고 논평했다. 옳은 말이다. 하지만 세계 각국을 누비다 보면 아직도 첨예하게 살아 있는 문화 차이를 느낀다. 그뿐 아니다. 세계 어디를 가든 사람들은 내게 문화 차이라는 변수를 극복할 방법을 묻는다. "다양한 문화적 배경의 사람들을 제대로 파악하고 평가하려면 어떻게 해야 합니까? 성공하는 리더가 되기 위한 능력은 나라마다 다른가요? 직원을 하나의 문화권에서 다른 문화권으로 이식하는 것이 가능한가요? 지역문화를 인정하고 현지화에 성공하면서도 우리 회사만의 기풍을 세계적으로 일관되게 유지할 방법은 없을까요?" 세계를 무대로 하는 기업들의 공통된 관심사다. 관심사 정도가 아니다. 조직을 지구촌 시대에 맞는 인재로 채우려는 관리자들에게는 화급을 다투는 문제다.

국가마다 문화나 가치관이 다르고, 그에 따라 저마다 다른 행동 유형을 낳는다. 문화 유형을 분석하는 방법은 여러 가지지만, 그중에서 네덜란드 경영학자이자 사회학자 길트 홉스테데Geert Hofstede가 제시한 문화 비교 모델이 있다. 홉스테데가 문화의 다양성을 분석하는 데 사용한 다섯 가지 차원은 다음과 같다.[1]

- 권력 거리$^{Power\ distance}$란 조직의 하급 구성원들이 권력 분포의 불공평성을 인정하고 받아들이는 정도를 말한다. 권력 거리가 큰 문화권은 권력을 사회의 일부분으로 받아들인다. 라틴아메리카, 아프리카, 아시아, 아랍에서는 권력 거리가 크고, 앵글로 문화권과 게르만 문화권에서는 매우 적다.
- 개인주의^{Individualism}는 집단의 정체성이나 의무보다 개인의 필요와 권리를 우선시하는 성향이 있다. 북미와 유럽 문화권은 개인주의 성향이 높은 반면 아시아, 아프리카, 라틴아메리카는 강한 집단주의적 가치관을 보인다.
- 불확실성 회피$^{Uncertainty\ avoidance}$가 높은 문화권은 애매모호함에 대한 포용과 아량이 적어서 불명확하거나 예측 불가능한 상황에서 높은 불안감을 보인다. 라틴아메리카, 남유럽과 동유럽 국가 대다수, 그리고 일본은 불확실성 회피 성향이 상대적으로 강하고 앵글로, 북유럽, 중국 문화권 국가들은 불확실성 회피 지수가 상대적으로 낮다.
- 남성성^{Masculinity}이 강한 문화권은 성에 따른 역할 구분이 확실하고, 사회적 성공을 중시하며 일을 삶의 중심으로 보는 경향이 높다. 일본과 일부 유럽 국가들은 지극히 남성적 문화를 보이는 반면, 북유럽 국가들은 삶의 질과 유동적 성역할을 중시하는 여성적 세계관이 강하다.
- 장기지향성$^{Long-term\ orientation}$은 당장의 성과나 욕구 충족에 연연하지 않고 사물과 현상을 장기적 관점에서 바라보는 사고방식이다. 장기지향성은 동아시아에서 가장 높고, 유럽이 중간이고, 앵글로 문화권과 이슬람, 라틴아메리카에서 가장 낮다.

당연한 말이지만 문화적 차이는 행동규범의 차이를 만들고, 이 차이는 결과적으로 비즈니스 맥락에서 엄청난 변수로 작용한다. 이 때문에 가뜩이나 어려운 인사결정을 더욱 난해하게 만든다.

문화가 이렇게 다른데 나와 다른 문화권에서 온 사람을 어떻게 평가해야 할까? 상이한 문화권에서 온 두 후보 중에서 한 명을 선택할 때 어떤 기준을 적용해야 할까? 다행히 그렇게 어렵지는 않다. 성공적 리더의 필요 요소 명단은 전 세계 어디서나 크게 다르지 않기 때문이다. 이곤젠더의 조사 결과로 보나 성공한 다국적 기업들의 관행으로 보나 '만국 공통의 명단'이 존재한다. 이 명단에는 짐작하다시피 지적 능력, 가치관, 잠재력 판단지표, 감성지능, 이식성, 여덟 가지 리더십 핵심역량(전략지향성 · 시장통찰력 · 과업지향성 · 고객지향성 · 협업능력 및 영향력 · 조직역량개발 · 팀 리더십 · 변화 리더십)을 포함한다. 이 명단을 만국 공용어로 활용하면 세계 어디서나 효과적인 인재 평가가 가능하다.

물론 믿을 만한 평가항목 명단이 있다고 해서 다양한 문화권의 후보를 평가하는 일이 쉬워지는 것은 아니다. 내가 자주 하는 농담이 있다. 나는 과업지향성 점수를 매길 때 아르헨티나 후보가 떠들썩하게 늘어놓는 과거 업적은 2로 나누고, 몇 번을 채근해야 눈을 내리깔고 겨우 대답하는 일본 후보의 과거 성과에는 2를 곱한다. 그래야 가까스로 공평한 평가가 된다.

문화 간 복잡 미묘한 차이를 감지하는 데 자신이 없다면 현지 사정에 밝은 조언자의 힘을 빌리자. 이곤젠더 컨설턴트는 경영진 평가 업무를 항상 2인 1조로 수행한다. 한 사람은 고객사와 해당 직무에 밝은 컨설턴트다. 이 사람은 모든 면접에 배석하고 세계를 돌며 관련 미팅에 참석한다. 다른 사람은 현지 컨설턴트다. 이 사람은 후보의 출신지나 향후 근무지에 대한 이해가 높다. 두 컨설턴트의 관점이 상호보완적으로 작용하면 후보의 답변과 행동을 정확히 해석하고 조직문화의 적합성을 적절히 파악해서 후보를 다른 현지 또는 해외 경쟁자들과 실질적으로 비교할 수 있게 된다.

문화 차이를 대변하고 해석해줄 국제적 동료나 글로벌 서치 회사가 없다면 해당 국가나 지역에서 일하는 경영컨설턴트, 회계사, 변호사 등도 유용한 대안이 된다. 국제 감각을 동원하면 문화 차이라는 변수가 존재하는 인사평가에서 판단 성공률이 극적으로 올라간다. 그리고 세계화의 긍정적이고 유리한 측면을 한껏 활용할 수 있다.

Part 4

빛나는 미래:
인재개발

조직 정예화는 인재 선발에서 끝나지 않는다.
스타가 조직에서 정말로 빛을 발하려면
적절한 융화와 계발, 코칭과 승진이 필요하다.

24

융화 가속도

세계적으로 매일 수천 명의 환자가 장기이식 수술을 받는다. 수술 기회라도 잡은 사람은 지극히 운이 좋은 편에 든다. 소생의 다른 대안이 없는 상황에서 장기이식을 기다리는 사람이 미국에만도 10만 명이 넘는다. 수술을 받았다고 끝이 아니다. 외부물질을 인지하고 공격하는 우리 몸의 면역체계 때문에 장기이식 거부반응이라는 심각한 부작용이 일어날 가능성이 상당히 높다.[1] 예를 들어 폐 이식의 경우, 전체 수술 건수의 40퍼센트가 수술 1년 안에 거부반응으로 실패한다. 의사라도 수술 성공을 장담할 방법이 없다. 하지만 의사들이 실패의 위험을 최소화하기 위해 시행하는 세 가지가 있다.

첫째, 이식 장기의 건강 상태 확인, 둘째, 수혜자와 공여자 사이의 조직 적합성 확인, 셋째, 수술 과정과 전후 상태에 대한 철저한 모니터링과 대처이다.

새로운 사람이 팀에 합류하거나 새로운 역할을 맡을 때도 이와 비슷한 부작용이 발생하기 쉽다. 이때 성공 전략도 의사들의 세 가지 원칙과 다르지 않다. 성공적 채용을 위한 세 가지 원칙 중 처음 두 가지는 앞서 설명했다. 적합한 인재를 찾는 것은 건강한 장기를 확보하는 것에 해당하고, 인재가 조직에 맞는 인물인지 확인하는 것은 장기의 조직 적합성을 검사하는 것과 같다. 마지막 세 번째 원칙, 즉 환자 모니터링은 인재가 조직에 융화하도록 지원하는 것이다.

그런데 불행히도 대부분의 조직은 이 세 번째 원칙을 무시하고 선택한 사람을 새로운 환경에 취약한 상태로 방치한다. 최근 하버드 경영대학원 최고관리자 과정 참가자들을 대상으로 기업의 인재 경영 실태를 조사한 내용에 따르면, 설문 응답자의 95퍼센트가 핵심인재관리를 자사의 최고 도전과제로 꼽은 반면, 자사가 해당 과제에 성공적으로 대응하고 있다는 답변은 30퍼센트 미만이었다. 보리스 그로이스버그가 업계의 관련 활동을 조사했을 때도 인재 융화에 충분한 노력과 자원을 투자하는 기업은 조사 대상의 4퍼센트 미만이었다.[2]

대다수 기업이 간과하는 효과적 융화가 가져오는 이득은 엄청나다. 마이클 D. 왓킨스[Michael D. Watkins]가 쓴 보직 전환기의 신임 리더를 위한 지침서 『90일 안에 장악하라』에 의하면 성공적 융화의 ROI(투자수익률)는 400퍼센트에 이른다.[3] 조직 차원의 융화 지원은 신입자의 적응 과정을 가속화하고, 채용 실패 위험을 낮추며, 장단기 실적을 끌어올린다.

왓킨스가 전수하는 융화의 베스트 프랙티스를 참고하는 것이 좋은 시작이 될 수 있다. 그는 저서를 통해 초기 성과early wins를 이루기 위한 목표 수립과 달성부터 신뢰관계와 팀워크 구축까지, 신임 리더의 융화와 업무 장악을 위한 전략과 전술을 심도 있게 제시한다.[4] 의사들도 최신 치료법과 성공사례를 끊임없이 공부한다. 기업인도 예외는 아니다.

2010년 벨기에 루벤 대학병원의 이비인후과 전문의 피에르 델라에르Pierre Delaere 박사가 새로운 방법으로 기관氣管 이식 수술에 성공했다. 박사는 교통사고로 기관이 손상된 환자의 목에 다른 사람의 기관을 이식하기 전에 먼저 환자의 팔에 수개월 동안 기관을 삽입해서 기관이 새로운 혈관과 세포를 형성하도록 했다. 이렇게 환자 몸에 맞게 체화 과정을 거친 기관은 이식 수술 후 거부반응 없이 정상적인 기능을 발휘했다.[5]

기업도 델라에르 박사처럼 새 장기를 준비시킬 필요가 있다. 효율적인 리더라면 신입자가 본격적으로 업무를 시작하기 전에 팀과 조직의 목표, 이해관계와 문화를 최대한 파악하도록 돕는다. 그가 기업의 지배구조, 조직 구성, 업무 프로세스를 이해하는 데 필요한 정보를 나누고, 당면 과제와 우선순위, 장기적 염원을 합의하고 공유한다.

의사가 이식 장기의 건강을 지속적으로 모니터링 하듯, 외부에서 영입됐거나 새로운 보직을 맡은 사람이 조직에 아무런 문제 없이 뿌리내리고 효과적으로 기능하는지 지속적으로 확인하자. 신입자가 본인의 성공 또는 실패에 영향을 미칠 사람들과 고루 안면을 트고 친분을 쌓도록 돕는 것이 융화의 시작이다. 융화 지원은 다섯 가지 방향에서 이루어져야 한다. 위로는 직속상사를 비롯한 상사들이 돕고, 횡적으로는 동료 그룹이 배려하고, 아래로는 부하직원들이 협조한다. 밖으로는 고객과 협력사의 격려가 요구되고, 안으로는 가족과 친구 같은 개인적 인맥의 응원이 필요하다. 성공의 조언 또한 이 다섯 가지 방향에서 고루 이루어져야 한다. 이렇게 채용 30일이 지나면 리더는 신입자의 융화 진행도를 점검하고, 90일 후에는 '360도 평가'에 들어가고, 이때부터 1년 동안 매월 근황을 확인한다.

최근에 나는 세계에서 손꼽히는 사모펀드 그룹의 연례 파트너 미팅에 참석했다. 이 회사가 투자하는 기업들의 총 가치는 5년 만에 두 배로 뛰었고, 지난 10년 동안 눈에 띄는 손실을 기록한 회사는 한 군데도 없었다. 이 투자사의 연간 수익률도 20퍼센트까지 동반 상승했다. 이 투자사의 성장 전략은 투자 업종과 배당률('what')에 있지 않았다. 전략적 변화관리('how')도 아니었다. 투자가치가 높은 사람에게 투자하기('who')였다.

이런 전략에는 종종 기존 경영진의 교체가 따른다. 그러나 경영진 교체는 쉽지 않은 일이다. 사주나 직원들이 기존 경영진과 의리가 깊을수록 더욱 그렇다. 이때 파트너들의 소임은 경영진 전환 과정을 세심하게 조율하는 것이다. 적어도 1년 동안은 원래 팀들과 새로운 팀들 양측의 핵심 이해당사자들과 매주 면담이나 회의를 가지면서 양측의 거리를 좁혀나간다. 고위급 신입 임원은 파트너와 한 달에 한 번씩 점심을 먹으며 의견을 나눈다. 이런 과정은 규율과 계획성을 요한다. 하지만 시간과 노력을 투자할 가치가 충분하다. 사후 합병증 치료보다는 훨씬 덜 복잡하고 비용도 훨씬 덜 든다.

25

소피의 선택

비즈니스 파트너 영입, 팀의 요직 임용, 핵심 고객이나 주력 프로젝트 결정, 이 모든 것이 모두 사람을 선택하는 일이다. 한 사람을 선택할 때 다른 사람에게는 어쩔 수 없이 퇴짜를 놓아야 한다. 이런 결정은 늘 고통스럽다. 회사에 따라서는 임원 대상으로 일종의 고속승진 코스인 HIPO^{high-potential} 프로그램을 운용하기도 한다. 여기에 누구를 포함하고 누구를 배제할지 결정하는 입장이 된다면? 여간 난감하지 않다. 하버드 경영대학원 학장 니틴 노리아는 그 상황을 이렇게 표현했다. "소피의 선택^{Sophie's Choice}이죠."

메릴 스트립 주연의 동명 영화로 만들어지기도 했던 윌리엄 스타이런^{William Styron}의 소설 『소피의 선택』에서는 나치의 유대인 수용소에 끌려간 여주인공이 두 어린 자녀 중 하나라도 살리기 위해 가스실에서 죽을 자식을 선택해야 하는 상황이 나온다.[1] 인재 선별의 중압감이 아무리 커도 어떻게 그런 잔인한 선택에 비교하겠는가. 하지만 세계에서 가장 유명한 경영대학원 학장이 고충을 토로한 말이니 넘어가기로 하자. 어쨌든 탁월한 인사결정에 기업의 흥망이 달려 있는 만큼 사람을 평가하는 일은 어렵고 고달프다.

인재가 귀한 만큼 성장 잠재력이 높은 사람에게 시간과 관심과 자원을 몰아주고 싶은 것은 인지상정이다. 하지만 이 선택은 다른 모두의 기회를 제한하는 결과로 이어지고, 자칫 열심히 일하는 대다수 기여자의 사기를 꺾는 사태로 이어진다. 그러다 보니 기업과 리더들은 고달픈 선택 상황을 아예 회피하고, 모든 직원을 동등하게 대하거나 인재관리를 자기 선택과 자기 도태의 자연법칙에 맡겨버리는 경우가 많다.

전직 미국 보건복지부 장관이자 비영리 시민운동단체 코먼코즈 Common Cause의 창립자인 존 가드너John Gardner는 이렇게 말했다. "탁월과 동등은 공존할 수 없다."[2] 문제는 HIPO 인재를 특별대우를 할지 말지가 아니다. 진짜 문제는 나머지의 저항과 냉소주의와 사기 저하를 최소화하는 방법으로 건전하고 믿을 만한 인재 우선정책을 펴는 것이다.

전사적 연례 직무평가를 1차 선발 단계로 활용하면 인재 선발에 보다 객관성을 기할 수 있다. 물론 직무평가만으로는 부족하다. 직무평가는 전형적으로 성과에만 집중하기 때문이다. 기업리더십위원회Corporate Leadership Council, CLC를 포함한 여러 연구기관의 조사에 의하면, 모든 HIPO 인재는 고성과자지만, 고성과자의 대부분은 HIPO

인재가 아니다.[3] 바꿔 말하면 현재 직무에서 뛰어난 사람은 많지만, 직무가 커지고 복잡해졌을 때도 여전히 빛을 발할 사람은 많지 않다. 따라서 2차 선발에는 후보의 동료와 상사들에게 주관적 평가를 구하는 것이 바람직하다. 이때 18장에서 설명한 잠재력 판단지표를 평가에 활용하자. 다시 말하건대 후보의 잠재력을 판단하는 가장 유효하고 타당한 지표는 적합한 성취동기, 호기심, 통찰력, 참여 의식, 의지력이다.[4]

행동면접[behavioral interview](후보의 사고방식이나 가치관을 묻는 사고면접 [thinking interview]에 대비되는 개념으로, 특정 상황에서 어떻게 행동하고 결정할지를 묻는 면접을 말한다 – 옮긴이)과 평판조회를 통해서도 경험과 사례 중심의 잠재력을 평가할 수 있다.

이곤젠더는 오랫동안 잠재력 평가 모델을 연마해온 회사답게 우리가 추천했던 임원의 임용 당시 평가 결과와 임용 후 커리어 진화를 비교하는 후속 평가를 자주 실시한다. 결론은 예상대로다. 적절한 평가 모델로 무장한 적절한 평가자는 임원의 성공 여부(승진 횟수로 측정)를 상당히 정확하게 예측할 수 있다. 하지만 불행히도 업계 현실은 이를 뒷받침하지 못한다. 하버드 경영대학원 최고경영자 과정 참가자들의 진언에 따르면, HIPO 인재 선발과 관련해서 유효한 평가 모델 개발과 평가자 훈련에 주력하는 기업은 거의 없다.

HIPO 인재를 선별하는 것도 일이지만 선별 결과를 알리는 것도 일이다. 결과 공개는 민감한 문제다. 완전히 공개적으로 나가면 명단에 들지 못한 사람들의 낙담을 감수해야 한다. 기대에 부응하지 못한 HIPO 인재들의 좌절도 무시 못할 부작용이다. 이런 이유로 선별 과정 자체를 '쉬쉬하는' 기업이 많다. 하지만 세상에 비밀이란 없다.

경영컨설팅 회사 안소니 J. 프리시나가 1987년에 시행한 조사에 따르면 조사 대상 기업의 80퍼센트가 HIPO 임원에게 지명 사실을 통보하지 않았다. 하지만 알리지 않아도 사내에 결과가 알려지는 경우가 90퍼센트에 달했다.[5] 오히려 기업이 인재개발 프로그램에 투명성을 기할 때 직원 보유율과 생산성이 높았다.

나는 투명성이 최선이라고 믿는다. 은밀함과 비밀주의는 대안이 되지 못한다. 인재 선발 과정이 철저하고 건전하고 공평했다면 그 결과에 대해서도 떳떳할 필요가 있다. 고속승진 기회가 주어진 사람에게 개인 면담을 통해 결과를 명확히 알리는 것이 좋다. 본인이 조직의 핵심인재로 인정받았다는 자신감이 거기에 걸맞은 기대수준에 부응하는 추력으로 작용한다. 다른 직원들(조직을 시계처럼 돌리고 기차처럼 달리게 하는 사람들) 또한 귀하게 대접받을 자격이 있다. 마땅히 대우하고, 충분히 보상하고, 지속적으로 방향을 제시하고 동기를 부여하자.

어려운 결정을 하니까 리더인 것이다. 제프 베조스가 2010년 5월 프린스턴 대학교 졸업식 연설에서 말했듯 "결국 우리는 우리가 내린 선택의 결과다."[6] 최고 인재를 인정하고 보호하고 양성하는 데 몸을 사릴 이유가 없다. 그 과정에서 나머지가 상대적으로 소외되는 부작용이 있을 수는 있다. 하지만 인재 선택은 다행히 소피의 경우

처럼 생사를 가르는 선택은 아니다. 빛나는 미래 건설을 위한 필수

적인 선택일 뿐.

26

나무 타는 칠면조

인재 선별과 개발의 세계적 권위자이자 나의 친구 라일 스펜서가 즐겨하는 말이 있다. "칠면조에게 나무 타기를 가르칠 수는 있다. 하지만 나라면 그냥 다람쥐를 고용하겠다." 나도 대충은 동의한다. 어쨌거나 내 직업은 기업에 다람쥐를 찾아주는 일이 아니던가. 이 때의 다람쥐는 물론 고객사의 니즈에 완벽히 들어맞는 경험과 지식과 기량을 갖춘 임원을 말한다. 하지만 나는 잠재력을 보이는 칠면조도 결코 배제하지 않는다. 제대로 된 지원만 받으면 칠면조에 따라서는 다람쥐 못지않게 나무를 빠르고 높게 올라가기도 한다.

나는 임원 서치 활동과 병행해서 지난 10년 동안 이곤젠더의 전문가 육성 노력을 주도했다. 당시 전 세계 40개국에 포진해 있던 68개 지사(현재는 41개국 69개 지사로 확장됐다-옮긴이)를 대상으로 각종 리더십 훈련, 교육, 코칭 프로그램을 설계하고 주관하는 일이었다. 개인적으로 동료들의 멘토 역할에도 많은 시간을 할애했고, 공식적으로는 글로벌 경영진위원회의 일원으로 임원 인선과 승진 결정에 수십 차례 참여했다. 물론 대외적으로는 수백 건의 고객사 임원 서치와 인선 과정을 주도하고, 관리자 수천 명의 커리어를 추적했다. 나는 이 과정에서 놀라운 성장 스토리를 여러 번 접했다.

쑥스럽지만 내 이야기로 시작하고 싶다. 나는 맥킨지에서 일하다가 30세에 이곤젠더에 합류했다. 그 시절의 나는 지극히 분석적이고 숫기 없고 내성적이었다. 임원 서치 컨설턴트와 리더의 성공 요건인 대인관계 기술이 절대적으로 부족했다. 다행히 회사가 나를 영향력 구사 기초 과정에 넣어주었다. 내가 앞으로 자주 접하게 될 부담스럽고 감정적인 상황에 대비하는 데 꼭 필요한 훈련이었다. 가령 기존 일자리에 불만 없는 관리자에게 이직을 추천하거나 기업주에게 장기근속 직원들의 반발이 예상되는 과감한 변화를 납득시키려면 상대에게 확신을 주고 발상의 전환을 이끌어내는 영향력이 강도 높게 요구된다. 이 프로그램에서 나는 심도 있는 360도 피드백을 받았고, 항상 논리를 앞세우는 나의 성향이 상황에 따라 문제가 될 수 있다는 것을 알게 됐다. 논리를 강조하는 것은 내게는 고도의 설득력을 발휘하지만 나와 성격이 다른 사람들에게는 별로 도움이 되지 않을뿐더러 심지어 부정적인 영향을 초래하기도 했다.

그 이후 나는 다양한 종류의 영향력 구사 기법을 익혔다. 거기에는 모델링(상대에게 필요한 바람직한 행동의 본보기를 제공함으로써 모방이나 관찰을 통해 소기의 목표행동을 학습하게 하는 방법 – 옮긴이), 가치관에 호소, 상담, 협상, 친분 강화, 유대관계 형성 등이 두루 포함됐다. 상황과 상대에 맞춰 적당한 기법을 고르는 요령이 생긴 것은 물론이다.

다른 성장 스토리도 있다. 잘나가던 금융거래인이 소비재 기업의 CFO로 이직했다. 그는 문제 인식과 위험관리, 투자, 비용 감축에 뛰어난 기량을 보였고, 금융 전문지식으로 명망이 높았으며, 잠재력 판단지표 모두에서 두각을 나타냈다. 하지만 그는 동료들을 공개적으로 비웃기 일쑤였고 조직 융화에도 문제점을 드러냈다. 결국 회사가 이 사람을 리더십 트레이닝 프로그램에 보냈다. 그는 그 프로그램을 통해 처음으로 자신의 단점을 자각하고 타인의 관점에 보다 개방적인 태도를 가지게 됐다. 2년 동안 따로 개인적 코칭을 받기도 했다. 이 사람은 결국 CEO로 승진했고 지금까지 사랑받는 리더로 활약 중이다.

이런 옛말이 있다. '늙은 개에게는 새로운 재주를 가르칠 수 없다.' 하지만 위와 같은 실제 사례들과 학계의 여러 연구는 옛말이 틀릴 수도 있음을 보여준다. 한때는 사람이 태어날 때는 뇌세포가 잔뜩 있다가 나이 들면서 점점 줄어든다는 가설이 득세했다. 그뿐 아니다. 나는 젊은 시절 권투를 했는데, 머리에 한 방씩 맞을 때마다 뇌세포가 죽는다는 글을 읽고 기겁했던 기억이 난다. 다행히 나는 기겁하는 데 멈추지 않고 자료를 더 찾아봤다. 그리고 기쁜 소식을 발견했다. 우리 뇌는 신경 생성^{neurogenesis}이라는 프로세스를 통해 날마다 1만 개가량의 줄기세포를 생성한다. 이 줄기세포는 둘로 분열하는데 하나는 딸세포가 되어 계속 줄기세포를 만들고, 다른 하나는 다른 곳으로 옮겨간다. 주목적지는 뇌에서 새로운 학습을 담당하는 곳이다. 새로운 뇌세포는 이후 약 4개월 동안 1만 개의 연결고리를 만들어 다른 세포들과 새로운 신경회로를 형성한다. 한번 계산해보자. 1만 개의 새로운 세포가 생기고 세포당 1만 개의 연결고리가 생기면, 날마다 1억 개의 새로운 연결고리가 생기는 셈이다.[1] 우리의 뇌는 나이를 불문하고 언제든 새로운 재주를 익힐 준비가 돼 있다. 나무 타기도 문제될 것 없다. 관건은 어떤 역량을 배우고 가르치느냐다.

직원이 지금보다 중요하고 복잡한 직무를 수행하는 데 요구되는 역량은 무엇인가? 22장에서 제시한 여덟 가지 리더십 핵심역량에 주안점을 두되, 기업 사정을 반영해서 상대적으로 더 중요한 역량에 가중치를 둘 수 있다(탁월한 리더들의 특징은 28장에서 다시 다룬다). 하지만 내 경험상 감성지능 역량만큼은 항상 중요하게 보는 것이 유리하다. 감성지능은 (융통성, 적응력, 감정 통제 같은) 자기관리 능력과 (영향력 구사, 갈등 대처, 변화 유도 같은) 관계관리 능력에 두루 큰 힘을 발휘한다.

사람들은 이런 '소프트' 스킬은 회계나 코딩 같은 '하드' 스킬과 달리 가르치기 어렵다고 생각한다. 하지만 케이스웨스턴리저브 대학교 웨더헤드 경영대학원Weatherhead School of Management, WSOM 교수이자 감성 리더십의 주창자 리처드 보이애치스 박사가 그렇지 않다는 것을 실증했다.[2] 보이애치스 박사는 MBA 과정 학생들의 감성지능 역량이 과정에 들어온 후 1~2년 동안 겨우 2퍼센트 향상된 것에 충격을 받았다(평가 대상이었던 모든 역량의 평균 상승도는 40~50퍼센트였다).

보이애치스 박사는 상황 개선에 나섰다. 1990년 가을, 웨더헤드 경영대학원은 수정된 MBA 과정을 도입했다. 새 과정에는 이런 것들이 포함됐다.

(1) 리더십 평가와 개발 과목, (2) 선택과목에 특화한 감성지능 역량(예컨대 마케팅 코스에는 프레젠테이션 스킬, 운영관리 코스에는 협업 능력 등), (3) 기업체 현장 연수와 그룹 프로젝트를 포함하는 과목 수 대폭 증대, (4) 봉사활동과 클럽활동 참여 기회 확대.

결과는 놀라웠다. 풀타임 MBA 과정 학생들의 자기관리 능력은 47퍼센트 향상됐고, 관계관리 능력은 자그마치 75퍼센트나 발전했다. 3~5년에 걸쳐 MBA 과정을 수료하는 파트타임 학생들의 발전도는 각각 67퍼센트와 40퍼센트였다. 졸업 2년 후 다시 평가했을 때도 이들의 감성역량은 향상된 수준을 유지했다. 긍정적 변화의 폭이 몰라보게 커졌고, 그 효과도 다분히 지속적이었다.

조직역량 강화에 반드시 MBA 과정이 필요한 것은 아니다. 조직역량을 위해서는 다음과 같은 단계를 밟는 것이 좋다.[3]

첫째, 직원에게 강한 발전 의지가 있는지, 미래상이 확고한지 확인한다. 뜻이 있는 곳에 길이 있다. 바꿔 말하면 뜻이 없이는 아무것도 이룰 수 없다. 행동 변화에 대한 신경과학 연구에 따르면, 자부심과 희망 같은 긍정적 정서 유발인자positive emotional attractors가 부교감신경계를 자극해서 평정심과 동정심을 강화하고 배움에 열린 태도를 부른다.

둘째, 직원이 자신의 장단점을 객관적으로 평가하고, 자신의 '현실적 자아$^{real\ self}$'와 '이상적 자아$^{ideal\ self}$' 사이의 격차를 제대로 가늠할 기회를 준다. 이 경우 360도 피드백이 효과 만점이다.

셋째, 앞 단계에서 파악한 격차를 줄이기 위한 과제를 뽑고, 교육 일정을 짜거나 실행 계획을 세운다. 교육 내용과 일정은 고도로 목적지향적이고 실용적이어야 한다. 당장 많은 변화를 바라는 것은 금물이다. 직원이 구체적 행동 하나하나에 차근히 공을 들이고 점차적으로 목표를 높여나갈 수 있도록 격려한다.

넷째, 직원이 새로 습득한 행동을 맹렬히 실천할 수 있도록 돕는다. 그래야 그들의 뇌가 새로운 신경회로를 개발해서 개선된 행동 유형이 자연스럽고 반사적인 습성으로 굳어진다. 그렇게 되기까지 몇 개월이 걸릴 수도 있다. 직원이 미리 좌절하거나 포기하지 않도록 돕는다.

조직 정예화를 바라는 리더는 직원에게 자발적 자기계발 의지를 불어넣어야 한다. 특히 감성역량 함양에는 긍정적 영감과 격려가 중요하다. 직원이 본인의 현재 위치와 이상과의 격차를 파악할 기회를 주고, 명민한 이행 계획을 수립하고 끈기 있게 실행할 수 있도록 지원한다. 아무리 잠재력 있는 칠면조라도 나무 타기를 혼자서 습득하기는 어렵다.

자리가 사람을 만들까

나의 첫 책 『기업을 키우는 인사결정의 기술』이 일본에서 출판될 무렵 나는 이곤젠더 도쿄 지사의 동료 켄 아라마키와 국가단위 조사를 진행 중이었다. 조사 내용은 일본 고위임원들의 잠재력 대비 역량 평가였다(잠재력 평가는 18장에서 소개한 잠재력 판단지표를 기반으로 이곤젠더 컨설턴트들이 일본 임원들의 보직 변화에 따른 발전 가능성을 평가한 결과에 따랐다. 역량 평가는 22장에서 소개한 여덟 가지 리더십 핵심역량을 바탕으로 했다). 우리는 일본 임원의 점수를 우리의 전사적 데이터베이스에 모인 전 세계 임원의 평균 점수와 대조했다.

우리가 발견한 것은 놀라운 역설이었다. 일본 임원들의 잠재력은 글로벌 평균보다 높았지만 역량은 낮았다. 원자재는 너무나 훌륭한데 최종 결과물이 나쁜 경우였다. 문제는 정제 과정의 미비였다. 일본 관리자들은 높은 교육수준과 강한 노동윤리 덕분에 사회생활

초기에는 놀라운 성장을 보인다. 하지만 대개의 일본 기업에는 꾸준한 직원 개발 프로세스가 없다.

일본에서 리더로 입신하는 경로는 다분히 일관적이다. 일본 리더는 같은 기업 같은 사업부 안에서 계단처럼 정해진 직급을 타고 올라간다. 고위직 승계서열은 같은 진급 라인에 속한 직원들 간의 연공서열을 따른다. 한마디로 일본 관리자들은 근속연수에 입각한 승진 차례를 차근히 기다린다.

최근에 나는 도쿄 기반 글로벌 복합기업에서 마땅한 CEO 승계자를 찾지 못해 애를 먹는다는 소식을 접했다. 이 기업은 고도로 다각화한 비즈니스 포트폴리오를 자랑하며 진출하지 않은 산업과 시장이 없는 대기업이었다. 그만큼 전략적 도전과제 또한 많아서 훌륭한 임원 양성소로 더없는 조건을 갖추고 있었다. 그런데도 이 기업의 고위관리자 중에서 두 종류 이상의 비즈니스 라인에서 일했던 사람은 단 한 명밖에 없었다.

최고위직 리더 12명이 일본 밖에서 근무한 기간은 평균 잡아 고작 1년이었다. 이들의 영어 능력도 상당히 제한적이었다. 요컨대 이들 중 누구도 CEO 승계자 후보로 적합하지 않았다. 슬픈 일은 이들 모두 시작은 강력했다는 것이다. 이들은 엔지니어로 시작해 R&D(연구개발)나 제품전략이나 마케팅에서 평균 20년 이상 전문 경험을 쌓았다. 하지만 그동안 전문지식은 쌓았을지 몰라도 잠재력은 낭비되고 말았다.

생색나는 자리와 화려한 타이틀, 높은 급여가 인재를 만들지는 않는다. 인재를 만드는 것은 업무의 복합성^{complexity}이다. 호주 멜버른에 본사를 둔 글로벌 뱅킹그룹 ANZ의 리더들이 좋은 예다. ANZ에서는 HIPO 프로그램으로 선별된 인재를 승진시킬 때 예산이나 인력의 할당 규모만 커질 뿐 내용은 같은 직무를 맡기는 것을 원칙적으로 배제한다. 대신 전적으로 새로운 도전과제가 기다리는 곳으로 보낸다. 다른 나라로 발령을 내거나, 지원업무에서 일선업무로 재배치하거나, 부실 사업 정상화 임무에서 신규 사업 론칭 임무로 바꾸는 식이다. GE, 유니레버, 맥킨지 같은 일류 기업들도 마찬가지다. 위대한 기업들은 잠재력이 무궁한 인재일수록 처음 경험하는 사업부문, 기업, 시장, 상황, 직능에 노출시키고 그 과정에서 인재를 무적의 리더로 단련한다.

마르셀로 마르티네즈 모스케라^{Marcelo Martínez Mosquera}의 커리어 궤적을 살펴보자. 그는 대학에서 산업공학을 전공하고 밀라노와 부에노스아이레스에 본사를 둔 다국적 복합기업 테킨트^{Techint}에 입사했다. 테킨트의 CEO 파올로 로카^{Paolo Rocca} 역시 핸슨, 이바라, 파이어가 선정한 세계 최고 CEO 명단에 23위로 이름을 올린 인물이다.[1] 입사 직후 HIPO 인재로 선발된 모스케라는 처음부터 다양한 직무를 매개로 매번 새로운 상황과 난제를 만났다. 그는 재무, 무역, 마케팅, 생산을 망라하는 보직을 성공적으로 거치며 자국 아르헨티나 시장뿐 아니라 미국과 유럽의 주요 교역국들을 경험했고, 러시아와 중국으로 수출을 확대하는 일에도 관여했다. 이러한 단련 과정은 그가 고객사들과 경쟁하게 될 신규 사업을 론칭하는 막중하고 까다로운 임무를 맡았을 때 성공의 저력으로 작용했다. 당연한 결과로 모스케라는 빠르게 승진해서 그룹 최고경영진에 올랐다.

진심으로 조직 정예화를 원한다면 당신도 당신의 인재에게 테킨트가 모스케라에게 한 것처럼 성장 기회를 주어야 한다. 기회의 폭이 대기업처럼 넓으면 좋겠지만 꼭 그렇지 않아도 된다. 램 차란^{Ram Charan}, 스티븐 드로터^{Stephen Drotter}, 제임스 노엘^{James Noel}의 공저 『리더십 파이프라인』에 리더십 진화 과정의 여섯 단계가 명쾌히 정의되어 있다.

조직 내 리더십은 (1) 자기 관리에서 타인 관리로, (2) 타인 관리에서 관리자 관리로, (3) 관리자 관리에서 직능 관리로, (4) 직능 관리에서 비즈니스 관리로, (5) 비즈니스 관리에서 비즈니스 그룹 관리로, (6) 최종적으로는 최고경영진에 올라 기업 관리로 진화한다.[2]

당신의 조직은 인재가 이런 전환점들을 거쳐 리더로 성장하도록 지원하는 회사인가? 조직 내 리더십 파이프라인을 갖추는 것은 경영환경 변화에 따른 기회를 포착하고 그 기회에 대응할 역량을 갖추는 것이다. 단기 프로젝트 기반 업무를 찾아 잠재력 있는 인재에게 새로운 근육을 단련할 기회를 제공하자. 우리 회사에서 인재의 흥미와 도전의식을 자극하고 그들의 계발을 이끌어낼 수 있는 코칭의 자리는 무엇일까? 거대 복합기업이 아니라도 그런 자리는 항상 있다.

무수한 기업이 내부 잠재력을 허비하는 실수를 한다. 경제대국 일본의 기업들도 예외는 아니다. 우리는 이런 실수를 피하자. 잠재

력은 근속연수에 우선한다. 그리고 리더를 키우는 자리의 요건은
규모가 아니라 직무의 복합성이다.

28

구슬로 보배 꿰기

지금까지 흥미로운 사례와 연구 조사를 여럿 소개했는데, 그중에 다시 논하고 싶은 것이 있다. 22장에서 소개했던 이곤젠더와 맥킨지의 공동연구가 그것이다. 공동연구의 종합적 결론은 간단명료했다. 고성장 기업일수록 임원진의 역량도 출중해서 여덟 가지 리더십 핵심역량 평가에서 고루 높은 점수를 받는 경향을 보였다. 요점은 이렇지만 연구 결과를 좀 더 들여다보면 몇 가지 흥미로운 세부사항이 드러난다.[1]

첫째, 여덟 가지 리더십 핵심역량 가운데 성장 동인으로서 나머지보다 유난히 강세를 보이는 것이 하나 있었다. 바로 고객지향성이었다. 매출 성장에서 최고 4분위^top quartile에 드는 기업들을 보면, 고위임원진의 적어도 40퍼센트가 고객지향성에서 7점 만점에 5점 이상을 기록했다.

둘째, 가장 성공적인 리더들에서 '스파이크^{spike}'형 점수 분포가 포착됐다. 즉 성공적인 리더 중에는 두세 가지 영역에서만 점수가 하늘을 찌르고 다른 영역에서는 가까스로 평균이거나 심지어 평균 이하의 점수를 받은 경우가 많았다. 모든 면에서 최고가 되려고 하거나 약점을 극복하려고 애쓰기보다 몇몇 역량에서 타의추종을 불허하는 데 집중한 결과였다.

셋째, 공동의 역량이 스타급 개인보다 큰 힘을 발휘했다. 소수의 고득점 임원들이나 홈런왕 CEO 한 명으로는 비즈니스를 성공으로 이끌기 어렵다. 이례적으로 특출한 사람은 말 그대로 이례적일 뿐이다. 앞서 언급했듯이 표본이었던 5,500명 이상의 임원 가운데 단지 1퍼센트만이 평균 역량점수가 7점 만점에 6점 이상이었고, 평균 5점도 전체의 11퍼센트에 지나지 않았다. 이렇게 드문 리더를 만날 행운에 기대서 사업할 수는 없는 노릇이다. 가장 잘나가는 기업은 (불세출의 실력자를 보유한 기업이 아니라) 평균 이상의 리더가 많은 기업이었다. 조직의 변화는 혼자의 활약보다는 크리티컬 매스^{critical} ^{mass}(사회경제학에서 원하는 변화를 얻거나 영향력을 발휘하는 데 필요한 동조자의 최소 적정 규모를 일컫는다 – 옮긴이)의 저력이 만든다.

넷째, 기업의 전략이 다르면 주효한 임원진의 유형과 역량도 달랐다. 자체 R&D 등을 통한 유기적 성장$^{organic growth}$에는 고객지향성 외에 조직역량개발, 팀 리더십, 변화 리더십이 강한 선임관리자 집단이 필요했다. 반면 인수합병 같은 비유기적 성장$^{non-organic growth}$은 고객지향성 외에 시장통찰력, 과업지향성, 전략지향성이 뛰어난 최고경영진이 주도했다.

위의 연구 결과로 얻을 수 있는 교훈은 무엇일까? 그것은 조직역량 강화 노력에도 고도의 '집중과 선택'이 요구된다는 점이다. 조직 정예화를 위해서는 (1) 각 리더의 '스파이크' 강점 파악과 강화(다만 고객지향성은 항상 중요), (2) 역량의 상호보완적 배치로 팀의 시너지 효과 추구, (3) 리더의 커리어 단계에도 맞고, 팀과 사업 유닛, 전체 조직의 목표에도 부합하는 역량개발 지원이 필요하다.

인재 유치에 성공한 다음에는 모든 인재를 다방면에서 뛰어나게 만들고픈 욕구가 따른다. 하지만 그것은 노력 낭비다. 명석하고 근면한 한 명의 한 가지 역량만 개발하는 데도 엄청난 시간과 투자를 요한다. 이곤젠더의 경험에 따르면, 조직 차원의 집중적 코칭과 계발 지원을 받는 HIPO 임원의 경우도 1년 후의 역량평가 점수의 상승폭은 그다지 크지 않다. 한 가지 역량에 집중할 때는 (7점 만점 기준) 2점, 두 가지 역량을 동시에 공략할 때는 평균 1점 가량 상승할 뿐이다. 1점씩이라도 매년 향상하는 것은 불가능하다. 따라서 모든 역량 개선 노력은 자칫 밑 빠진 독에 물 붓기가 되기 쉽다. 그보다는 비즈니스 여건과 전략에 따라 팀에 이바지할 수 있는 역량과 발전 가능성이 가장 큰 역량을 집중 공략하는 것이 효과적이다.

다음의 세 가지 사례는 상황에 맞춤한 임원 연수 프로그램으로 성공을 거둔 기업들이다. 세 가지 상황은 각각 사업 정상화, 유기적 성장, 인수합병이다.

- 스위스의 세계적 엔지니어링 회사 ABB는 2002년 부도 위기를 맞은 후 첨단 제품력만으로는 부족하다는 인식이 생겼다. 흑자 성장을 위해서는 고객 니즈를 보다 면밀히 파악할 필요가 있었다. 이에 따라 ABB는 2004년 고위관리자 수천 명에게 리더십 개발 프로그램을 시행했다. 프로그램은 리더십 핵심역량 중에서도 고객지향성, 조직역량개발, 변화 리더십에 집중했다. 회사는 참가자에게 향상 목표치를 부여하고, 그에 대한 진척 상황을 검토하고, 결과에 따라 보상했다. 참가자 평가에는 연수 성적 외에 상사 평가와 동료 평가도 포함했다. 이후 ABB는 비슷한 프로그램을 중간관리자급으로 확대 적용했다. 결과적으로 회사는 놀라운 성장률을 회복했고, 사내 인재 파이프라인은 어느 때보다 강해졌다. 전에는 200명의 최고경영진 가운데 30퍼센트만이 내부 승진으로 채워졌지만, 현재는 그 비중이 85퍼센트로 증가했다.

- 시장경쟁 심화와 해외 확장 목표에 따라 경쟁력 증진 필요에 직면한 대형 제약회사가 있었다. 이 회사는 고객지향성, 팀 리더십, 조직역량개발, 변화 리더십에 초점을 맞춘 직원 연수 프로그램을 마련하고 자사 관리자를 한 번에 40명씩 스킬빌딩skill-building 워크숍과 협업 프로젝트에 투입했다. 프로젝트 과제는 신흥시장 대상 핵심제품 재출시 계획, 신규 서비스로 사업의 다각화 제안, 영업인력 25퍼센트 감축과 그에 따라 절감된 예산을 신규 마케팅 채널에 재투자하는 방안, 이런 변화에 따른 고객관계 관리 모델 재구축 방향 등을 포함했다. 이렇게 실질적이고 집중적인 리더십 개발 노력은 엄청난 효과를 가져왔다. 18개월 안에 연수 참가자의 90퍼센트 이상이 승진했고, 회사의 수익은 오름세

에 접어들었다.

- 세계적 솔루션 업체 IBM은 지난 10년 동안 100여 개의 기업을 인수하며 사세를 확장했다. IBM은 전통적으로 임원진의 시장 통찰력과 전략 지향성과 과업지향성을 지상과제로 강조해왔다. 창업주 아버지의 뒤를 이어 IBM의 2대 회장을 지낸 전설적 리더 토머스 J. 왓슨 주니어 Thomas J. Watson Jr.가 100년 전 'THINK(사고하라)'라는 기업 모토를 세운 이래 IBM은 클라우드 컴퓨팅 같은 미래 테크놀로지 트렌드를 날카롭게 예측하고 적극적으로 선도하는 역량을 매출 성장의 동력으로 삼았다. 이런 성장 동력의 공급원은 고위직 리더 대상의 집중적 코칭 프로그램과 사업단위와 지역을 넘나드는 전사적이고 빈번한 직무순환제였다. 결과적으로 IBM은 최근 10년 동안 HP 같은 경쟁자들을 능가하며 성공 스토리를 이어갔다.

기업의 사례를 들었지만 같은 교훈이 개별 리더에게도 적용된다. 상황과 목표에 맞는 인재개발 정책을 설계하고 시행을 정례화하자. 인재개발 노력은 일회성에 그치지 않고 조직문화로 정착해야 경쟁력으로 이어진다. 인재개발의 최종 목표는 균형 잡힌 팀 구축과 동시에 각 팀원의 강점을 극대화하는 것이다.

29

보상의 패러다임

내가 좋아하는 TED 강연 중 하나가 영장류의 공정성 인지를 다룬 동물행동학자 프란스 드 발^{Frans de Waal} 박사의 강연이다. 박사는 강연에서 재미난 동영상을 보여준다. 나란히 놓인 두 개의 우리에 암컷 꼬리감는원숭이^{capuchin monkey}가 한 마리씩 들어가 있다. 연구자는 원숭이에게 자갈을 주고 원숭이가 그 자갈을 돌려주면 대가로 오이 조각을 준다.[1] 연구자는 두 마리와 교대로 이 거래를 25회 반복하다가 한쪽 원숭이한테만 오이 대신 (훨씬 맛있는) 포도를 주기 시작한다. 계속 오이를 받는 다른 원숭이는 이내 불같이 화를 내며 거래를 거부한다. 원숭이는 오이를 연구자에게 도로 집어던지고, 바닥을 내리치고, 우리 창살을 잡고 흔들어댄다. 이렇듯 원숭이조차 불공정한 보상을 받으면 분노하며 협조를 거부한다.

인재경영도 마찬가지다. 인재의 유치와 유지, 그리고 동기부여를 위해서는 적절한 보상이 필요하다. 원숭이처럼 인간도 자신이 제공한 노동에 대한 대가를 기대한다. 그것도 그냥 대가가 아니라 자신의 공헌과 노력을 정확히 반영하고, 비슷한 일을 하는 다른 사람들이 받는 것에 필적하는 대가를 원한다. 보상의 힘은 강력하다. 내 대학 은사의 표현에 따르면, "사람은 거액의 돈 앞에서는 없던 창의력도 발휘하게 돼 있다." 신경과학적으로 따져도 금전적 보상이 뇌의 '쾌감중추'인 측중격핵$^{nucleus\ accumbens}$을 자극하는 것으로 알려져 있다. 이 영역은 약물, 섹스, 도박 등에 따른 황홀감 유발과 중독 행동 강화에 관여하는, 우리 뇌에서 가장 원초적인 부분이다.[2] 간단히 말해서 인간은 본능적으로 돈을 좋아한다. 그리고 돈을 얻으려고 성과를 낸다.

물론 돈이 항상 성과 창출 의욕을 촉진하는 것은 아니다. 불공평한 보수는 의욕 증진은커녕 (드 발 박사의 원숭이 실험처럼) 일의 의욕을 꺾는다. 하지만 나의 임원 서치 경험에서 봤을 때 보수가 한없이 커진다고 수행동기가 한없이 강화되지는 않는다. 다시 말해 보수는 적정수준을 충족하고 난 다음에는 우리 생각만큼 중요한 변수가 되지 못한다. 특히 지식근로자의 경우는 일자리 선택에서 보수가 최우선 조건이 아닐 때가 많다. 이곤젠더의 추천으로 임용된 자리에서 승승장구했지만 임용 3년 이내에 그 자리를 떠난 후보들을 조사한 적이 있었다. 그중 85퍼센트가 더 높은 자리로 스카우트된 것으로 나타났다. 그들이 우리의 평가대로 잠재력 있고 유능한 인재들이라는 재확인이었다.

그런데 내가 그들에게 이직의 이유를 물었을 때 보수가 주요 원인이었던 경우는 전체의 4퍼센트에 지나지 않았다. 인재가 회사를 떠나는 것은 돈 때문이 아니라 대개는 형편없는 상사나 융화 지원의 부재, 성장 기회의 부족 때문이었다.

짐 콜린스도 임원 보상수준과 보상제도가 '좋은 기업이 위대한 기업으로' 성장하는 데 미치는 영향을 조사했다. 그는 112번의 분석을 시행한 끝에 둘 사이에는 상관관계라고 해석할 어떤 패턴도 발견되지 않는다는 결론을 내렸다. 물론 보상제도가 무의미하다는 말은 아니다. 실제로 위대한 기업들은 경쟁력 유지 차원에서 업계 평균을 상회하는 보수를 지급한다. 하지만 보상의 진정한 목적은 의욕이 없는 사람을 자극하는 것이 아니라 본래부터 성취동기가 강한 인재들의 최선을 끌어내는 것이다.[3]

미래학자 대니얼 H. 핑크[Daniel H. Pink]는 저서 『드라이브』에서 동기부여의 역사와 본질을 유려하게 조망하는 한편 과학 이론과 비즈니스 현실의 차이를 강조했다.[4] 20세기의 단순하고 반복적인 업무에는 '당근과 채찍 방식'인 금전적 보상이 주는 외적 동기가 주효했다. 하지만 이런 방식은 오늘날의 업무환경과는 맞지 않는다. 오늘날은 동기부여의 새로운 패러다임을 요한다. 핑크 박사에 따르면, 우리 시대의 세 가지 동기부여 요소는 자율성[autonomy], 업무 장악[mastery], 목적의식[purpose]이다. (1) 자율성은 삶의 방향에 대한 자기 결정성을 뜻하고, (2) 업무 장악은 하는 일에서 탁월하려는 욕망을 대변하며, (3) 목적의식은 자신과 조직의 이익을 넘어 대의에 이바지한다는 사명감이다.

요즈음 리더들에게 영감의 대상이 되는 기업 중 하나가 구글이다. 구글은 직원들에게 '20퍼센트 시간'을 제공하는 것으로 유명하다. 근무시간의 20퍼센트는 각자 하고 싶은 일을 하면서 창의성과 자기주도성 욕구를 실현하도록 배려한 것이다. 그런가 하면 세계적 온라인 신발 판매업체 자포스Zappos는 고객서비스센터 상담원의 성과를 하루에 처리하는 콜 수와 콜 타임으로 따지지 않는다. 고객 응대 업무에 스크립트 기반 매뉴얼을 적용하지도 않는다. 고객센터 직원이 각자의 판단에 따라 일을 처리할 권한을 대폭 확대한 것이다. 당신의 회사도 구글이나 자포스에 필적할 수 있다. 직원에게 업무 자율성을 부여할 때는 '업무task(무엇을)', '시간time(언제)', '팀team(누구와)', '방법technique(어떻게)'의 '4T'를 유념하자.

또한 직원이 업무 장악력을 확보하도록 지원하자. 이는 역량개발 기회를 제공하는 것만으로는 부족하다. 직원이 업무에 전념할 수 있는 환경을 만들어야 한다. 사람은 '지속적 몰입flow' 상태에서 최고의 능률을 보인다. 수월하지 않지만 달성 가능한 과제를 부여하고 집중 방해 요소를 제거했을 때 '지속적 몰입'이 가능하다. 예컨대 IT 서비스 업체 아토스Atos는 직원이 중요한 업무에 집중할 수 있도록 직원 간에 불필요한 이메일 근절 캠페인을 벌였다.

마지막으로, 직원의 동기유발을 위해서는 목적의식이 필요하다. 목적의식은 대의에 동참하고 사회에 공헌한다는 보람이다. 불행히도 기업 활동에서 그동안 목적의식은 주로 비즈니스를 포장하는 용도로만 기능했다. 목적의식은 기업의 사명선언^{mission statement}이나 연차보고서^{annual report}에나 등장하는 번지르르한 문장에 불과했다. 하지만 베이비붐 세대가 은퇴하고 이상주의 성향이 강한 다음 세대가 새롭게 경제활동인구의 추축으로 등장했다. 이들은 일에서 일 이상의 것을 지향하고 같은 영리활동이라도 세상에 긍정적인 영향을 미치는 영리활동을 추구한다. 따라서 회사는 이들에게 장식성 문구 이상의 실질적 취지를 줄 필요에 직면했다. 월마트^{Walmart}는 '항시 최저가^{Everyday Low Prices}' 정책으로 소비자에 봉사한다는 취지를 내세우고, 스카이프^{Skype}는 '실시간 웹 통신망^{the fabric of real-time communication for the web}'의 기치를 들었다.

물론 금전적 보상도 중요하다. 가급적이면 업계 평균보다 많이 지급하는 것이 인재 유치와 유지에 유리하다. 하지만 명심하자. 돈이 부적절한 사람을 적절한 사람으로 만들지는 못한다. 보상 규모보다 중요한 것이 보상 대상이다. 적절한 사람에게 적절한 보상을 하자. 핵심인재에게 보상하는 최선의 방법은 팀에서 자율적으로 기능하고, 본인 기량을 최대화하고, 팀과 조직을 넘어 사회구성원으로서 자부심을 느낄 수 있는 기회를 제공하는 것이다.

30

두 번째 기회

리카르도 가라이$^{Ricardo\ Garay}$는 가우초^{gaucho}(남미의 카우보이)다. 모두가 그를 이름 대신 '가라이'라고 부른다. 우리 부부는 지난 2000년 파타고니아에 목장을 구입한 직후 그를 목장 관리자로 고용했다. 가라이는 키는 작지만 옹골진 체격에 빠릿빠릿하고 근면하며 성격이 대쪽 같았다. 그를 입에 침이 마르게 추천한 사람이 두 명 있었다. 한 명은 평생 그 지방에서 살아온 목장 중개인이었고, 다른 한 명은 목장 구입과 부동산 인수 절차를 도와주었던 그 지역 주민이었다. 목장 관리자 선택은 중대한 결정이었다. 파타고니아의 목장은 우리가 사는 부에노스아이레스에서 거의 1,600킬로미터나 떨어져 있는데다 연락할 방법도 마땅치 않아서 믿고 맡길 사람이 필요했다. 가라이가 딱 맞는 사람으로 보였다. 가라이는 매일 동도 트기 전에 하루를 시작했고, 필요하면 밤새 말을 몰고 안데스 산지를 누볐다.

그런데 가라이에게 목장을 맡기고 얼마 되지 않아 문제가 발생했다. 그는 목장 이웃들 또는 목장에 작업하러 오는 외부 하청업자들과 끊임없이 싸웠다. 우리는 이 문제를 4년 동안 묵인했다. 그러다 결국 가라이가 목장에 들이기를 거부하는 한 방문자를 놓고 격론이 벌어졌다. 가라이가 말했다. "그 인간이 오는 것은 절대 못 참아요. 그 인간을 들이려면 나를 자르고 들이세요." 나는 그의 말대로 했다. 나이 48세에 누군가를 해고하기는 그때가 처음이었다.

그 후 6년 동안 우리는 여러 관리자를 거쳤고, 그때마다 불쾌하고 힘겨운 경험만 쌓였다. 가라이의 재직기간 4년에 비하면 다른 관리자들의 체류율은 형편없었다. 2년을 넘긴 사람이 없었고, 한 명은 3개월 수습기간이 끝나기도 전에 우리가 해고했다. 결국 아내 마리아가 이렇게 말했다. "아무래도 가라이에게 다시 와달라고 하는 게 어때요? 가라이를 만나서 예전 상황을 자세히 들어보고 하청업자 다루는 문제를 포함해서 서로 합의점을 찾고 해결책을 마련해봐요." 우리는 그렇게 했다.

가라이는 다시 우리 목장의 관리인이 되었고, 그의 공로로 걸음마 단계였던 우리의 목우사업은 훌륭히 기반을 닦았다. 하지만 안타깝게도 몇 년 후, 이번에는 가라이가 가족이 있는 산 마르틴 데 로스 안데스로 떠나는 바람에 목장을 그만두게 됐다. 우리는 아직도 가끔씩 가라이와 만난다. 그리고 아직도 그의 부재가 아쉽다.

한 번 해고했던 사람을 다시 고용한 경험을 통해 나는 또 다른 교훈을 얻었다. 그것은 처음에 스타성을 보이지 않는 사람에게도 가끔은 두 번째 기회 또는 적어도 두 번째 평가가 필요하다는 것이다. 사람을 재임용할 때는 다음 세 가지에 유념할 필요가 있다.

첫째, 해당 후보를 전체 후보의 수준과 비교하자. 파타고니아의 가우초 구인 시장은 빠듯하게 돌아간다. 나는 여러 해에 걸쳐 수십 명의 가우초를 면접하고 수차례 실패를 경험한 후에야 가라이가 이 지역 가우초 후보 중 최고에 든다는 것을 깨달았다. 교육수준이 높고 사회성이 좋은 사람은 산간 오지에서 혼자 생활하면서 눈보라와 강풍 속에 하루에도 몇 시간씩 말을 몰아야 하는 노동조건을 탐탁해하지 않는다. 하지만 가라이는 그런 일에 의욕이 있었고 또 잘했다.

둘째, 포기할 것은 포기하자. 가라이의 후임자들은 지적이고 세련된 외지인부터 문맹의 지역민까지 다양했다. 전자의 경우는 하청업자 관리와 행정업무에 탁월했고, 후자의 경우는 목장일의 육체적 측면에 열과 성을 다했다. 그 두 가지를 다 잘하는 사람은 없었다. 나중에야 깨달았지만 가라이에게 모든 것을 다 잘하기를 바란 것은 무리수였다.

셋째, 시기와 정황을 고려하자. 어떤 직무든 결정적 역량은 그때 그때 달라진다. 목장에 아직 소떼가 없었던 초창기에는 신속히 목장의 모양새를 갖추는 것이 최우선이었다. 그래서 목장에 외부 일손이 드나드는 것을 피할 수 없었고, 그런 상황을 관리까지는 못해도 참아낼 수 있는 관리자가 필요했다. 하지만 일단 울타리가 서고 운영설비가 돌아가고 목초 파종이 마무리되자 다른 종류의 기량이 필요해졌다. 목장 근처에 사람은 적어지고 대신 소떼가 늘면서 밀렵꾼과 소도둑에게 취약한 상태가 됐다. 낯선 사람에게 엄격하고 매사 경계의 끈을 놓지 않는 가라이의 통제력이 갑자기 금쪽같은 핵심역량으로 부상했다. 가라이가 목장에 돌아온 이후 단 한 마리의 송아지도 없어지지 않았다.

내가 안데스에서 얻은 교훈을 기업의 인재경영에도 접목할 수 있다. 해당 후보를 평가하기 전에 잠재 후보군의 전반적 수준과 실정을 파악하는 것이 중요하다. 그러지 않으면 자칫 수준미달의 후보를 뽑거나, 세상에 존재하지 않는 완벽한 후보를 찾아 헤매는 불상사가 따른다. 분위기를 전체적으로 파악한 후에는 현실적 저울질이 필요하다. 모든 것을 다 가질 수는 없다. 후보에게 바라는 것 중 반드시 필요한 것과 아쉽지만 포기할 수 있는 것을 정한다. 직무에 필수불가결한 역량들을 한 사람이 모두 갖출 수 없다는 판단이 서면 여러 사람을 고용해서 상호보완적 스킬 세트를 구성하거나, 이상적 후보에 가장 근접한 사람을 뽑아 부족한 역량을 계발하는 방법도 있다. 마지막으로 상황은 변한다는 인식이 요구된다. 어제의 일에 탁월했던 사람이 내일의 일에도 두각을 나타낼 것으로 단정하지 말자.[1] 오늘 스타로 뜨지 않았다고 내일도 그러지 못할 거라는 추정은 금물이다.

산 마르틴 데 로스 안데스에서 가라이를 만날 때마다 나는 이 교훈을 새삼 느낀다.

승승장구하는 팀:
공동의 위대함 배양

뭉쳤을 때 더욱 빛을 발해야 진정한 인재다.
리더의 소임은 공동의 위대함을 실현할
다원적·효과적·헌신적인 팀을 구축하고 육성하는 것이다.

스타에서 성좌로

내가 임원 서치 컨설팅을 처음 시작하던 시절에는 투자은행들에서 고위임원 영입 의뢰가 많았다. 당시 아르헨티나 금융시장은 J.P. 모건^{J.P. Morgan}과 시티뱅크^{Citibank}가 주도했다. 그런데 양쪽 기업의 핵심 임원진을 두루 연락하고 면접하면서 나는 묘한 차이를 감지했다. 두 기업 모두 정상급 인력을 보유했지만, 두 기업의 시장 지배력에는 커다란 차이가 있었다. 어째서 이쪽 기업에 모인 별들은 화려하게 빛나는 별자리를 만들고, 저쪽 기업의 별들은 혼자 반짝이는 데 그치는 걸까? 표면상으로는 똑같이 유력해 보이는 팀들 사이에 커다란 성과 차이가 발생하는 일을 자주 목격하면서 나는 그 이유가 항상 궁금했다.

이런 일이 비즈니스에만 국한된 것은 아니다. 스포츠에서도 종종 일어나고, 영화제작부터 잡지 출판까지 온갖 창의적 사업에서 흔하게 발생한다. 무엇이 이런 차이를 만드는 걸까? 개인이나 조직 차원이 아니라 팀 차원의 궁합과 역학관계를 평가하고 강화하는 방법은 무엇일까?

오랜 의문에 대한 답이 1990년대 말 이곤젠더의 엘레인 유가 주도한 전사적 차원의 프로젝트 '팀 유효성 분석^{Team Effectiveness Review,} ^{TER}'으로 얻어졌다. 이곤젠더가 자체 개발한 TER 모델은 표 31-1에 나와 있듯, 팀의 역량을 여섯 가지 차원으로 분석한다.

TER 모델의 전제는 다음과 같다. 적합한 가치관과 역량, 잠재력을 갖춘 인재를 뽑아서 그들을 개별적으로 계발하는 것만으로는 부족하다. 관건은 그런 인재들이 효과적으로 협업하는 팀을 양성하는 것이다. 이곤젠더의 50년에 걸친 실전 경험과 연구 조사에 따르면, 리더의 성공에 80퍼센트의 결정력을 가지는 것은 스타플레이어의 개인기가 아닌 팀의 유효성이다.

올스타 팀은 오히려 역효과가 난다는 등의 풍문은 믿지 않는 것이 좋다. 스타를 모아놓아도 팀은 한마음으로 잘 굴러갈 수 있다. 관건은 어떻게 조직하고 이끄느냐다. 글로벌 경영컨설팅 회사 베인앤컴퍼니의 마이클 맨킨스, 앨런 버드, 제임스 루트가《하버드 비즈니스 리뷰》에 기고한 논문「성공적인 올스타 팀 만들기」에 성공사례가 잔뜩 있다.[1] 이들의 논문은 대단위 프로젝트 팀부터 소규모 창작 팀까지 다양한 팀을 대상으로 한다. 거대 프로젝트 팀의 대표적 예는 애플의 엔지니어 600명이 모여서 2년 만에 혁명적 컴퓨터 운영체제 OS X를 개발한 일이다(이와는 대조적으로 마이크로소프트가 1만

표 31-1 팀 유효성 분석

역량과 장점을 다원화할 필요에 대한 팀의 이해 수준과 실제 다원화 정도, 다양한 역량을 융합하려는 의지.

시간과 자원의 활용을 최적화할 필요에 대한 팀의 이해 수준, 성과와 효율을 동시에 추구하려는 의지.

공동목표에 대한 팀의 이해 수준과 연대의식, 팀원 각자의 활동과 팀의 활동을 공동목표에 집중하는 정도.

균형 Balance

효율 Efficiency

연대 Alignment

개방성 Openness

회복력 Resilience

팀을 넘어 전사 조직과 외부세계에 대한 참여의식, 외부와의 관계 조성과 관계 관리 능력

팀의 결합력과 단결성, 내적·외적 스트레스 상황에서 팀 효율을 유지하는 능력.

에너지 Energy

팀의 포부와 능동성 수준, 추진력을 장기적이고 강도 높게 유지하는 능력.

 낮음   중간   높음

자료 출처 : 이곤젠더 저작권 자료

여 명의 엔지니어를 투입하고 5년이라는 시간을 들여 개발한 윈도우 비스타는 시장의 악평 속에 결국 불명예 퇴장했다). 그런가 하면 초대박 흥행 성적을 거둔 디지털 애니메이션 영화 〈토이 스토리^Toy Story〉의 제작팀은 소규모 창작 팀에 속한다. 〈토이 스토리〉 개발에는 픽사^Pixar의 최고 아티스트와 애니메이터, 디즈니의 베테랑 임원들, 애플의 스티브

PART 5. 승승장구하는 팀 : 공동의 위대함 배양 221

표 31-2 기능장애 팀의 대표적 유형

구멍 난 역량	내 용
능률 / 연대	**사공이 많은 배** • 문제점 : 우선순위를 매기는 능력 부재. • 현상 : 복잡성의 과다로 시의적절한 의사결정이 어려움. 팀원들의 끊임없는 문제 제기와 타협 거부로 의견 수렴과 업무 조율 난항. "논의가 끝나지 않았다는 점을 빼면 어떤 합의점도 찾을 수 없음." • 결과 : 일정과 마감이 지켜지지 않음. 업무 완결성 하락.
균형 / 개방성	**순혈주의 부족** • 문제점 : 다양한 관점의 부재와 배타주의. • 현상 : 매사 만장일치. 조직의 나머지와 뚜렷이 구별되는 팀만의 정체성. 대안 고려가 없는 재빠른 의사결정. "팀에서 발의된 것이 아니면 찬밥 신세, 새로운 아이디어는 불청객." • 결과 : 현상 유지에 집착, 변화 거부, 남과의 융화 거부, 그에 따른 기회 상실.
탄성 / 에너지	**파란만장한 비극** • 문제점 : 갈등 해결이나 차질 극복을 위한 정신적 자원 부족. • 현상 : 팀 내 피로감, 무기력감, 분열감 팽배. 팀원의 실행력과 추진력 부족 실패의 책임을 남 또는 서로에게 전가. "모든 문제는 해결 불가, 모든 일은 소관 밖의 일." • 결과 : 느린 반응. 시시비비에 시간 낭비. 보잘것없는 성과.

자료 출처 : 이곤젠더 저작권 자료

잡스 등이 참여했다.

　당신도 A-특공대를 만들 수 있다. 아니, 만들어야 한다. 하지만 스타만 모아놓는다고 드림팀이 되는 것은 아니다. 팀이 균형을 갖추고, 공동목표에 연대하고, 난관에 탄성을 보이고, 에너지 넘치고, 개방적이고 능률적으로 움직여야 연승 행진이 가능하다. 위의 여섯 가지 팀 역량 중 한 군데에서 구멍이 나도 심각한 문제로 이어질 수 있다. 표 31-2가 기능장애 팀의 대표적 유형을 보여준다.

　당신의 팀을 TER의 여섯 가지 차원으로 평가해보라. 심리 측정,

설문지, 팀원 면접, 객관적 평가자 의견 수렴 등의 방법을 활용하면 된다(이 중 가장 효과적인 방법은 역시 팀원 면접이다). 팀원의 역량과 강점이 충분히 다원화되어 있는가? 팀원 모두 조직의 기본 취지에 연대하고 있는가? 팀원 모두 불가피한 난관에 맞설 준비가 되어 있는가? 팀은 야심만만한가? 팀이 조직 내부와 외부에 다양하고 폭넓은 공조체제를 구축하고 있는가? 팀이 시간과 자원을 최대한 활용하고 있는가?

서두에 언급했던 두 투자은행 이야기로 돌아가 보자. 둘 중 승승장구하는 은행의 임원진이 역량과 출신배경 면에서 훨씬 다원화되어 있었다(심지어 톱플레이어 중 한 사람은 대학 중퇴자였지만 경영이나 재무 학위로 무장한 동료들에게 전폭적 지지와 신뢰를 받고 있었다). 임원 간 '공동전선'은 놀랄 만큼 공고했고 조직에 대한 충성도도 높아서 아무리 두둑한 이직 프리미엄을 제시해도 그들 중 한 명을 다른 회사로 스카우트하기란 거의 불가능했다. 그들은 긍정적이고, 참여의지가 높고, 새로운 아이디어에 개방적이고, 역경에 높은 반동력을 보이는 막강한 팀이었다. 거기에 견고한 업무프로세스와 프로토콜(정보 공유와 의사소통 관련 규약)이 가세해 효율적이고 효과적인 협업이 가능했다.

리더의 소임은 가려 뽑은 별이 혼자 반짝이는 데 그치지 않고 다른 별들과 어울려 아름다운 별무리를 형성하도록 돕는 것이다. 팀의 TER 점수가 낮다면 진지한 조치가 필요하다. 어떤 조치가 필요한지는 32장에서 다룬다.

32

취지에 맞는 팀

2008년 10월, 5주 만에 주가지수가 30퍼센트 넘게 빠지면서 미국 증시가 바닥을 모르고 추락했다. 미국 부동산시장 붕괴에서 비롯된 금융위기는 미국은 물론 전 세계 금융시장에 신용경색을 가져왔다. 리먼 브라더스^{Lehman Brothers} 같은 세계 굴지의 투자은행들이 하루아침에 파산했고, 라스베이거스의 주택 시세는 40퍼센트나 하락했다. 도산 위기의 금융회사들에 수천억 달러의 구제금융이 투입됐다. 미국 정부에 대한 신뢰도는 여론조사 역사 이래 최저점을 기록했다.

미국의 내로라하는 은행들과 신용평가사들이 국회 청문회에 줄줄이 불려나와 공개적으로 질타를 당했다. 이런 금융기관들이 위험도가 높은 서브프라임 모기지(비우량 주택담보대출)에 기초한 유가증권과 금융상품을 금융시장에 안이하게 대량으로 발행하고 보증하고 유통시켰고, 주택시장 붕괴로 대출자금 회수가 불가능해지면서 전 세계 금융시장이 동반 붕괴한 것이다. 어떤 신용평가사는 투자자들에게 자사 AAA등급 부채담보부증권^{CDO}의 향후 5년 동안 채무불이행 위험도가 0.12퍼센트에 불과하다고 말한 것으로 알려졌다. 하지만 이 CDO의 실제 부도율은 28퍼센트인 것으로 드러났다. 예측보다 200배 이상 높았던 것이다.[1] 해당 회사의 임원진은 완전 무식한 것으로 지탄받은 것은 말할 것도 없고, 중과실과 부당 담합 등의 죄목으로 기소됐다.

금융시장이 붕괴한 지 불과 몇 달 후, 어떤 용감한 사람이 파탄 상태의 부실 금융기관 중 하나에 신임 사장으로 취임했다. 그는 부실자산을 해소하고, 기업의 프로페셔널리즘을 회복하고, 자사 글로벌 뱅킹시스템을 강화하겠다는 결의에 차 있었다. 회사의 기존 임원진은 회사에 오래 재직한 사람들이었지만 서로 친분은 깊지 않았다. 신임 사장은 경험은 비교적 짧지만 잠재력은 높다고 판단되는 사람들을 기존 임원진에 합류시켰다. 그리고 다음 단계로 이곤젠더에 팀 유효성 분석^{TER}을 의뢰했다. 자신이 새로 꾸린 팀을 보다 면밀히 이해하고 팀 수준을 격상시키기 위해서였다.

그의 팀에서는 긍정적 신호들과 더불어 몇 가지 문제가 발견됐다. 팀의 역량 다원화 수준은 높았지만 낮은 신뢰 수준이 균형 점수를 깎아먹고 있었다. 또한 임원들이 공동 목표를 인정하는 점에서 연대감을 보이면서도 각자의 우선사항에 우선 집중하는 관행이 남아 있었다. 팀의 탄성에는 일단 높은 점수를 줄 만했다. 어쨌든 이들은 유례없는 금융위기에서 살아남았고, 압박감에 무너지지 않는

법을 배운 그룹이었다. 하지만 신임 사장의 야심찬 목표들을 수행하기에는 에너지가 부족했다. 내부지향, 합의지향의 기존 기업문화 때문에 개방성도 부족했다. 의사결정과는 상관없는 회의의 연속으로 효과적 타깃 설정과 모니터링이 어려운 상황에서 능률이 좋을 리 없었다.

신임 사장은 가장 심각한 결점부터 공략하기로 했다. 분석 결과 가장 취약한 축은 개방성과 능률이었다. 사장은 조직에 새로운 '교전수칙rules of engagement'을 도입해서 건전한 논쟁을 장려했다. 경영진 위원회 회의에서 이해당사자들이 각자의 관점을 자유로이 개진하게 했고, 기업 내부와 외부를 가리지 않고 새로운 발상을 촉구했다. 아울러 '누가, 무엇을, 어떻게'를 아우르는 프로토콜 정립을 통해서 사업 유닛 간, 직능 간 협업을 유도하고 협업 효율을 높이는 데 힘썼다. 시간이 흐르면서 팀에 긍정의 분위기가 확산되고 팀 성과가 향상되었고 팀원 간 친밀감도 높아졌다. 현재 이 회사의 임원진은 TER 평가영역 모두에서 높은 점수를 받는 정예 팀으로 거듭났고, 이 변화는 임원진 이하 회사 전체로 퍼지고 있다.

내가 이 책을 쓰는 지금도 세계 금융계는 2008년의 그림자 속에서 속죄의 노력을 하고 있다. 하지만 조만간 다시 금융위기가 닥치더라도 이 회사만큼은 같은 실수를 하지 않을 것이 분명하다.

여덟 가지 리더십 핵심역량을 모두 갖춘 완벽한 임원이 없듯이, TER의 여섯 가지 차원 모두에서 기염을 토하는 만능 팀도 없다. 리더의 역할은 팀의 역량을 도전과제에 맞게 조율하고 배양하는 것

표 32-1 상황에 따른 팀 유형

팀의 과제	특히 필요한 역량	설 명
사업 정상화	능률 / 탄성	• 탄성 : 사업 정상화 상황은 높은 압박감이 따르므로 내적·외적 스트레스에 탄력 있게 대응하며 꿋꿋이 제 기능을 다하는 능력이 요구됨. • 능률 : 신속한 일처리와 추진력 유지가 관건임.
신규 사업 개발	탄성 / 개방성 / 에너지	• 개방성 : 신규 사업 진출에는 기업환경 변화와 시장 동향에 대한 긴밀하고 지속적인 관찰과 신속한 대응이 필수적임. • 탄성 : 신규 사업 추진은 높은 압박감이 따르며, 사업 초기 단계에는 시행착오를 거쳐 새로운 규준을 세우기 때문에 팀원 간에 어느 정도의 '충돌'은 불가피함. • 에너지 : 팀원 전원에게 높은 자발성과 책임감이 요구되고, 본인의 정식 소관 사항이 아니어도 솔선수범하는 자세가 필요함.
합병 후 통합	균형 / 연대	• 균형 : 기업 간 합병으로 얻어진 강점과 관점의 다양성을 존중하고 활용해야 함. • 연대 : 팀은 양측을 대변해서 합동 미션을 추진하기 때문에 항상 명확하고 지속적인 의사소통과 하나로 통일된 목소리를 내는 능력이 요구됨.

자료 출처 : 이곤젠더 저작권 자료

이다. 상황에 따라 우선시되는 팀의 유형도 달라진다. 예를 들어 표 32-1에서 보듯이, 사업 정상화 임무를 맡은 팀은 발군의 탄성과 능률을 보여야 하고, 합병 후 통합을 주도하는 그룹은 균형과 연대에서 뛰어나야 한다. 이는 PEF private equity firm(은행, 보험사 등 대형 기관투자가들로부터 대규모 투자금을 조성해 기업 인수합병M&A에 전문적으로 투자하는 회사 - 옮긴이)로부터 인수 후보 기업 임원진의 투자목표 적합성을 평가해달라는 의뢰를 받을 때 내가 자주 사용하는 프레임워크이기도 하다.

팀의 구축과 계발은 구체적 운영 시나리오와 명확한 목표 설정으로 시작된다. 이 팀은 무엇을 위한 팀인가? 균형, 연대, 탄성, 에너지, 개방성, 능률 중 팀에 가장 필요하고 팀의 성공에 가장 결정적인 역량은 무엇인가? 이 점이 확실해진 다음에는 현상과 필요 사이에 가장 큰 격차를 보이는 역량을 파악하고 공략한다.

공동의 우선순위와 활동 항목에 대한 팀 전체의 합의가 필요하다. 아울러 각 팀원의 선행과제와 활동범위에 대한 존중도 요구된다. 이곤젠더는 최근 이탈리아의 한 대기업에서 흥미로운 프로젝트를 수행했다. 이 프로젝트는 공동의 목표와 행동지침을 위한 '팀 합의team deal', 각 팀원의 참여 강화를 위한 '개별 합의individual deal', 팀의 자체적 모니터링을 위한 '진단 툴audit tools'을 포함했다. 프로젝트 결과, 해당 그룹은 TER의 여섯 가지 차원 모두에서 업계 최고 수준을 달성했다.

33

인원人員**보다 인본**人本

내가 자란 곳은 부에노스아이레스의 백인 중산층 주거지였다. 우리 가족을 포함한 이웃들이 혈통, 종교, 생활수준은 모두 비슷했다. 나는 가톨릭 남학교를 다녔고, 아르헨티나 가톨릭 대학교로 진학해 산업공학을 전공했다. 동급생 중 여학생은 한 명도 없었다. 문화, 종교, 인종, 사회계층 등 내가 다원성에 노출된 것은 스탠퍼드 경영대학원에서 MBA 과정을 밟을 때가 처음이었다. 그야말로 개안의 경험이었다. 놀랍도록 국제적이고 개방적인 캠퍼스 공동체는 나를 사로잡았다. 무엇보다 미국 대학들에서 다양하게 시행되는 소수집단 우대정책affirmative action이 내 관심을 끌었다. 나부터 그런 정책의 덕을 봤다. 내가 대학원 장학금 수혜자로 선발되고 스탠퍼드 MBA 과정에 뽑힌 데에는 나의 아르헨티나 국적도 한몫했다. 대학원 동기 중에도 비슷한 혜택을 받은 사람이 여럿 있었다. 고마웠지만 다른 한편으로는 이런 프로그램들의 실효성이 궁금하기도 했다.

대학원을 졸업하고 30년 동안 나는 여러 기업에서 여성과 소수 집단의 고용 촉진을 위한 다양한 정책적 시도들을 목격했다. 다원화 정책의 결과는 희비가 엇갈렸다. 성과에 긍정적 영향을 미칠 때도 있었지만 부작용도 있었다. 내 의문은 계속 남았다. 다원화가 정말로 효과가 있을까? 효과를 내려면 어떤 조건을 갖춰야 할까?

다원화의 축은 다양하지만 사실 진정한 다원화는 기량과 강점과 관점의 다원화다. 그런데 이런 다원성은 측정이 매우 어렵다. 가시적 차원의 다원성(성별과 문화권 다원성)과 팀 실적 간의 상관관계는 측정이 비교적 쉽다. 결론부터 말하자면 성별 균형과 국적 다원화는 팀에 경쟁력을 더한다.

최근 맥킨지가 프랑스, 독일, 영국, 미국의 상장회사 180개를 대상으로 EBIT(이자 및 세금 차감 전 이익)와 ROE(자기자본 수익률)를 경영진의 성별 균형 및 국적 다원성과 비교했다. 결론은 명확했다. 경영진의 인적 다원성에서 최고 4분위에 드는 회사들의 ROE가 최하 4분위에 속한 회사들의 ROE보다 53퍼센트 높았고, EBIT의 경우는 14퍼센트 높았다.[1] 이곤젠더의 임원 평가 데이터베이스 분석에서도 다원화 수준이 높은 팀이 전략지향성, 시장지향성, 변화 리더십에서도 높은 수준을 보였다. 간단히 말해 다원화한 그룹이 부가가치 창출 잠재력이 높다. 다원화한 그룹은 기회 포착과 사업 합의의 양과 질이 높고, 서로의 강점을 활용하기 때문이다.

하지만 다원화 정책에 회의적인 사람들도 많다. 다원화가 힘이 되지 못하거나 역효과를 내는 경우도 심심찮게 있는 것이 사실이다. 진실을 말하자면, 고도로 다원화한 팀은 성과 분포에서 극과 극에 포진하는 경향을 띤다. 다원화의 이점을 최대한 활용해서 남다른 두각을 나타내거나, 이질적 구성원 간의 불화를 극복하지 못하고 형편없는 성과를 내거나 둘 중 하나라는 뜻이다.[2] 당신의 팀이 전자의 범주에 들기를 원한다면 다음의 몇 가지 베스트 프랙티스를 따르자.

첫째, 인적 다양성에 대한 편견과 싸운다. 편견 해소 효과를 증명하는 강력한 사례가 있다. 바로 교향악단 단원을 뽑는 오디션이다. 지원자들과 심사위원단 사이에 가리개를 설치했더니 오디션 결과 여성 연주자가 더 많이 뽑혔다.[3] 평가자들이 무의식중에 성 고정관념에 빠질 경로를 차단하고 지원자들의 연주 실력에만 집중한 결과였다. 이렇게 능력 위주로 인재를 발탁한 결과 팀 전체의 연주 수준이 높아졌다. 사회적 소수집단에 속한 후보를 배려하는 평가 방식은 반드시 필요하다. 미래의 스타가 아닌데도 채용하거나 진급시키라는 뜻은 아니다. 하지만 처음부터 후보 풀에 제한을 두는 것은 팀 격상 기회를 제한하는 것과 마찬가지다.

둘째, 다원성을 생산적으로 활용하는 방법을 교육하고 훈련한다. 인적 다원화의 범주는 성별, 세대, 사회경제적 계층, 문화권, 경력과 업무분야, 성격유형 등 다양하다. 각종 범주의 다원화를 조망하면서 유용한 조언을 담은 책들이 다양하게 나와 있다. 그중 몇 가지를 소개하면 다음과 같다.

우선 베이비부머 세대^{baby boomers}와 X세대^{Gen Xers}와 밀레니얼 세대 millennials가 시장과 경제에 미친 다양한 영향을 파악하려면 세대 연구로 유명한 경영사상가 타마라 에릭슨^{Tamara Erickson}의 저서들을 권한다.[4] 다국적, 다민족 팀을 구성할 때 고려할 점을 체계적으로 이해하고 싶다면 23장에서 거론했던 헤이르트 홉스테데의 다섯 가지 문화 차원을 공부하는 것에서부터 시작하자.[5] 또한 마이어스-브릭스 성격유형 지표^{Myers-Briggs Type Indicator, MBTI}는 자신과 타인의 성격유형 파악으로 차이를 인정하고 조직의 성장을 도모하는 데 도움이 된다. MBTI는 네 가지 양극 지표^{4 spectrums}에 따라 사람의 성격유형을 열여섯 가지로 분류한다. 네 가지 양극 지표는 정신적 에너지의 방향성을 말하는 외향/내향^{Extrovert/Introvert}, 정보 인식 성향을 나타내는 감각/직관^{Sensing/iNtuitive}, 의사결정 성향을 나타내는 사고/감정 ^{Thinking/Feeling}, 정보 인식과 의사결정 성향에 따른 생활양식을 말하는 판단/인식^{Judging/Perceiving}이다.

내가 참가했던 역량개발 프로그램 가운데 가장 좋았던 것도 다양한 성격유형을 인지하고, 각각의 가치를 파악하고, 갈등은 최소화하고 상호보완성은 최대화하는 방법에 관한 프로그램이었다. 참가한 지 20년이 지난 지금도 나는 그때 배운 것을 개인적으로 또는 업무적으로 요긴하게 쓴다(내 아내 마리아는 ENFP형이고, 나는 정반대인 ISTJ형이다. 사람들의 성격유형을 알면 가족이나 주위 사람을 이해하고 행동 패턴을 예측하는 데 도움이 된다. 또한 영향력 구사 기법들을 MBTI 성격유형별로 정리한 카드를 지갑에 넣고 다니며 업무에 활용한다).

어떤 연구 결과나 분석 모델을 참고하든 상관없다. 중요한 것은 당신의 팀이 다양한 관점을 생산적으로 이해하고 활용하도록 가르치는 것이다. 다원화 인자가 달라져도 결국 목표는 관점의 다양성이다(다원화 인자 중 성별 균형에 대해서는 다음 장에서 다룬다). 회사가 조직 다원화를 리더십의 기본 스킬이자 조직역량 강화의 최우선 과제로 여긴다는 것을 모두에게 확실히 인지시킬 필요가 있다.

이곤젠더는 후보를 평가할 때 다양성-포용^{diversity-and inclusion} 역량도 7등급으로 나누어 평가한다. 등급이 낮은 임원은 단지 수동적 차원에 머문다. 이들은 문화 다양성과 관점 다각화의 잠재 가치를 그저 인정할 뿐이다. 중간 등급의 임원은 이해한 것을 실천한다. 다시 말해 자신의 관점을 바꾸고, 다양한 동료들과 효과적으로 협업하고, 반대 견해를 찾아서 듣고, 시장별 사회문화적 환경에 맞춤한 경영 결정과 비즈니스 판단을 내린다. 그럼 다양성-포용 역량에서 최고 등급을 받는 리더는 어떨까? 그런 리더는 선행적으로 조직 다원화를 추진한다. 그리고 다양한 그룹과 문화 간 교류와 상호작용을 유도하고, 이를 위해 주위 사람들을 교육하고 격려한다.

이곤젠더가 지난 10년 동안 평가한 (CEO 이하 최고경영진을 포함한) 고위관리자 수천 명 가운데 다양성-포용 역량에서 최고 등급을 받은 사람은 10퍼센트에 불과했다. 이것은 미래지향적 관리자로서 군계일학의 가치를 발할 절호의 기회다. 미래지향적 관리자는 인적 자원을 인원관리가 아닌 인본경영의 대상으로 격상한다.

34

여성의 기회

힉조니아 나야술루는 아파르트헤이트^{apartheid}(남아공의 극단적 인종차별 정책. 1994년 넬슨 만델라의 대통령 당선으로 남아공 최초의 흑인 정권이 출범하면서 철폐됐다 - 옮긴이) 시절의 남아프리카공화국 요하네스버그 태생의 흑인 여성이다. 그녀는 금광 노동자의 딸로 태어나 장학금으로 더반의 기숙학교를 다녔고, 줄루란드 대학교에 진학해 사회복지학과 심리학을 전공했다. 여기에 그치지 않고 미국으로 건너가 ADL 경영대학원(헐트 국제경영대학원의 전신)의 리더십 프로그램을 수료한 뒤 1978년 소비재 대기업 유니레버에 대졸 수습사원으로 입사했다. 그로부터 6년 후, 나야술루는 30세의 나이에 마케팅 리서치 회사를 창업하면서 전도유망한 아프리카 비즈니스 리더로서 본격적인 행보를 시작했다. 그녀는 남아공에 아야부나 여성 투자회사$^{Ayavuna\ Women's\ Investments}$를 창립하고, 네드뱅크^{Nedbank} 부회장을 역임하는 등 출세가도를 달렸고, 최근까지 남아공의 에너지화학 그룹인 사솔^{Sasol}의 회장을 지냈다. 사솔은 40여 개국에 수만 명의 직원을 거느리고 규모와 명망에서 남아공을 대표하는 세계적 기업이다. 나야술루는 현재 세 자녀의 엄마이자 유니레버 이사회와 JP모건체이스 자문위원회의 일원으로 활동 중이다. 그녀는 이 모든 것을 정치적 후원 하나 없이 오로지 긍정적인 성격과 뛰어난 실력으로 해냈다. 그녀가 불리한 조건에서 이룬 것에 비하면 웬만한 출세담은 밋밋해 보일 정도다.

나는 해마다 전 세계를 돌며 워크숍, 세미나, 연례 미팅을 100여 회 이상 주도한다. 특히 지난 몇 년 동안은 민간 부문과 공공 부문의 리더들을 만나 인재 발굴 이슈에 대해 중점적으로 논했다. 그럴 때 내가 자주 받는 질문이 있다. 내가 기회의 땅으로 주목하는 곳이 어디인가였다. 나는 특정 국가나 지역으로 대답하지 않는다. 나는 성별로 대답한다. 바로 '여성'이다. 앙겔라 메르켈^{Angela Merkel} 독일 총리, 크리스틴 라가르드^{Christine Lagarde} 국제통화기금^{IMF} 총재, 펩시코^{PepsiCo} CEO 인드라 K. 누이, 페이스북 COO 셰릴 샌드버그처럼 세계적으로 유명한 인물에서부터 이들보다 유명세는 덜하지만 힉조니아 나야술루처럼 놀라운 성공가도를 보여주는 여성들까지, 오늘날 여성 리더들이 정계와 재계에서 보여주는 두각과 약진은 놀라움 그 자체다.[1]

하지만 아직까지 기업 고위직에서 여성의 비중은 가물에 콩 나는 수준이다. 여권신장의 본고장으로 통하는 미국에서도《포춘》선정 500대 기업 임원 가운데 여성의 비중은 15퍼센트에 지나지 않고, CEO 비중은 고작 4퍼센트다. 미국 노동인구의 46.6퍼센트, 관리직과 전문직 종사자의 51.4퍼센트가 여성인 것을 생각하면 여성의 고위직 승진을 막는 보이지 않는 장벽을 실감할 수 있다. 전 세계적으로 보면 규모 있는 회사의 경영진위원회 멤버 중 여성은 9퍼센트뿐이고, 여성 CEO는 2퍼센트에 지나지 않는다.[2] 있는 둥 마는 둥한 셈이다. 앞서 7장에서 설명했듯, 세계화, 노령화, 파이프라인의 고갈이라는 유례없는 3중 악재 때문에 인재 유치 경쟁이 날로 심화되는 이때, 여성 인재의 발굴과 계발, 승진에 주력하는 것이야말로 가장 빠르고 확실한 해결책이자 역사에 다시없을 기회가 될 수 있다.

신흥 경제권도 예외는 아니다. 오히려 이곳에서 여성 인력의 존재감이 더욱 두드러진다. BRICs(브라질, 러시아, 인도, 중국) 4개국은 세계인구의 40퍼센트를 점한다. 2007년 이후 세계 경제성장을 이 지역이 주도했다 해도 과장이 아니다. 이 성공에 여성이 한몫했다. BRICs 지역의 여성은 교육수준과 야망 모두에서 남자를 앞선다. 브라질의 경우 대학 졸업자의 60퍼센트가 여성이고, 중국은 65퍼센트를 차지한다. 또한 인도, 브라질, 중국 여성의 70퍼센트가 고위직 진출을 목표로 한다. 중국 여성의 경제활동 참가율은 놀랍게도 75퍼센트에 달한다. 그뿐 아니다. 인도와 브라질의 정상급 기업체 CEO 가운데 여성의 비중은 각각 11퍼센트와 12퍼센트다. 국제 평균의 다섯 배를 상회하는 비중이다.[3]

기업의 관리자로서 당신은 이 기회를 어떻게 활용해야 할까?

첫째, 당신이 남자라면 여성의 심리와 행동을 이해하는 데 힘쓰자. 루안 브리젠딘Louann Brizendine의 책 『여자의 뇌, 여자의 발견』과 『남자의 뇌, 남자의 발견』이 남녀의 차이를 이해하는 좋은 시작점이 될 수 있다. 남녀의 차이는 적절히 활용하면 엄청난 상호보완적 힘을 발휘한다. 브리젠딘의 책은 그 점을 뇌과학과 인지심리학 차원에서 효과적으로 풀어놓았다[4](여성에게도 더없이 유용한 책이다).

둘째, 여성에게는 무의식적으로 본인의 잠재력을 과소평가하고 목표에 한계를 두는 경향이 있다는 점을 인식하자. 셰릴 샌드버그의 표현에 따르면 여성은 "들이대기보다는 뒤로 뺀다."[5] 당신의 여성 직원들이 이런 경향을 보이지 않는지, 그에 따른 오해는 없는지 살필 필요가 있다. 여러 연구가 여성이 사회에서 봉착하는 이율배반적 상황을 말해준다. 여성의 상당수는 자신의 야망 실현에 적극적이지 못해 출세가 어렵고, 야망 실현에 적극적인 여성은 공격적이고 이기적이라는 비판을 받아 출세에 지장을 받는다.[6] 이런 상황이 바뀌기 전까지는, 자격 있는 여성이 자기계발 기회에서 불공평하게 배제되는 일이 없도록 영향력 있는 리더와 조직적 후원이 요구된다.[7]

셋째, 여성 인재의 유치와 유지를 위해서는 근무조건을 융통성 있게 운영하는 것이 좋다. 특히 살림이나 공동체 활동을 병행하는 여성을 배려할 필요가 있다. 출산휴가 연장, 한시적 파트타임 근무, 재택근무(나머지 팀원과 대면 협업을 적절히 혼용), 변동 근무시간 등이 해결책이 될 수 있다. 여성만이 아니다. 남성도 갈수록 신축성 있는 일자리를 선호하는 추세다. 직원의 개인 사정만 배려 대상이 아니다. 해당 지역의 문화규범도 배려할 필요가 있다. 예를 들어 어떤 문화권에서는 자녀 보육 문제 못지않게 노부모 보살핌 문제가 쟁점이라서 그에 따른 정책 조정과 혜택이 필요할 수 있다.

마지막으로, 당신이 인사결정권을 가진 고위직 리더라면 고위직 여성 할당제 도입을 고려하자. 처음에는 할당 비중을 적게 잡아도 좋다. 중요한 것은 조직 내 성비 불균형을 인위적으로라도 바로잡겠다는 의지를 보여주는 것이다. 2012년 이탈리아 의회는 모든 상장회사와 국영기업체를 대상으로 이사회 멤버의 5분의 1을 '사회적 소수 성^性'에 할당하는 법을 제정했다(나중에 이 할당 비중은 3분의 1로 늘어났다).[8] 이 법률안이 상정됐을 때는 반론이 거셌다. 하지만 일단 법률이 통과되자 저항의 목소리는 '이왕 여성을 많이 들일 바에는 훌륭한 여성을 들이자'는 각오로 바뀌었다. 후보 풀이 넓어졌음은 말할 것도 없고, 보다 엄격한 역량기반 평가가 시행됐다.

오늘날 이탈리아 기업인들은 법률 시행의 효과로 자사 이사진이 이전보다 몰라보게 강력해졌음을 인정한다. 이탈리아의 여성 등용 정책은 생각지 못한 효과까지 낳았다. 자국 여성의 능력에 새삼 눈뜬 덕분인지, 2013년 2월 총선 때 당선자 가운데 여성 의원의 수가 부쩍 늘었다. 현재 이탈리아 정부단체의 여성 점유율은 세계 최고 수준인 32퍼센트다. 총선 전에는 21퍼센트였다.

35

조건 없는 사랑

내가 이곤젠더 부에노스아이레스 지사에 입사한 후 처음 10년 동안은 아르헨티나 사업 실적이 고공행진을 거듭했다. 1990년대 후반에는 직원 1인당 재무성과에서 5년 연속 회사 전체에서 1위를 기록할 정도였다. 하지만 모두가 알다시피 2001년 12월, 아르헨티나 경제는 부도를 맞았다. 세계 역사상 최대의 국가 채무불이행 sovereign debt default 사태였다. 하루아침에 GDP가 30퍼센트 곤두박질치고, 페소화는 300퍼센트나 평가절하됐다. 12일 동안 대통령이 다섯 번이나 갈렸다. 어떤 은행은 단 몇 주 만에 1세기 동안 축적한 돈보다 많은 돈을 잃었다. 손실이 매출보다 큰 회사가 속출했다. 대규모 정리해고와 예금 동결, 지급 중단 사태로 빈민 증가율이 사상 최고 수준에 이르렀다. 국가 부도 후 한 달 동안 아르헨티나에서는 팔리는 자동차보다 도난당하는 자동차가 더 많았다. 당연히 내게도 힘든 시간이었다. 미치지 않고서야 그런 시국에 임원 서치 컨설턴트를 고용할 기업은 없었다.

국가경제 파탄의 소용돌이 속에 2002년 초 나는 스위스에서 열리는 이곤젠더 연례 파트너 총회에서 우리 지사를 대표해 사업 실적과 전망을 발표해야 했다. 내가 연단에 올라가자 200여 명이 모인 장내는 일순 무거운 정적에 휩싸였다. 모두의 귀가 내 입에서 나올 말에 쏠렸다. 내 보고는 침통했지만 솔직했다. 나는 아르헨티나 지사의 빛났던 과거가 재현될 가능성은 없으며, 대규모 손실만 예상될 뿐 이곤젠더의 아르헨티나 사업에는 미래가 보이지 않는다고 말했다. 나는 1년 정도 상황을 지켜보다가 더 이상 지사를 유지할 필요가 있을지 솔직히 보고하겠다고 말했다.

내가 보고를 마치자마자 네덜란드 파트너의 한 명인 시코 오네스가 자리에서 일어나 내게 말했다.

"클라우디오, 방금 말씀하신 내용을 내가 제대로 이해했다면 뭔가 크게 착각하신 것 같습니다. 우리의 파트너십은 아르헨티나 지사가 10년 넘게 기록한 비범한 성과에 큰 덕을 입었습니다. 이제는 우리가 아르헨티나를 도울 차례입니다. 당신이 할 일은 부에노스아이레스 지사로 돌아가서 컨설턴트들과 지원 인력 전원에게 우리가 전폭적이고 무조건적으로 지원할 것임을 알리는 것뿐입니다."

총회 참석자들이 모두 일어나 박수를 쳤다. 나는 시코에게 감사의 말을 하고 싶었다. 하지만 목이 메어서 그럴 수가 없었다. 이때 내가 내 동료들에게 느낀 것은 조건 없는 사랑이었다.

나는 날마다 일터에서 그 사랑을 느낀다. 내가 지금까지 30년을 하루같이 최선을 다하도록 이끈 것도 그 사랑이었다. 이것이 조직 문화의 힘이다. 리더라면 최고의 인재를 뽑는 데 만족하지 않고, 그들을 강하게 오래가는 팀으로 만들고자 한다. 하지만 그 일은 인재에게 몰입과 영감을 주는 조직문화의 배양 없이는 어렵다. 조직문화야말로 리더가 직접 나서지 않아도 조직이 도전과제를 극복하고 미션을 수행하는 원동력이다.

명망 있는 연구와 경영사상가와 위대한 리더들이 한결같이 강조하는 것이 바로 조직문화다. 피터 드러커가 이런 말을 남겼다.

"조직문화에 견주면 전략은 아침거리다."

남다른 조직문화와 경영철학으로 이름 높은 기업으로 미국의 저가항공사 사우스웨스트 항공이 있다. 이 항공사는 1971년에서 2001년까지 30년 동안의 주가 상승폭이 S&P 500 기업군 가운데 최고치를 기록했고, 현재 여객 수송 규모에서 세계 5대 항공사에 들 정도로 성장했다. 1971년 사우스웨스트 항공을 창립하고 35년 동안 CEO를 지낸 허브 켈러허^{Herb Kelleher}는 이렇게 말했다.

시간과 돈만 충분하다면 당신의 경쟁자들은 당신이 가진 거의 모든 것을 완벽하게 베낄 수 있다. 당신의 핵심인재를 쏙쏙 빼가고, 당신의 업무프로세스를 낱낱이 분해해서 모방한다. 하지만 절대로 복제할 수 없는 단 한 가지가 있으니 바로 '조직문화'다. (……) 전략과 문화의 차이를 아는가? 나폴레옹이 파리의 회의실에 장군들을 모아놓고 러시아 공격 방법을 논의하는 것이 전략이라면, 100만 대군을 실제로 모스크바로 진격하게 만드는 것은 문화다![1]

내가 앞에서 조언한 것을 모두 시행해도, 즉 HIPO 고성과자를 뽑고, 그들을 적재적소에 배치하고, 최고의 스타들을 선별·유지·계발하고, 취지에 맞는 탁월한 팀을 구축한다 해도 고객만족은 물론 직원만족을 이룰 조직문화가 없으면 헛수고가 된다. 조직문화가 없는 기업은 경쟁력이 없고, 성장한다 해도 오래가지 못한다. 인재는 할 수 있는 최선을 다하지 않거나 조직을 떠난다.[2]

그럼 조직문화는 어떻게 구축할까? 조직문화는 사람에 관한 것이다. 그 시작은 채용 프로세스다. 리더가 솔선해서 인재경영 철학을 채용의 필터로 사용해야 한다. 나의 롤모델은 이곤젠더의 창립자인 이곤 젠더다. 창립 시점부터 이곤의 채용기준은 '오로지 가장 강력한 후보'였다. 명문학교의 복수학위, 국제적 경험, 높은 감성지능, 괄목할 성과달성이 그의 채용기준을 구성했다. 하지만 그보다 더 중요한 것은 '고도의 전문성과 윤리성과 공동노력을 우선시하는 기업에서 일하고 싶어 하는 열정이 있는가?'였다. 이곤은 이런 열정이 없는 사람은 결코, 절대로, 팀에 넣지 않았다.

입사 전 나는 일주일 동안 5개 나라를 돌아다니며 경영진위원회 멤버 전원을 포함한 35명의 파트너와 면접을 봤다. 이곤이 직접 (당시 내가 다니던) 맥킨지에 평판조회를 했다. 이것이 이곤젠더의 표준 채용 프로세스다. 이 프로세스는 오늘날도 변함없이 시행된다.[3] 이곤은 CEO직에서 은퇴할 때까지 36년 동안 전 세계 지사들에 입사하는 컨설턴트를 한 명도 빠짐없이 면접하고 승인했다. 지금은 현임 회장 대미언 오브라이언이 같은 프로세스를 밟는다. 예외란 없다.

조직문화 구축의 두 번째 단계는 온정적 코칭compassionate coaching이다. 이미 어른이 된 사람의 성장은 대부분 두 가지에서 비롯된다. 하나는 27장에서 논했던 복합적인 도전과제에 대한 노출이고, 다른 하나는 주위와 맺는 계발적 관계다. 계발적 관계는 우리에게 동기와 영감을 주고, 우리를 참여시키고 성공으로 이끄는 상사, 멘토, 동료와의 관계를 말한다. 탁월한 리더는 탁월한 경청자다. 탁월한 리더는 직원이 자기가치를 확인하고, 거시적으로 보고, 자신이 중요한 것의 일부라는 소속감을 갖게 한다.

최근에 이런 온정적 코칭의 영향이 뇌과학으로도 증명됐다. fMRI(기능성 자기공명영상)로 뇌신경 활동을 관찰했더니 긍정적 코칭이 부교감신경계를 자극해서 인지적·정서적·지각적·행동적 각성을 유발하고 수행성과를 높였다. 또한 코칭은 신경 생성을 촉진해서 건강한 습관과 필요한 역량을 새로 학습하고 개발할 신경생리학적 여건을 조성한다. 이에 반해 약점에 집중하는 부정적 코칭은 교감신경계를 자극해서 반대 작용을 한다.[4] 온정적 코치가 긍정적 치어리더 역할만 하는 것은 아니다. 온정적 코치는 팀 전체와 각 팀원의 상태와 진전을 챙기는 헌신적 길잡이다. 때에 따라 선동가가 되어야 하고, 필요하면 적정량의 엄한 사랑을 투여해야 한다.

탁월한 조직문화 정착은 적절한 채용과 코칭 정책을 필요로 하고, 규율 있는 실천을 요구한다. 하지만 일단 조건 없는 사랑의 문화가 조직에 뿌리내리면 팀을 부분들의 합보다 거대한 전체로 결속하는 막강한 힘을 발휘한다.

36

배고픈 외톨이 늑대

나는 이곤젠더의 글로벌 경영진위원회 멤버로 오랫동안 활동했다. 파트너 임원에 대한 성과 보상 문제를 고민하는 것도 경영진위원회의 임무 중 하나였다. 성과 보상과 관련해 내가 접한 최고의 조언은 하버드 경영대학원의 '전문서비스 기업에서 요구되는 리더십'이라는 프로그램에서 나왔다. 내가 이 프로그램에 참여한 때는 2000년 초였다. 당시 우리 회사는 호황을 누리고 있었다. 하지만 창립자의 임박한 은퇴와 인터넷 임원 서치 서비스의 약진이 마음에 걸렸다. 거기다 주요 경쟁사들이 기업공개 절차를 밟으며 공격적으로 해외시장을 확장 중이었다. 시장 위협 요소가 없다고는 못할 상황이었다.

프로그램의 한 세션에서 아시시 난다 교수가 전문서비스 기업들에서 주로 시행되는 두 가지 보상 모델을 설명했다. 두 가지 중에서 압도적으로 보편적인 것은 실적주의 성과급$^{eat-what-you-kill}$ 제도다. 성과급은 개인의 비즈니스 실적과 대고객 업무량에 정비례한다. 개념상으로는 공평하고 합리적인 제도로 보인다. 두 번째는 록스텝^{lockstep} 제도다. 이 경우 급여가 개인의 비즈니스 기여도에 따르지 않는다. 대신 미리 정한 원칙에 따라 연공서열, 파트너 연차, 전사적 또는 지역별 수익 기여도 등을 복합적으로 반영해서 책정된다. 외견상으로는 자본주의 논리에 어긋나고 실속 없어 보인다. 변호사나 컨설턴트의 보수는 그 사람이 창출한 가치에 따라야 하는 게 아닐까?

이때쯤 난다 교수가 프로그램 참가자들에게 록스텝 방식으로 보수를 받는 사람이 몇 명인지 물었다. 전체 80명 중에 나를 포함한 8명만 손을 들었다. 교수는 8명 중 미국계 기업에 다니는 사람은 몇 명인지 물었다. 8명 모두 손을 내렸다. 록스텝은 희귀종이었고, 미국에는 없다시피 했다. 나는 점점 더 걱정스러워졌다. 우리 회사가 잘못하고 있는 걸까?

다행히 난다 교수의 설명에는 반전이 있었다. 대부분의 전문서비스 기업이 성과급 제도를 시행한다. 하지만 록스텝 제도를 채택하는 기업도 있다. 소수이기는 해도 거의 모든 산업부문에 존재한다. 거기다 높은 명성과 최고의 수익성과 모범적 조직문화로 부러움을 사는 기업들 중에 록스텝 기업이 많다. 난다 교수는 법률회사 와치텔^{Wachtell}, 립턴^{Lipton}, 로젠 & 카츠$^{Rosen\ \&\ Katz}$와 경영컨설팅 회사 맥킨지를 예로 들었다. 교수의 설명에 따르면, 록스텝 기업이 실적주의

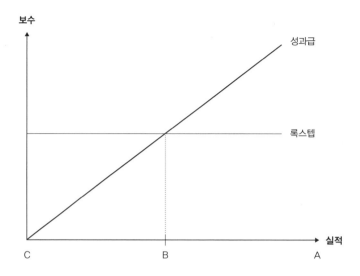

표 36-1 성과급 VS 록스텝

보수

성과급

록스텝

실적

C B A

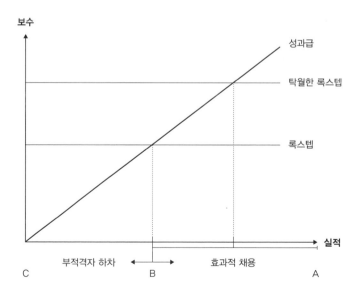

표 36-2 록스텝 + 효과적 채용

보수

성과급

탁월한 록스텝

록스텝

실적

부적격자 하차 효과적 채용

C B A

성과급 기업을 능가하는 비결은 엄격한 인사 프로세스와 강력한 조직문화였다.

우선 록스텝 시스템과 성과급 시스템의 전형적 운영방식부터 살펴보자. 표 36-1에서 사선은 성과급 시나리오다. 직원 C는 아무런 실적을 내지 못했고 따라서 아무런 보수도 받지 못한다. 직원 A는 최고의 실적을 냈고 최고의 보수를 받는다. 직원 B는 평균치의 실적을 냈고 평균치의 보수를 받는다. 수평선은 순수한 록스텝 시나리오다. 이 경우 실적에 대한 개별 기여도에 상관없이 모든 직원이 똑같은 보수를 받는다. 그러면 어떤 일이 일어날까? 스타 A는 게으른 C와 같은 보수를 받는 것에 격분해서 두 배의 보수를 받으러 성과급 기업으로 가버린다. 직원 C는 회사를 결코 떠나지 않고 무임승차를 즐긴다. 성과급 회사에 비하면 앉아서도 떡이 생기는데 나갈 리가 없다. 한편 직원 B는 끊임없이 갈등하며 두 가지 옵션을 저울질한다. 다른 회사에 가서 일을 더 할까, 아니면 이 회사에 남아 일을 덜 할까? 이런 식이면 록스텝 기업은 하루아침에 모든 별을 잃고 패배자들만 떠안게 된다.

하지만 탁월한 인사운영으로 이 문제를 극복할 수 있다. 그 내용이 표 36-2에 담겨 있다. 주로 효과적 채용 시스템을 통해서, 부수적으로는 기존 직원에 대한 정기적 평가와 부적격자 하차를 통해서, C를 모두 솎아내고 A와 B만 보유할 수 있다. 그렇게 되면 기업의 평균 실적이 증가하고 모두가 더 많은 보수를 받는다.

물론 아직도 스타가 떠날 위험은 남아 있다. 스타의 경우 성과급

표 36-3 록스텝 + 강력한 조직문화

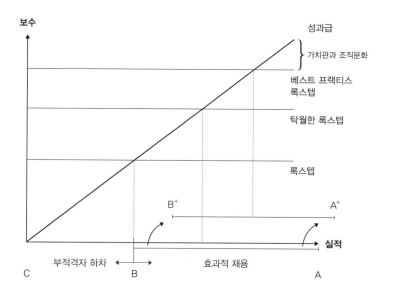

기업으로 가면 여전히 더 많은 보수가 기다리기 때문이다. 이때 이들을 잡는 것이 조직문화다. 따라서 처음부터 협업을 중시하는 성향의 사람을 뽑고, 이런 가치관을 조직 내에 지속적으로 강화시켜 나가야 한다. 그렇게 하면 표 36-3이 보여주듯 실적이 다시 상승한다. 이곤젠더를 예로 들면, 보상이 회사의 글로벌 수익에 따르기 때문에 컨설턴트들은 막강한 인재가 팀에 합류하는 것을 언제나 환영한다.[1] 동료 간에 정보나 기회를 독점하기보다 사례와 지식을 자유로이 공유하고 정보원과 자료를 서로 추천한다. 당연히 생산성이 오르고 고객에게 가는 가치도 늘어난다. 실적의 범위는 B~A에

서 B⁺~A⁺로 상승 이동하고 직원들이 받는 평균 보수도 함께 상승한다.

그렇다. 아직도 슈퍼스타 A는 성과급 기업에 가면 돈을 더 받을 수 있다. 하지만 그 격차는 이제 많이 좁아졌다. 그리고 스타 직원도 협조적인 동료들을 떠나 경쟁적이고 이기적인 조직에 가면 현재와 같은 성과를 내기 어렵다는 것을 안다. 거기다 만약 해당 직원이 천성적으로 경쟁보다 협업을 중시하거나 후천적으로 그렇게 배운 사람이라면 성과급 조직에서는 소외감을 느끼고 전문가 집단의 동지애를 뼈저리게 그리워하게 된다. 무리지어 사냥하고 함께 포식할 수 있는데, 구태여 외롭고 굶주린 늑대가 될 이유가 있을까?

오늘날 지식경제의 가치는 정보를 공동으로 창조하고 원활하게 공유하는 데서 나온다.[2] 팀의 규모에 상관없이 리더는 개인 성과보다 공동의 목표 달성을 중하게 보상해야 한다. 그리고 최강의 늑대들을 무리 속에서 유지할 인사정책과 조직문화를 만들어가야 한다.

37

피가 물보다 진하려면

언젠가 성공한 가족기업의 회장을 만난 적이 있다. 내 평생 잊지 못할 비즈니스 미팅 중 하나였다. 회장은 개인적으로 상의할 것이 있다며 나를 부에노스아이레스의 이름난 부촌 라 이슬라에 있는 자택으로 초대했다. 상냥하고 우아한 회장 부인이 나를 직접 현관에서 맞아 남편이 기다리는 방으로 안내했다. 부인은 차를 내고는 자리를 피해주었다. 오늘의 미팅이 뭔가 특별한 용건이라는 것을 직감할 수 있었다.

　이윽고 70대의 회장이 몸을 기울여 입을 열었다. 차분한 목소리였지만 깊은 감정이 묻어나왔다. "페르난데즈 아라오즈 씨, 단도직입적으로 말씀드리겠습니다. 나는 중병에 걸려 살날이 얼마 남지 않았습니다. 알다시피 내가 3대째 회사를 이어오고 있는데, 내 아들 알베르토가 내 뒤를 이어 회사를 물려받을 CEO로 적임자인지 알아야겠습니다. 오늘 우리 집에서 뵙자고 한 것은 직접 눈을 마주하고 답을 듣고 싶었기 때문입니다. 연민은 필요 없습니다. 나는 내가 간 다음에도 오래도록 회사와 가족에 최선이 될 결정을 내리고 싶을 뿐입니다. 그러니 제발 전문가로서 솔직한 답을 주십시오.”

나는 이 회사와 알베르토를 잘 알고 있었다. 다행히 알베르토는 CEO 자격이 충분했다. 얼마 후 회장이 세상을 뜨고 아들이 사업을 이어받았다. 회사는 사업 전문화와 다각화, 고성장과 고수익을 구가하며 걸출한 기업의 위상을 더욱 굳혔다. 작고한 부친이 봤으면 무척 뿌듯했을 것이다. 그렇게 7년이 흘렀고, 이번에는 알베르토가 내게 직접 연락해서 리더십 승계를 생각할 때가 된 것 같다는 의중을 전했다. 50대에 들어선 그는 더는 전처럼 치열하게 성과에 매진할 동기부여가 어렵다면서 슬슬 경영일선에서 물러나고 싶다고 했다. 이번에는 CEO 자격을 갖춘 가족 구성원이나 내부 후보가 없었다. 결국 알베르토는 이곤젠더의 도움을 받아 회사 경영을 맡을 인재를 외부에서 두 명 영입했다. 그의 회사는 최근 창립 100주년을 맞았고, 현재도 경영실적에서 최고치 갱신을 거듭하며 해당 산업부문과 아르헨티나 시장을 선도하고 있다.

이 사례는 가족기업이 전형적으로 겪는 곡절과 난관 그리고 가족기업이 지속적으로 성장하는 데 필요한 베스트 프랙티스를 한눈에 보여준다.

가족기업은 글로벌 경제에서 큰 역할을 한다. 가족기업이라는 용어 때문에 자칫 ‘소규모 자영업체’를 떠올리기 쉽지만, 전 세계적으로 상당수 대기업이 창업주 일가가 경영권을 행사하거나 경영에 참여하는 가족기업이다(자동차 산업만 보더라도 포드Ford, 피아트Fiat, BMW, 포르쉐Porsche, 푸조Peugeot, 토요타Toyota 같은 굴지의 회사들이 모두 가족기업이다). 사실상 미국과 유럽의 대기업 중 30퍼센트, 동아시아와 라틴아메리카의 대기업 중 60퍼센트 이상이 가족기업이다. 가족이 직접 경영하거나 경영에 참여하는 데 따른 장점이 분명히 존재한다. 연구에 따르면 가족기업은 단기성과에 집착하는 대신 장기적 성장에 집중하고, 그에 따라 재무적으로 위험 관리가 보다 건실하게 이루어진다. 맥킨지에 따르면 지역과 산업을 불문하고 가족기업의 총주주수익률이 MSCI 월드 지수와 S&P 500 지수와 MSCI 유럽 지수를 2~3퍼센트포인트 앞선다.[1]

하지만 가족기업의 어두운 측면도 무시할 수 없다. 우선 리더십 승계 문제가 있다. 친족 등용 같은 정실인사와 재산과 권력 분배를 둘러싼 내부 갈등도 큰 약점이다. 가족에게, 특히 자녀에게 객관적이기는 정말 어렵다. 가족기업에서는 오너의 첫 자녀 성별까지 경영진의 의사결정에 영향을 미친다. 덴마크에서 시행된 조사에 의하면, 퇴임을 앞둔 CEO의 첫 자녀가 딸이면 오너가족의 일원이 경영을 승계하는 비중이 전체의 29.4퍼센트고, 아들이면 39퍼센트로 높아진다.[2] 불행히도 관련 글로벌 리서치를 보면 가족 승계가 기업 수익성을 4퍼센트포인트 이상 크게 떨어뜨리고, 해당 기업의 상당수가 결과적으로 흑자에서 적자로 떨어지는 것으로 나타난다. 또한 수익성이 낮은 가족기업의 경우, 오너가족이 CEO인 경우가 전문경영인이 CEO로 있는 경우보다 파산신청을 하거나 청산절차에 들어가는 일이 많다.

그럼 가족기업의 장점은 살리고, 함정은 지혜롭게 피하면서 지속적 성장을 이루려면 어떻게 해야 할까? 성공적으로 장수하는 가족경영 기업 또는 가족 참여 기업들에서 공통적으로 발견되는 베스트 프랙티스가 세 가지 있다. 자율적으로 움직이는 이사회, 능력주의 인사관리, 규율 있는 리더십 승계가 그것이다.

가족기업이 가진 역량과 지식의 한계를 극복하려면 외부 전문가의 새롭고 전략적인 관점이 필요하고, 그러려면 이사회에 전적으로 독자적인 의사결정이 가능한 이사들이 포진해야 한다. 대부분의 탁월한 가족기업은 공기업보다도 건실한 지배구조를 자랑한다.

또한 명확히 정의되고 타협 없이 시행되는 능력주의 인사결정이 중요하다. 확고한 능력주의 원칙이야말로 가족 우대의 인지상정을 견제하는 방법이다. 성공적 가족기업의 상당수는 소유와 경영을 분리해 오너가족의 경영 참여를 원천적으로 막는다. 나머지는 오너가족의 참여를 허용하되 경험 없는 사람에게 고위직이나 중책을 맡기지 않는다. 먼저 조직 바깥에서 성공적으로 커리어를 쌓게 하거나, 기업 내부의 말단직부터 착실히 단계를 밟아 올라오게 한다. 이때 유능한 외부 전문가가 이들의 업무성과와 커리어 전망을 매년 평가해서 이사회에 보고한다. 세 가지 방법 모두 능력주의 원칙이 고수되지 않으면 소용이 없다.

마지막으로, 가족기업의 지속적 성장을 가장 위협하는 것이 CEO

승계 문제임을 인지하고, 이에 선행적이고 전략적으로 대처한다. 선도적 가족기업들은 수년 전부터 계획을 세워 CEO 승계를 철저히 준비한다. 독립성 있는 이사회 멤버를 주축으로 하고 전문 컨설팅 팀의 조언을 받는 승계추진위원회를 구성한다. 위원회는 오너가족과 경영진 간의 연대관계 및 잠재 갈등을 면밀히 검토하고, 주요 이해당사자 사이에 CEO 승계자의 자격 요건에 대한 합의를 도출한다. 다음에는 후보를 물색하고 조사하고 평가한다. 후보들에게는 차기 CEO가 만날 도전과제들을 분명히 한다. CEO가 선정됐다고 끝은 아니다. 권력과 책임 이양이 순조롭게 진행되려면 신임 CEO의 적응을 돕는 조직 차원의 지원이 필요하다. 내부 승계가 됐든 외부 영입이 됐든 융화 프로세스는 절대 생략될 수 없다.

탁월한 가족기업은 위의 원칙들을 준수하며 대를 이어 번창하고 업계의 귀감이 된다. 리더가 형제자매나 자녀, 조카 중에서 최고의 인재를 발굴·계발할 수도 있고, 전문적이고 체계적인 인선 과정을 통해 조직 내부 또는 외부에서 적합한 전문경영인을 발탁할 수도 있다. 어떤 경우든 자율성을 갖춘 이사회, 투명한 능력주의 인사관리, 치밀한 CEO 승계 준비가 기업이 흥하는 결정의 길잡이다.

Part 6

보다 나은 사회:
궁극의 목표

일상과 일터에서 조직 정예화에 성공했다면
이제는 이 경험을 전사 조직으로, 공동체로, 국가로 확대할 때다.
탁월한 인사결정의 최종목표는
보다 나은 사회를 만드는 것이다.

38

러시안 룰렛

지금까지 내가 이 책에서 설명하고 조언한 모든 것은 최고의 인재를 채용해서 그들을 더욱 계발하려는 개별 관리자를 위한 것이었다. 하지만 이제부터는 개인의 탁월한 인사결정이 모이고 번져서 우리가 몸담은 조직과 사회 전체의 탁월한 결정이 되는 이야기를 하고 싶다.

개별 관리자에게 아무리 의지가 있어도 상사의 지원이 없으면 훌륭한 관리자가 되기 어렵다. 그 상사 역시 훌륭한 상사의 도움이 필요하다. 이렇게 탁월한 의사결정은 보고 라인을 타고 훌륭한 CEO까지 올라간다.

앞서 언급했듯이 기업 활동에서 최고의 리더와 최악의 리더가 만드는 결과는 천지 차이다. 아마존의 제프 베조스와 발레의 로저 아넬리를 세계 4대 CEO 가치 창출자(나머지 두 명은 스티브 잡스와 윤종용)로 꼽은 핸슨, 이바라, 파이어의 논문은 최고의 리더와 최악의 리더가 만드는 차이를 적나라한 숫자로 보여준다. 세 학자가 평가한 3,000여 대기업의 최고경영자 중 최상위 100명은 재임기간 동안 1,385퍼센트의 총주주수익률을 달성했다. 반면에 최하위 100명은 -57퍼센트를 기록했다. 취임 당시 물려받은 투자가치를 반 이상 까먹은 것이다. 적합한 CEO를 선택하는 기업은 투자자들에게 높은 배당금을 선사하는 것만 아니라 직원과 고객 모두를 번영하게 한다.[1]

하지만 불행히도 많은 리더가 이 일에 실패한다. 그리고 최고위직 리더의 실패는 재앙급 결과를 초래한다. 짐 콜린스는 『위대한 기업은 다 어디로 갔을까』에서 과거 세상을 호령했던 기업들이 몰락한 이유를 분석했다. 분석 대상 중 한 가지 사례를 빼고는 모두 CEO 승계가 문제였다.

문제의 형태는 다양했다. 위압적인 리더가 너무 오래 자리를 차지하고 있었던 경우도 있고, 반대로 유능한 리더가 마땅한 승계자 없이 세상을 뜨거나 회사를 떠나는 경우였다. 재능 있는 내부 후보들이 최고위직을 사양하거나 갑자기 조직을 떠나기도 했고, 리더십 승계를 놓고 이사회가 첨예하게 갈린 탓도 있었다. 왕국처럼 운영되는 가족기업도 멸망을 앞당겼고, 기업의 핵심가치를 수용하지 않는 외부인사의 영입도 기업이 쓰러지는 원인이 되었다.[2] 수십 년 공든 기업도 잘못된 임용으로 단번에 무너질 수 있다.

효과적 리더십 전환이 이토록 어려운 이유는 무엇일까? 첫째, 이사회 같은 결정 주체의 경험 부족이 심각하다. 이곤젠더의 연구

260

에 따르면 이사회 멤버 대부분이 CEO 인선 과정에 참여해본 적이 없거나 있어도 한 번 정도였다. 둘째, 후보군 또한 비슷한 보직을 소화해본 경험이 부족하다. 역시 이곤젠더의 조사에 따르면 새로 CEO가 되는 사람의 80퍼센트가 처음으로 최고경영자가 된 사람들이다. 빤한 전문경영인들이 회사를 옮겨 다니며 CEO 자리를 독식하는 것도 문제겠지만, CEO 경험 없는 CEO도 문제가 될 수 있다. C-레벨^{chief-level} 임원에서 CEO로 올라가는 것은 다른 직급 전환이나 보직 전환과는 전혀 다르다. CEO가 되면 더는 상사도 동료도 없다. CEO는 복합적이고 다양하기 이를 데 없는 사안들의 최종결정자이고, 일거수일투족이 노출되는 자리다.

미숙한 선발위원들이 미숙한 후보군에서 CEO를 뽑으면 어떤 일이 일어날까? 그것은 기업 버전의 러시안 룰렛이다. 절체절명의 도박이다. 부적합한 CEO는 조직의 머리에 발사되는 치명적 총알이 될 수 있다.

결과의 파급력을 생각할 때 CEO 승계를 운에 맡길 수는 없다. CEO 승계의 베스트 프랙티스는 무엇일까? 첫째, 아주 일찍부터, 가급적이면 새로운 CEO가 취임할 때부터 차세대 리더 양성 시스템과 연동한 차기 CEO 승계를 계획하는 것이 좋다. 아무리 늦어도 현직 CEO가 떠날 것으로 예상되는 시점에서 3~4년 전부터 시작한다.

둘째, CEO 자리에 요구되는 사항을 명확히 정의하고 그 기준을 고수한다. 이사회의 정보와 의견을 수용해서 필요역량 리스트를 꼼꼼히 만들고, 거기에 맞춰 리더를 정기적으로 평가한다. 쉬운 일은 아니다. 하지만 낮은 직급에서는 이런 평가를 주기적으로 행하면서 정작 기업의 흥망을 가장 좌우하는 자리는 평가하지 않는다면 이치에 맞지 않는다.

셋째, 내부에서 잠재 CEO 후보들을 물색, 평가, 계발해서 일종의 '후보 선수 대기석'을 꾸린다. 그리고 이들을 업계의 정평 난 인재들과 꾸준히 비교한다.

넷째, 조직 외부에서도 후보를 찾는다. 외부 인재 물색도 주기적으로 행한다. 예정된 승계가 임박하거나 예기치 않게 CEO가 바뀔 때는 필수적으로 시행한다. 4장에서 자세히 말했지만, 중요한 인사 결정에서, 특히 CEO 인선에는 내부 승진과 외부 영입을 모두 고려하는 것이 지극히 바람직하다. 이때 임원 서치 회사들의 전문성이 크게 도움이 된다. 다만 임원 서치 컨설턴트가 내부 후보보다 외부 후보를 후하게 평가할 빌미가 될 수 있는 성공수수료와 비율수수료는 피하는 것이 좋다. 지급방식을 바꿀 수 없다면 최소한 이런 지급방식에 따른 위험을 의식하고 조심하자.

다섯째, 이사회에 비상 승계에 대비한 모의 인선 연습을 정기적으로 시행할 것을 요청한다. 실제로 CEO 승계의 거의 50퍼센트가 갑작스럽게 이루어진다.[3]

마지막으로, 신임 CEO의 연착륙을 도울 탄탄한 직무 전환 프로세스를 만든다. 24장에서 논했듯 융화는 인재 선별만큼이나 중요하다. 신임 CEO에게는 더 말할 것도 없다. CEO가 되기 3~4년 전에 입사한 외부인이 융화 수준에서 그 회사에 오래 재직한 내부인

못지않다는 연구 결과도 있다.[4]

　이렇듯 할 일은 많고 쉬운 일은 하나도 없다. 하지만 CEO 선택을 러시안 룰렛 하듯 운이나 경험 없는 손에 맡겨도 되는 조직도 없다. CEO 선택은 회사의 성패가 달린 문제고, 거기에 조직 전체의 운명이 달려 있고, 나아가 사회의 안녕이 영향을 받는다. 탄창에 회사에 해가 될 총탄은 없는지 신중히 확인하자.

39

진정한 이사회

모든 직원은 조직의 성공에 각자의 몫을 한다. 하지만 '윗물'을 적합한 인재들로 구성하지 않고서는 성공을 기대할 수 없다. 이때의 윗물은 최고경영진만 말하는 것이 아니다. 이사회의 모든 멤버를 포함한다.

최근 나는 한 글로벌 기업으로부터 상당히 민감한 임무를 맡았다. 이 기업의 CEO가 갑자기 회사를 떠나게 됐고, 이사회는 마땅한 내부 승계자를 찾지 못하고 있었다. 나와 동료들은 신속히 외부 후보 명단을 구성하는 한편, 내부 핵심인재에 대한 평가에 착수했다. 그런데 후자의 과정을 밟던 중 우리는 뜻밖의 위험신호를 감지했다. 이 기업에는 명확한 전략이 없는 데다 이사회마저 중요 현안들에 전혀 연대하고 있지 못했다. 일례로 이 기업은 중요 사업부문을 상장할지, 대규모 인수합병을 추진할지, 그도 아니면 여러 건의 소규모 표적 매입에 나설지의 기로에 있었다. 각각의 대안에 최적화한 임원을 찾고 추천하는 일은 우리에게 어려운 일이 아니었다. 하지만 우리가 보기에 그보다 심각한 문제는 제 기능을 못하는 이사회였다. 우리는 이사들에게 그들의 기능장애가 회사를 위태롭게 만들고 있음을 분명히 전달했다.

위의 상황은 무능한 이사회와 동의어가 된 엔론^{Enron} 이사회를 생각나게 했다. 엔론은 수만 명의 직원을 거느린 초대형 에너지 및 원자재 유통회사였는데 2001년 말 희대의 회계 부정행각이 들통 나면서 미국 역사상 최대 규모로 파산했다. 파산 직전인 2000년까지도 《포춘》 선정 500대 기업에서 수위를 점하며 미국에서 가장 혁신적인 회사라는 극찬을 받은 기업이었지만 모든 성과가 날조된 것으로 밝혀졌고, 엔론은 일시에 기업 사기와 부패의 대명사가 됐다.

지난해 나는 엔론의 이사였던 사람을 만났다. 내가 당시의 일을 묻자 그는 이사회에 독립이사들이 너무 많았다며 이사회의 내부지식의 부족을 탓했다. 이사회 선발 프로세스를 오래 조언해온 내 입장에서 볼 때 이는 어불성설이었다. 제대로 된 독립이사들이었다면 엔론의 임원들을 밀착 감시해서 그들의 비리를 사전에 적발했을 것이다. 예일 경영대학원 제프리 소넨펠드^{Jeffrey Sonnenfeld} 교수는 엔론 사태 직후인 2002년 《하버드 비즈니스 리뷰》에 발표한 논문 「위대한 이사회의 비결^{What Makes Great Boards Great}」에서 이렇게 말했다. "중요한 것은 법칙이나 규정이 아니다. 함께 일하는 방식이다."[1]

개별 인재 차원에서 최대 미개발 분야가 여성이라면 팀 차원의 대표적 미활용 분야는 훌륭한 이사회라고 할 수 있다.[2] 적합한 인재들이 모이면 이사회는 단순히 합의와 인증 기능을 넘어 명료한 비전과 판단으로 기업에 실질적 가치를 더하는 진정한 리더십의 주체가 된다. 또 꼭 그렇게 되어야 한다.[3]

기업 이사회를 적합한 인재들로 구성하는 방법은 무엇일까? 다른 임원 서치 때와 마찬가지로 이상적인 후보의 프로필을 작성한다. 다만 CEO나 COO에만 해당될 법한 좁고 구체적인 기준에 치우치는 것은 피한다. 이사회 멤버 전원이 해당 산업에 경험이 있거나 현업 최고위직 출신일 필요는 없다. 이사회 멤버들이 주요 분야에서 검증된 역량을 보유하되 멤버 간 전문 분야가 많이 겹치지 않는 것이 좋다. 전직 엔론 이사가 말한 것과 반대로 이사회에는 사내 이사와 사외 이사가 적절히 섞여 있는 것이 좋다. 사내 이사는 회사의 중요한 내부 사정을 이사회에 전달하고, 사외 이사는 독자적이고 다양한 관점을 제공한다.

이사회의 문화 다양성과 성별 균형도 잊지 말자. 기억하는가? 효과적인 팀을 위해서는 균형이 관건이다.[4]

이사 후보들도 마땅히 공식적으로 평가되어야 한다. 후보의 이력과 문화적 적합성 외에 이사회 멤버에게 특히 요구되는 네 가지 역량이 있다. 먼저 과업지향성과 전략지향성은 판단에 관련된 역량이다. 과업지향성이 있는 사람은 장기적 가치에 주력하고 현상 개선 의지가 강하다. 전략지향성은 이슈 제기와 적절한 조언 제공을 통해 기업 전략의 개발과 실행을 돕는다. 다른 두 역량은 후보의 가치관과 행동에 직결된다. 협업 능력 및 영향력이 강하면 팀워크와 지적이고 열의 있는 토론에도 강하다. 또한 이사에게 강직함과 독립성이 있어야 설사 개인적 손해가 따르더라도 회사의 안녕을 위해 원칙과 소신을 지킨다.

또한 조직 내에 미래의 이사회 멤버 '양성책'을 설계할 것을 권한다. 뛰어난 임원을 미리 확인해서 국제경영과 사업총괄 업무를 맡기고, 다른 조직의 사외 이사로 추천하는 등 자기계발 기회를 제공하자.

만약 당신이 조직에서 이런 상위 수준의 의사결정을 주도할 위치에 있지 않다면 '풀뿌리' 접근법을 쓰면 된다. 당신과 주위의 인재를 미래의 훌륭한 이사로 양성하는 것이다. 거시환경 분석과 거시전략 실행처럼 전사적 쟁점을 다루는 일을 맡거나, 이사회 멤버에게 필요한 전문지식을 쌓을 수 있는 일을 맡는다. 이사회 멤버로서 필요한 전문지식은 산업에 따라 조금씩 다른데, 가령 금융서비스업에는 재무위험관리 전문가가 필요하고, 소비재 제조업은 디지털마케팅에 조예가 있으면 좋다. 조직 내부에서 후원자를 찾고 조직 밖에도 인맥을 형성한다. 기업만 목표관리를 하는 것이 아니다. 개인도 목표관리가 필요하다. 이때 목표는 미래의 훌륭한 이사회 멤버가 되어 조직과 사회에 이바지하는 것이다. 그 과정에서 커리어 성장과 전문성 획득을 노릴 수 있다.

미국에만도 1만 2,000개가 넘는 상장회사에 10만 개 이상의 이사직이 있다. 기업 입장에서는 이사회 구성도 인재 경쟁을 피할 수 없다는 뜻이고, 인재에게는 능력과 가치관 실현의 기회가 생각보다 크다는 뜻이다.

40

위기는 기회다

세계적 테크놀로지 기업 HP(휴렛패커드)는 1939년 실리콘밸리에 세계 최초의 벤처기업을 창업했다. 1940년대 후반은 당시 신생 전자계측기 제조업체였던 HP에게 시련의 시기였다. 제2차 세계대전 종전의 여파로 경기는 침체되고 업계는 자금난에 빠졌다. 동시에 미군 방위산업 연구소들이 줄줄이 문을 닫으면서 당대 최고의 엔지니어들이 대거 실업자로 풀렸다. HP의 전설적 창업자 빌 휴렛^{Bill Hewlett}과 데이브 패커드^{Dave Packard}는 아무리 불경기라고 해도 절호의 인재 채용 기회를 놓치지 않았다. 그렇게 쪼들리던 시기에 어떻게 인력을 계속 확충할 수 있었느냐는 질문에 그들의 답은 간단했다.

"안 하면 안 되니까요!"

세월이 흐른 후에도 HP의 성공에 가장 크게 기여한 것이 무엇이냐고 물으면 두 사람은 항상 입버릇처럼 외부 경제환경이 어떻든 꾸준히 사람에게 투자한 덕분이라고 말했다.

이곤젠더에도 비슷한 성공스토리가 있다. 2000년대 초 임원 서치 업계에 스산한 불황이 닥쳤다. 우선 닷컴버블$^{dot-com\ bubble}$이 터지고 수많은 인터넷 기업들이 줄파산하면서 전 세계를 달궜던 인재전쟁도 종식됐다. 회사의 거래총액은 곤두박질치고, 매출 대비 이익의 폭은 극적으로 오그라들었다. 곧이어 9·11 테러의 여파가 미국 경제를 거쳐 유럽 경제까지 불황으로 몰아넣었고, SARS(중증 급성 호흡기 증후군) 공포가 아시아를 덮쳤다. 이어서 미국이 아프가니스탄 전쟁을 이라크 전쟁으로 확전하면서 세계적으로 불확실성이 급증하고 투자심리가 크게 위축됐다.

하지만 이 시기에 이곤젠더는 다른 어느 때보다 강해졌다. 우리는 다르게 반응했기 때문이었다. 경쟁사들은 인원을 최대 50퍼센트까지 감축했지만 우리는 감원하지 않았다. 오히려 이 기간에도 뛰어난 컨설턴트가 있으면 계속 고용했고, 파트너 물망에 오르는 사람은 빠짐없이 승격시켰다. 그 결과 시장 상황이 호전됐을 때 우리는 보기 드물게 탄탄하고 밀도 높은 팀이 되어 있었다. 경기침체 초기에는 규모가 최대 경쟁사의 절반밖에 되지 않았지만 불황이 끝났을 때는 거의 대등해져 있었다. 6년 사이에 규모만 150퍼센트 성장한 것이 아니라 컨설턴트당 거래액이 두 배로 늘고 수익도 눈에 띄게 신장해서 내실까지 다졌다. 다른 회사들은 심각한 재정 손실을 봤지만 이곤젠더는 단 1센트도 잃지 않았다.[1]

위의 두 사례가 보여주듯, 기업이 폭풍을 성공적으로 이겨내는 비결은 장기적 관점 유지에 있다. 어려운 시기가 닥치면 개인이든 기업이든 대부분 발등의 불끄기에 급급해서 근시안적이고 비논리적인 판단을 내리게 된다. 하지만 선견지명이 있는 리더와 기업은 역경에 직면해서도 냉정을 유지하고 역경을 도리어 판세를 뒤집을 기회로 활용한다. 그들은 이런 시기에 경쟁자들과의 격차를 빠르게 벌리고 결코 뒤돌아보지 않는다.

하버드 경영대학원의 란자이 굴라티[Ranjay Gulati], 니틴 노리아, 프란츠 볼게조겐[Franz Wohlgezogen]은 세 차례의 경기침체기와 4,700개 기업의 실적을 분석해서 어떤 기업이 불황을 기회로 만들었는지 조사했다. 불황 후에 더 탄탄해진 기업은 조사 대상의 9퍼센트에 불과했다. 불황기에 비용 절감에만 주력하는 것은 좋은 선택이 아니었다. 경쟁사보다 투자만 많이 한다고 성공하는 것도 아니었다. 승자들을 묶는 공통점은 '진보적 집중[progressive focus]'이었다. 성공한 기업들은 불황 중에도 비용 절감의 시기와 대상을 지극히 선별적으로 결정하고, 지속적으로 투자 기회를 찾았다. 이들은 양자택일에 입각한 접근법을 쓰지 않았다. 예컨대 '채용이냐, 감원이냐' 식으로 생각하지 않았다. 대신 HP와 이곤젠더처럼 양자채택의 기술을 발휘했다. 이들은 똑똑한 기업은 두 마리 토끼를 모두 잡을 수 있음을 알고 있었다.[2]

불황 극복에 실패하는 기업들의 전형은 대대적 감원이나 부당한 감원을 단행하는 조직이었다. 글로벌 컨설팅회사 부즈앤컴퍼니[Booz & Company]가 발표한 2008년도 CEO 승계 자료에 따르면, 그해 글로벌 금융위기에 직격탄을 맞은 산업들에서 리더십 교체율이 비합리적으로 높았다. 금융서비스 부문에서는 예년 평균에 비해 159퍼센트 상승했고, 국제유가 대란으로 엄청난 타격을 입은 에너지 부문에서는 107퍼센트 상승했다.[3] 기업 여건이 변하면 CEO 역량 요건도 변하기 마련이므로 이때의 CEO 해고 중 일부는 전적으로 적절한 것이었다. 하지만 많은 결정이 너무 늦게 또는 부당하게 이루어졌다. 전자는 처음부터 부적격자였던 CEO를 그제야 해임하는 경우고, 후자는 상황의 문제를 사람의 문제로 전가하는 그릇된 성향, 즉 사회심리학에서 말하는 '근본적 귀인 오류fundamental attribution error'에 의한 것이었다. 당시 여러 이사회와 경영진은 마땅한 조치를 강구하기보다 뭐라도 조치를 취했다는 인상을 주기에 급급했다.

위기에 처한 기업들이 저지르는 또 다른 오류는 고용 동결이다. 대량 감원이나 경영진 교체보다 더 만연한 현상이기도 하다. 보스턴 컨설팅 그룹과 유럽인재경영위원회가 최근 경제침체기를 맞아 30개국에서 90명의 고위직 인사담당자를 포함한 3,400명의 임원을 대상으로 설문을 실시했다. 설문 대상자들이 불황에 직면해서 취한 행동(또는 보인 반응) 중 가장 흔한 것은 고용 축소였다. 그런데 같은 설문 대상자들에게 과거의 불황 때 가장 효과를 보았던 대응책을 물었더니 경쟁사의 고성과 인재를 선별적으로 영입한 것이라는 답변이 나왔다. 과거 불황 때 직원의 사기 진작에 가장 도움이 됐던 것 또한 지속적 채용이었다.[4] 모순이 따로 없다. 비이성이 만연할 때 이성을 놓지 않는 사람이 유리할 수밖에 없다.

위기는 기업뿐 아니라 개인에게도 멋진 전화위복이 될 수 있다. 긍정적 접근법을 동원하면 위기를 기회로 삼아 더 나은 리더로 발돋움할 수 있다. 세계적 경영사상가 워렌 G. 베니스^{Warren G. Bennis}와 로버트 J. 토머스^{Robert J. Thomas}가 새천년 시작점에 '시대와 리더십^{Geeks and Geezers}'이라는 조사를 실시했다. 1925년 이전에 출생한 리더들과 1970년 이후에 출생한 리더들의 차이를 분석하는 조사였는데, 뜻밖에도 두 그룹 사이에 하나의 공통된 성공지표가 발견됐다. 그것은 성공한 구세대와 성공한 신세대 모두 혹독한 시련기를 거쳤다는 점이었다. 시련이 그들을 고무하고, 다듬고, 리더의 길을 가르쳤다. 그들에게는 가장 고달픈 상황에서도 의미를 찾고 배울 점을 챙기는 능력이 있었다. 시련에서 극복의 긍정성을 발견하는 것이 그들이 가진 최고의 자산 중 하나였다.[5]

어두운 터널을 힘들게 지날 때마다 그 끝에서 햇빛이 다시 빛난다는 것을 기억하자. 시련을 축복으로 받아들이자. 냉정을 유지하고 장기적 관점을 잃지 말자. 누군가를 해고할 때는 두 번 생각하자. 감원을 피하기 힘든 상황에서도 다른 한편으로는 인재에 대한 선별적 투자를 멈추지 않는 '양자채택'의 마법을 부려야 한다. 그러다 보면 생각보다 빨리 고비가 지나가고 번영을 이루게 된다.

41

지속가능성이라는 선순환

이탈리아의 종합 사무기기 업체 올리베티^{Olivetti}의 전임 CEO 카를로 데 베네데티$^{Carlo\ De\ Benedetti}$가 1989년에 했던 연설을 잊을 수 없다. 이때 베네데티는 더할 수 없이 단호한 어조로 얼마 안 가 테크놀로지가 공산주의 체제를 무너뜨릴 것이라고 언명했다. 소비에트 연방 거주민 누구나 소형 트랜지스터라디오로 BBC 방송을 듣고, 개인용 컴퓨터와 프린터만 있으면 비밀신문을 발행할 수 있는 세상이 되었으니, 더는 통치자들이 뉴스를 통제할 수 없고, 인민 스스로 보다 나은 질서를 향해 움직이게 될 거라는 뜻이었다.

모두 알다시피 베네데티의 예언은 빠르게 현실이 됐다. 폴란드, 헝가리, 동독, 불가리아, 체코슬로바키아, 루마니아에서 민주화 혁명이 이어졌고, 베를린 장벽 붕괴와 독일 통일, 소비에트 연방 해체로 냉전시대가 끝나면서 1990년대 초반까지 전 세계 국가의 반 이상이 공식적으로 선거민주주의를 표방했다.

세상은 그 후에도 계속 변했다. 오늘날 테크놀로지는 실시간 기반 '절대적 투명성^{radical transparency}'의 시대를 열었다. 21세기 문명으로 무너질 것들은 무엇일까? 붕괴의 운명을 맞이할 지속가능성과 사회적 책임이 결여된 정책, 관행을 고집하는 정부, 그리고 비즈니스다. 노동자를 착취하고 공동체와 환경을 파괴하는 기업은 더 이상 발붙일 곳이 없어진다. 이런 기업은 결국 자신까지 망친다.

하버드 경영대학원의 마이클 포터^{Michael Porter} 교수와 비영리 컨설팅 회사 FSG의 대표 마크 크레이머^{Mark Kramer}는 오늘날의 기업은 '공유가치 창출^{creating shared value}'을 목표로 삼아야 하며, 그런 기업이 경쟁력을 가지게 된다고 말한다. 공유가치 창출은 기업이 이윤을 창출한 후에 사회공헌 활동을 하는 것이 아니라, 사회문제 해결에 능동적으로 참여하고 사회 가치 창출을 통해 경제 가치를 추구하는 새로운 개념의 비즈니스 모델이자 경영 패러다임이다. 최고의 리더들은 이미 트렌드를 앞서가며 지속가능성 미션에 열정을 가진 관리자들과 직원으로 조직을 채우고 있다. 하지만 훌륭한 관리자와 직원만으로는 어렵다. 성공하려면 시대와 시기에 맞춤한 '지속가능성 리더'가 필요하다.

요즘 산업부문을 막론하고 괄목할 추세가 있다. 바로 기업의 성공을 사회 발전과 연계할 '최고지속가능책임자^{chief sustainability officer}'의 수요가 늘고 있다는 것이다. 크리스토프 루엔버거는 이곤젠더의 지속가능성 서비스의 설립자이자 『목적의식 문화^{A Culture of Purpose}』의 저자다. 크리스토프의 주도로 이곤젠더는 지속가능성 있는 경영을 전략적 필요로 내세우는 CEO와 이사진 임용은 물론, 최고지속가능책임자 서치 작업을 이미 수년 전부터 수십 건 진행해왔다.[1]

이곤젠더의 경험에 따르면, 기업에 따라 지속가능성 리더의 유형도 달라진다. 리더의 유형은 해당 기업이 진화 과정의 어느 단계에 있느냐에 따라 결정된다. 초기 단계에는 지속가능성 있는 비전을 수립하고 제시하는 것이 관건이다. 따라서 임원진에게 뛰어난 변화 리더십과 영향력 스킬이 기대된다. 수립한 비전을 성공적으로 그리고 수익성 있게 시행하는 단계에서는 과업지향성과 시장지향성이 강한 관리자 집단이 중요하다. 조직의 체질 변화가 완료되면 선행적 지속가능한 경영으로 진화해야 한다. 그러려면 리더에게 미래 니즈를 예상하고, 혁신을 일으키고, 시장과 장기적 관계를 구축하는 전략지향성과 시장지향성이 요구된다.[2]

반가운 소식이 있다. 세계적으로 기존 인재 풀은 줄어들지만, 자기 가치관에 충실하고 모바일기기와 SNS에 능숙한 젊은 세대가 점차 그 자리를 채우고 있다. 1980년대 초에서 2000년대 초에 태어난 밀레니얼 세대는 환경적으로 지속가능하고 사회적으로 가치 있는 일을 하기 위해 돈을 벌고 출세하고 싶어 한다. 미국에만도 7,000만 명을 헤아리고 세계 인구에서 상당한 비중을 점하는 밀레니얼 세대가 역사상 가장 거대한 경제활동인구이자 소비자 집단으로 등장할 날이 멀지 않았다. 이들은 경제적·환경적 건전성을 중요시하고, 영리와 사회적 책임을 동시에 추구한다. 그리고 그들은 당연히 그런 회사를 일터로 선택할 것이다.

1973년에 설립된 세계적 아웃도어 브랜드 파타고니아^{Patagonia}가 지속가능성 기업의 좋은 예다. 파타고니아는 품질이 높은 만큼 가격도 높은 제품을 만든다. 하지만 매출 성장보다 사회적 책임을 우선시한다. 그 점이 최고의 인재들이 파타고니아에 모이는 이유다. 창립자 이본 쉬나드^{Yvon Chouinard}는 몇 해 전 겨울시즌 카탈로그 회의를 주재하면서 디자인 팀에게 이렇게 물었다.

"사진들이 멋지긴 한데 굳이 사지 않아도 되는 사람까지 새 제품을 사는 불상사를 어떻게 막을 수 있을까?"

곧이어 파타고니아는 《뉴욕 타임스》에 자사의 베스트셀러(초경량 오리털 재킷) 사진 위에 커다란 글씨로 '이 재킷을 사지 마세요^{Don't buy this jacket}'라고 쓴 전면광고를 게재했다. 이 광고는 같은 제품을 매년 다른 버전으로 출시해서 환경오염과 자원 낭비와 과소비를 야기하는 기업 행태를 고발하는 동시에 최대한 환경 파괴 없이 지속가능한 방법으로 튼튼하게 오래가는 제품을 만들겠다는 기업 미션의 표명이기도 했다. 이 광고 이후 파타고니아는 지속가능한 의류 연합^{Sustainable Apparel Coalition}을 발족해서 나이키 같은 업계 거물들까지 회원사로 끌어들였다. 또한 이베이^{eBay}와 파트너십을 체결하고 사람들이 파타고니아 중고품을 쉽게 구할 수 있는 방법을 마련했다.

몇 해 전 이곤젠더의 크리스토프 루엔버거가 쉬나드에게 인재경영 전략을 물었다. 쉬나드는 산업심리학자를 불러 자신의 팀을 평가하게 했던 일을 들려주었다. 전문가의 결론은 이러했다. "여기

직원들은 다른 데서는 일하기 어렵습니다"였다. 파타고니아의 관리자들은 파타고니아의 기업 가치관과 업무 수행의 자율성이 좋기 때문에 거기서 일한다는 뜻이었다. 쉬나드가 크리스토프에게 말한 인재경영의 비결은 "탁월한 사람들을 고용한다. 그리고 귀찮게 하지 않는다"였다. 파타고니아의 임직원은 믿을 만한 제품을 만들고 사회와 환경을 생각하는 착한 소비를 이끈다는 점에 긍지와 자부심을 느낀다. 그런 사람들은 다른 곳에 가려 하지 않는다. 이렇게 목적의식이 있는 곳에 몸담았던 사람들은 그렇지 못한 곳에서는 견디지 못한다.

지속가능성은 성장의 선순환^{virtuous circle}이다. 지속가능성을 추구하는 것이야말로 가장 명민하고 창의성 있고 열정적이고 소신 있는 인재들이 당신 회사로 몰려오게 하는 방법이다. 그렇게 모인 인재들이 당신 회사의 미래를 선도하고 모두를 위한 공유가치를 창조하는 기업으로 만들어줄 것이다.

42

대통령 뽑기

미국 국민은 4년에 한 번씩 세계에서 가장 중요한 '사람' 결정에 나선다. 미국 대통령은 경제 규모나 군사력에서 지구 최강국이라 할 만한 나라의 리더다. 엄청난 책무가 따르는 자리가 아닐 수 없다. 그런데 정권을 차지할 정치인이 결정되는 과정은 개선의 여지가 많다. 이는 미국만의 문제가 아니다. 전 세계 모든 국가의 문제다.

지금쯤은 모두 알다시피 탁월한 인사결정의 시작점은 내부 후보와 외부 후보를 모두 포함하는 넓은 후보군이다. 하지만 민주주의를 표방하는 나라에서조차 정치의 '패밀리 비즈니스'화 경향이 두드러진다. 대표적인 정치 명문가로 미국의 케네디, 클린턴, 부시 가문, 인도의 네루, 간디 가문, 필리핀의 아키노 가문 등이 있다. 물론 2008년에는 버락 오바마 같은 '혼혈 아웃사이더'가 미국 대선에서 승리했다. 하지만 만약 그해에 힐러리 클린턴이 민주당 대통령 후보 경선에서 오바마를 누르고, 이어서 대선에서도 공화당의 존 매케인 후보를 눌렀다면 어땠을까? 그랬으면 미국은 사반세기에 걸쳐 부자父子와 부부夫婦가 대표하는 두 가문이 내리 대통령을 배출하는 상황이 벌어졌을 것이다.

작은 가족기업에서조차 이런 유형의 리더십 승계는 진지한 대접을 받지 못한다. 그런데 그런 일이 인구 3억 명의 나라에서 일어날 뻔했다. 영국 언론은 미국의 정치 가업화를 '신新귀족주의' 또는 '정치왕조'로 칭했다(이 글을 쓰는 현재 베팅업체들은 2016년 미국 대선에서 힐러리 클린턴의 당선 배당률을 2대 1, 젭 부시의 당선 배당률을 9대 1로 잡았다).

탁월한 인사결정의 두 번째 열쇠는 해당 직무에 가장 유의미한 역량을 정의하고, 역량 항목별로 후보들을 꼼꼼히 평가하는 것이다. 하지만 알다시피 이 또한 오늘날의 선거와는 거리가 있다. 사람들은 필수 역량을 기준으로 후보를 평가하고 투표하기보다 가두연설과 TV 광고 또는 지극히 감정적이고 인위적인 공개토론에서 강조되는 피상적 이슈와 공약에 따라 후보를 선택한다. 2000년에 조지 W. 부시가 대통령으로 당선됐을 때를 생각해보라. 당시 미국은 어느 때보다 국제 감각과 다문화 간 소통 능력이 있는 대통령을 필요로 했다. 그런데 왜 그때 미국 유권자들은 아들 부시가 그런 차원에서 취약하다는 것을 고려하지 않았을까? 그리고 그것을 간과한 데 따른 결과는 어떠했나?

탁월한 인사결정의 방해 요소는 많다. 그중에는 비슷하고 익숙하고 편안한 사람을 선택하는 성향이 크게 자리한다. 더욱이 우리는 일상의 '사람' 선택보다 정치적 인사결정에 더 취약하다. 필요한 정보를 무시하는 경향이 정치적 인사결정 때 더 강해지기 때문이다. UCLA의 연구진이 fMRI(기능성 자기공명영상) 장치를 이용해서 사람들이 특정 쟁점에 대한 정치인의 주장을 듣고 찬성 여부를 결정할 때의 뇌 활동을 관찰했다.[1] 관찰 결과, 정치에 가장 해박한 사람들이 막상 정치적 표결 상황에서는 인지 영역을 가장 적게 쓰는 것으로 드러났다. '디폴트 모드 네트워크default mode network' 활동 수준이 최고치를 기록한 것이다(특히 설전부 전두엽피질과 배내측 전전두엽피질 영역이 활성화됐다). 디폴트 모드 네트워크는 우리가 아무 생각도 아무 일도 하지 않을 때, 다시 말해 '멍 때릴 때' 활성화되는 뇌 영역으로 알려져 있다. 놀랍게도 우리는 정치에 노출될수록 정치인을 선택하는 판단력이 흐려진다!

상당히 우울한 뉴스다. 정치 사안에 대한 결정이 국민생활과 사회에 어떤 영향을 미치는지 생각하면 더욱 우울하다. 하버드 경영대학원 가우탐 무쿤다Gautam Mukunda 교수의 저서 『인디스펜서블』은 에이브러햄 링컨부터 윈스턴 처칠까지 다양한 사례 연구를 통해서 적시적소의 '사람' 결정 한 번이 국가의 흥망을 결정할 수도, 나아가 세계사의 흐름을 바꿀 수도 있다는 것을 보여준다.[2] 무쿤다는 리더를 두 부류로 나눴다. 여과된 리더filtered leaders가 전형적 승진 과정을 거쳐 최고의 자리에 오른 내부인사라면, 여과되지 않은 리더unfiltered leaders는 경험이 짧거나 이례적 상황에서 권력을 잡은 외부인사다. 고도의 여과 과정을 거친 리더는 두드러진 변화를 만들지 않는 반면, 여과되지 않은 리더들은 좋은 쪽으로든 나쁜 쪽으로든 엄청난 파장을 일으켰다. 무쿤다 교수는 여과되지 않은 리더의 좋은 예로 링컨과 처칠, 나쁜 예로 워렌 하딩^{Warren Harding}, 최악의 예로는 아돌프 히틀러를 들었다.

확실한 해결책은 여과되지 않은 인재들을 적절히 여과하는 것이다. 내부 후보와 외부 후보를 폭넓게 물색하고 후보들을 필요 역량에 맞춰 신중히 평가하자. 국가 리더에게 공통적으로 요구되는 자질은 다른 사람들의 삶의 질을 개선하려는 이타적 동기와 그 목적을 위해 팀을 훌륭히 조합하고 이끄는 능력이다. 하지만 국가 리더에게 필요한 구체적 특성과 역량은 시대의 요구에 따라 달라진다. 처칠은 제1차 세계대전 기간에는 정치인으로서 별다른 두각을 나타내지 못했다. 하지만 제2차 세계대전이 발발하자 국가 지도자로서 놀라운 행보를 보였고, 결국 전쟁을 승리로 이끌며 나라의 동량 역할을 했다. 유권자들이 '대통령 같은 후보'에게 투표하는 대신 후보가 정말로 적임자인지 면밀히 따진다면 하딩과 히틀러 같은 악재는 시대를 막론하고 피해갈 수 있고, 링컨과 처칠 같은 호재는 필요할 때마다 만날 수 있다.

성공을 위한 조직 정예화의 정석은 리더의 직속 팀이 솔선해서 변화를 만들고 조직 전체로 베스트 프랙티스를 확대하는 것이다. 하지만 국가 차원의 인사결정이 잘못되면 개인과 팀의 성공도 어렵다. 당신이 가진 투표권이라는 권력을 현명하게 사용하자. 익숙한 것에 안주하려는 본능을 누르고 뇌의 자동조종장치를 끄자. 사회의 당면과제와 최고 리더에게 현재 요구되는 핵심역량을 골똘히 생각하자. 그리고 당신이 영향력 있는 자리에 있다면 당신이 가진 영향력을 모두 동원해서 조직 내부와 대중 사이에 진보적이고 비판적인 인사결정 방식을 일깨우도록 하자. 민주주의는 해결책이 아니라 기회다. 현명하게 써야 한다.

43

싱가포르의 선택

1965년만 해도 자메이카와 싱가포르는 쌍둥이처럼 비슷했다. 두 나라 모두 아열대의 작은 섬나라였고, 면적과 인구도 비슷했고, 얼마 전까지 영국의 지배를 받다가 독립한 것도 같았다. 그리고 그때는 둘 다 1인당 소득이 보잘것없었던 경제 약소국이었다.

50년이 흐른 지금 싱가포르는 1인당 소득이 6만 달러를 상회하는 세계에서 가장 경쟁력 있는 국가 중 하나로 부상했다. 반면 자메이카는 1인당 소득 7,000달러 미만의 개발도상국에 머물러 있다.[1]

나는 싱가포르를 방문할 때마다 눈부시게 발전한 모습에 놀라움을 금치 못한다. 그리고 괜스레 뿌듯하다. 싱가포르의 괄목할 성장이 다른 어떤 것도 아닌 인재 활용에 있음을 알기 때문이다. 이 나라는 선진화된 통치방식도, 풍부한 부존자원도 갖추지 못했다. 싱가포르는 1965년 독립 이래 일당 독재체제를 이어왔고, 최근에야

다수당 체제로 진화할 조짐을 보이고 있다. 그리고 중계무역항으로 성장했을 뿐 농업 기반이나 광물자원이 거의 없다. 싱가포르의 번영은 오로지 인재를 적극적으로 유치하고 계발하고 효과적으로 활용한 결과다. '무엇을'이나 '어떻게'가 아니라 '누구와'로 승부한 결과다. 싱가포르는 민간부문과 공공부문을 가리지 않고 열정적이고 지속적으로 인재에 투자했다.

아마존과 발레의 경우처럼 이번에도 성장의 발화점에는 뚜렷한 비전을 가진 비범한 리더가 있었다. 리콴유^{李顯龍}는 1959년 싱가포르가 영연방 자치주로 승격하면서 자치정부 총리를 지냈고, 이어서 1963년 말레이시아연방이 발족하면서 싱가포르 주정부 총리에 올랐다. 하지만 2년 뒤 싱가포르는 마땅한 경제력도 군사력도 없이 말레이시아연방에서 쫓겨나다시피 독립했다.

독립 싱가포르 총리로 다시 취임한 리콴유는 고위직 공무원을 모아놓고 원대한 포부를 밝혔다.

"앞으로 싱가포르는 매년 배출되는 대학 졸업자 중 최고의 인재를 공직으로 영입한다."[2]

그는 공직자를 선발하는 데 학업 성과 외에 상상력, 리더십 자질, 패기, 무엇보다 성품과 의욕을 중요하게 보라고 지시했다. 그 후 수년에 걸쳐 싱가포르는 공공부문에 인재 육성 시스템을 대대적으로 도입했다. 거기에는 대규모 장학생 선발 프로그램, 잠재력에 초점을 맞춘 엄격한 평가제도, 시범 직무순환제와 엘리트 코스를 포함한 광범위한 역량계발 연수, 어느 민간 기업에도 뒤지지 않을 파격

적 진급과 급여 정책 등이 포함됐다.[3]

이렇게 적극적으로 인재를 육성한 결과, 하버드 경영대학원의 마이클 포터 교수에 따르면, 싱가포르는 업무 생산성에서 세계 최고 수준을 자랑하는 공무원 엘리트 계층을 보유하게 됐다. 싱가포르의 공무원 조직은 정책과 우선순위를 시기에 맞게 역동적으로 조정해가며 어떠한 국내외 정세에도 맞서 성과를 낼 수 있는 막강 인재 조직이다.[4]

사명감 있고 미래지향적이고 고도로 유능한 공공의 리더십은 싱가포르를 세계의 민간 기업들과 인재가 몰려드는 기회의 땅으로 만들었다. 몇 해 전 싱가포르 정부의 한 프로젝트 팀을 만났을 때 싱가포르가 세계 일류 기업들의 해외 거점을 넘어 본진으로 발돋움한 이야기를 나눴다. 싱가포르가 세계 유수의 조직과 인재를 유치하기 위해 추진한 정책들이 빠짐없이 결실을 맺고 있는 듯했다. 내가 아는 대형 섬유업체도 최근 본사를 스위스에서 싱가포르로 이전한다는 결정을 내렸다. 이 기업의 영국인 CEO는 본사 이전 계획을 내게 전하면서 회사 운영위원회 임원진 전원이 가족과 함께 이주하는 데 찬성했다고 말했다. 사람들이 싱가포르를 얼마나 살기 좋은 곳으로 인식하는지 보여주는 증거였다.

세계적인 화학회사의 인사관리 최고책임자로 있는 독일 태생 임원이 해준 이야기도 잊을 수 없다. 그가 싱가포르에 주재원으로 있을 때였다. 그는 어느 날 싱가포르 창이 공항에서 청소부에게 다가가 그의 청소용 카트에 못 쓰는 종이를 버려도 되겠느냐고 물었다.

청소부는 그에게 쓰레기를 적절히 처리해준 데 감사를 표하며 이렇게 덧붙였다.

"싱가포르는 외국 인재를 언제나 환영합니다."

청소부도 최고 인재를 자국에 유치하고 유지하는 것이 얼마나 중요한지 아는데 그 나라 정치 지도층은 어떻겠는가? 싱가포르의 인재 우대정책은 명실상부한 국가의 기조다.

싱가포르의 정치 지도자와 관료는 불운의 역사와 천연자원 부족과 경제규모의 한계를 딛고 사회적·경제적 기적을 창조했다. 비결은 최고 인재 발굴과 그들에 대한 투자였다. 다른 나라들도 같은 일에 주력할 필요가 있다. 싱가포르보다 대내외적 조건이 유리한 나라라고 해서 예외는 아니다.[5]

44

교황의 조건

2013년 2월 11일, 나는 믿을 수 없는 뉴스를 들었다. 교황 베네딕토 16세가 사임을 발표한 것이다. 교황이 생전에 자리에서 물러나는 것은 600년 만에 처음 있는 일이었다. 독실한 가톨릭 신자인 동시에 탁월한 인사결정을 평생의 학업이자 직업으로 삼아온 나였다. 문득 이런 '과격한' 생각이 들었다. 어쩌면 내게 일생일대의 기회가 온 것이 아닐까? 내가 후임 교황 선출에 기여할 수 있지 않을까?

　가장 먼저 든 생각은 바티칸으로 날아가 콘클라베^{conclave}(교황선거)가 시작되기 전에 교황 선출권을 가진 118명의 추기경단을 직접 만나는 것이었다. 하지만 추기경들을 만날 수도 없겠지만, 그런 식의 접촉은 콘클라베 규칙에 어긋난다는 것을 금세 깨달았다. 나의 플랜 B는 온라인 매체와 직업적 인맥을 활용하는 것이었다. 나는 당장 HBR 웹사이트에 '새 교황을 뽑는 방법^{How to Pick the Next Pope}'

이라는 글을 올렸다. 그리고 가톨릭교회의 탁월한 리더십의 중요성과 교황의 리더십이 종교를 넘어 세계인에게 미칠 영향력을 강조한 비슷한 내용의 이메일을 전 세계 이곤젠더 동료 1,800명에게 발송했다.[1] 나는 동료들에게, 누가 되지 않는다면 추기경단의 일원과 연락이 닿을 만한 인물들에게 내 글의 링크나 이메일을 전달해줄 것을 부탁했다. 마지막으로 나는 부에노스아이레스의 교황대사를 예방하고 장문의 편지를 전달했다. 내 권고사항을 항목별로 정리한 별도의 페이지를 넣었다. 나는 교황대사에게 내 편지가 바티칸의 교황 선출인단에게 전달되도록 협조를 부탁했다.

인터넷 게시글, 동료들에게 보내는 이메일, 교황대사에게 전달한 편지. 이 세 가지 경로를 통해 내가 역설한 요점은 교황으로 완벽하게 준비된 사람은 아무도 없다는 것이었다. CEO 역할이 C-레벨 임원의 역할과 전혀 다르듯, 교황의 역할은 교황 바로 아래 최고위직 성직자의 역할과 천양지차다. 교황의 자리는 가톨릭교회 안에서 만인지상의 자리다. 동료도 없고, (만물의 주관자인 천주 외에는) 상사도 없다. 교황은 불예측성이 날로 심화되는 국제환경에서 때로는 엄청난 압력에 맞서가며 온갖 종류의 난제에 결정을 내려야 한다.

한편 신임 교황을 선출하는 임무와 권한을 가진 추기경단에게는 어쩔 수 없는 선택의 제약이 따른다. 일단 후보군이 명확히 한정돼 있다. 그 후보군은 바로 자신들이다. 교황은 오로지 추기경 중에서 선출한다. 선거인이 곧 피선거인이 되는 흔치 않은 선출 방식이다. 기업으로 치면 평가단이 곧 후보군이고, 바로 아래 직급이 상사를 뽑는 셈이다.

교황 베네딕토 16세의 사임 발표와 후임 교황 선출 사이의 한 달 동안 교황 후보군이나 교황 선출방법이 달라질 가능성은 조금도 없었다. 하지만 나는 추기경단이 교황의 조건을 숙고할 때 깊은 신심과 천주에 대한 사랑과 고결한 삶이라는 필수조건과 함께 탁월한 리더로서의 기준도 고려해주기를 바랐을 뿐이다. 이때쯤 매스컴에서는 지역 대표성에 근거한 유력 후보들이 오르내렸다. 가톨릭 신자의 4분의 3은 개발도상국에 산다. 추기경단이 교황 선출에 그 점을 반영할까? 나의 조언은 그런 기준보다는 리더십 성공의 예측지표에 집중하자는 것이었다.

리더십 성공지표 중 첫째는 적합한 성취동기다. 추기경단이 헌신과 겸양이 순수하게 결합된 후보를 찾아낼까? 그런 후보는 전적으로 이타적인 동기로 세상을 보다 나은 곳으로 만들고 지속가능한 탁월함 실현에 헌신하는 사람이다.

둘째는 리더십의 4대 요소인 호기심, 통찰력, 참여의식, 의지력이다. 리더십 4대 요소는 기존 역할보다 훨씬 규모 있고 복합적인 역할을 맡아도 성공할 잠재력을 보여주는 지표들이다. 경험과 아이디어와 지식과 자기인식의 지평을 넓히는 데 힘쓰고, 주위의 피드백을 능동적으로 수용하고, 배움과 변화에 개방적인 인물을 추기경단이 찾아낼까? 그런 인물은 새로운 정보를 수집해서 이해하고, 통찰력을 가지고 구태의 관점을 탈피하고 새로운 방향을 세워나간다. 그런 인물은 다른 이들과 감성적 유대관계를 형성하고, 공감 능력이 있고, 설득력 있는 비전 제시와 소통이 가능하고, 본인이 속한 조직을 넘어서 사회 전반에 영감을 불러일으킨다. 그리고 난관에 버티는 내력과 좌절과 역경에서 회복하는 탄성을 보여준다.

셋째는 탁월한 인사결정 능력이다. 전 세계 4,400명의 주교가 교황에게 직접 보고하는 가톨릭교회의 수평적 조직 구조와 넓은 영향권과 지리적 분포를 고려할 때 인사결정력은 특히 중요하다. 이런 조직은 효과적 권한 위임이 관건이기 때문이다. 거기다 주교의 대부분은 종신직으로 임명된다. 기업의 관리자처럼 쉽게 해고할 수 없다. 따라서 차기 교황은 그동안 '사람' 선택을 하는 데 꽉 찬 실적을 보였던 사람이어야 한다. 그동안 핵심인재를 높이 쓰고 기량 발휘를 못하는 사람을 재배치하고 개발했는가? 그동안 조직 내에 다양성과 포용을 함양했는가? 커리어 내내 탁월한 후계자를 발탁하고 꾸준히 멘토링했는가?

내가 교황 선출인단에게 보내는 장문의 편지에는 옛날 가톨릭 리더들이 보여주었던 탁월한 인사관리 전례를 기억해달라는 정중한 부탁도 포함돼 있었다. 5세기 전, 예수회 창립자인 로욜라의 성 이냐시오Ignacio de Loyola는 인재를 모아서 이들을 교육하고 수련시키고 지도하는 데 평생을 바쳤고, 그 과정에서 예수회는 교회 개혁에 엄청난 공을 세웠다.

아르헨티나의 부에노스아이레스 대교구장 호르헤 마리오 베르고글리오Jorge Mario Bergoglio 추기경이 마침내 가톨릭 역사상 최초의 미주 출신이자 남반구 출신 교황으로 선출됐을 때 내 동료 중에서는 정말로 내 입김을 의심하는 사람들도 있었다. 물론 아니다. 전적으로 우연의 일치였을 뿐이다. 나는 프란치스코라는 즉위명으로 266대 교황이 된 베르고글리오 추기경을 비롯해 그 어떤 후보도 평가하거나 추천한 적 없다.

프란치스코 교황의 역량과 치적은 이제 시간만이 말할 수 있다. 하지만 즉위 3년차를 맞은 현시점에서 느낌이 굉장히 좋다. 프란치스코 교황은 내가 위에 열거한 기준 모두에서 기대 이상의 탁월함을 보여준다. 특히 성취동기 측면에서 교황의 행보는 감동적이다 (부에노스아이레스 사람들의 이름난 자기애big ego를 생각할 때 교황의 겸양 또한 놀랍기 그지없다!). 내게 가장 큰 감동을 준 뉴스는 프란치스코 교황이 교황의 상징인 붉은 구두를 신지 않는다는 것도, 소년원 재소자들의 발을 씻겨주었다는 것도 아니다. 내게 감동을 준 것은 교황이 선출 직후에 모국의 신문배달부에게 직접 전화해서 구독을 해지하고, 그동안의 노고에 감사를 표했다는 뉴스였다. 프란치스코 교황을 잘 아는 사람들의 전언에 따르면 교황은 리더십의 4대 요소 (호기심, 통찰력, 참여의식, 의지력)에서도 고루 높은 수준을 보인다. 또한 최초의 예수회 출신 교황답게 어느 때보다도 과감하고 개혁적인 리더십으로 세상을 놀라게 한다.

내 메시지가 추기경단에게 전달됐는지 여부는 중요하지 않다. 중요한 것은 추기경단이 매우 탁월한 선택을 한 것으로 보인다는 점이다. 우리도 그렇게 할 수 있다. 하지만 안타깝게도 인사결정의 규율과 객관적 평가가 재무적 성공이 걸린 기업세계에서는 엄격하게 적용되다가도 비영리 사회단체에 오면 실종되는 경향이 짙어진다. 비즈니스가 아니면 사람들은 판단하는 데 적극성이 현저히 떨어지고 평범함에 관대해진다. 하지만 세상에 현저한 영향을 미치는 그룹의 상당수는 사업체가 아니다. 인재경영의 베스트 프랙티스를 만들고 따르는 조직체가 결국 수세기씩 영향력을 이어간다. 예수회가 지난 500년 동안 교육 분야에서 쌓은 업적을 생각해보라. 예수회는 1540년에 정식 수도단체로 교황청의 인가를 받은 이래 세계 곳곳에서 수준 높은 교육 사업에 매진해서 18세기 후반까지 5개 대륙에 교육기관을 700여 개 설립하고 세계 최대의 고등교육 네트워크를 구축했다. 단 1세기 생존 확률이 20퍼센트도 되지 않는《포춘》선정 500대 기업들과는 실로 대조적이다.[2]

우리는 살면서 이런저런 사회활동에 관여한다. 자녀의 학교, 종교단체, 커뮤니티 클럽, 문화재단, NGO(비정부기구) 등 종류는 다양하다. 본인이 관여하는 조직이나 기관이 최고 인재를 모으고 리더십을 강화하려면 어떤 선행적 조치가 필요할지 고민하자. 세상에 성공한 기업만 존재한다면 경제적으로 번영하는 사회는 되겠지만 위대한 사회는 되지 못한다.[3] 당신의 영향권 안에 있는 모든 그룹이 '사람' 결정에서 진화할 때 보다 나은 세상이 온다. 각자의 역량을 씨앗처럼 꽃피우고 퍼뜨리자.

맺는말

인사결정의 제1시대는 아주 길었다. 인류는 수천 년 동안 신체 능력을 기준으로 서로를 평가하고 선택했다. 피라미드를 건설하고, 운하를 파고, 전쟁을 수행하고, 작물을 수확하려면, 그리고 맹렬히 후손을 퍼트리려면 아무래도 가장 건장하고 튼튼하고 힘센 사람을 고를 수밖에 없다. 이런 속성은 평가와 비교가 쉽다. 오늘날의 세상에서는 쓸모를 다해가는 속성이지만 우리는 아직도 상대에게 무의식적으로 이런 속성을 기대한다. 《포춘》 선정 500대 기업 CEO의 평균 신장은 미국인 평균 신장보다 6센티미터 가량 크다. 군사 지도자나 국가 지도자들의 체격 조건도 평균을 웃도는 경향을 보인다.[1]

내가 나고 자란 시대는 인사결정의 제2시대였다. 그때는 지능, 경험, 성과가 강조됐다. 20세기 초반부터 IQ(언어적·분석적·산술적·

294

논리적 명석함)가 직원 선별에서, 특히 사무직 근로자 채용을 하는 데 중요 평가지표로 당당히 자리매김했다. 동시에 교육 수준과 출신 학교가 명석함의 대리지표로 등극했다. 이 시대에 노동과 직무의 상당 부분이 표준화, 분업화, 전문화됐다. 엔지니어나 회계사 같은 직업은 자격증이 곧 적격자임을 보증했다. 회사나 산업이 달라져도, 해가 바뀌어도 직무 자체는 거기서 거기였기 때문에 과거의 성과가 미래의 성과를 예측하는 최고의 방법이었다. 서치 대상이 엔지니어, 회계사, 변호사, 설계사일 때는 말할 것도 없고 심지어 CEO일 때도 최고의 실적을 보이는 사람이나 경험이 가장 많은 사람을 스카우트하거나 뽑으면 그만이었다.

내가 임원 서치를 업으로 삼은 1980년대는 인사결정의 제3시대가 시작되는 시기였다. 제3시대를 부른 동력은 '역량운동competency movement'이었다. 심리학자 데이비드 맥클러랜드David McClelland가 1973년에 논문「'지능'보다 역량을 테스트하라Testing for Competence Rather Than for 'Intelligence'」를 발표했다. 맥클러랜드는 직원을 선발할 때, 특히 관리자급을 채용할 때 미래 성과의 우열을 제대로 예측하려면 직무의 고유성을 반영한 기량을 목록화해서 평가지표로 삼을 것을 제안했다.[2] 직무에서 역량으로 사고의 전환이 이루어진 데는 이유가 있었다. 디지털 기술 발전과 산업 간 융합으로 직무들이 전에 없이 복잡해지고 서로 유일무이해지면서 보직의 경험이나 성과가 과거에 비해 타당성을 잃었다. 이에 따라 우리는 직무를 역량 단위로 분해하고, 지적 능력과 기량과 기타 필요 요건들이 적절히 조합을 이룬 후보를 찾기 시작했다. 여러 연구를 매개로 리더십 역할에서 IQ보다 감성지능의 중요성이 부각되기 시작한 것도 이 무렵이었다.

제3시대의 '역량운동'은 현재에도 유효하다. 하지만 나는 현재가 인사결정의 제4시대의 새벽이라고 생각한다. 이제 인사결정의 초점은 잠재력으로 빠르게 이동하고 있다. 잠재력은 근본적으로 다른 직무 또는 갈수록 복잡해지는 직무를 만나도 적응하고 성장할 수 있는 저력을 말한다.

오늘날은 지정학, 비즈니스, 산업, 직능이 빠르게 변하는 시대다. 얼마나 빠르냐 하면, 앞으로 불과 수년 후의 성공 요건과 그에 따른 필요 역량을 예측하기 어려울 정도다. 새 시대의 지상과제는 잠재력 있는 미래지향형 인재를 발굴하고 개발하는 것이다. 미래지향형 인재란 최선으로 자신을 실현하고, 사회의 대의에 이바지하려는 동기부여가 확실하고, 만족을 모르는 호기심으로 새로운 접근법과 아이디어를 탐색하고, 날카로운 통찰력으로 남들이 못 보는 연관성을 간파하고, 일과 공동체에 높은 참여의식을 보이고, 난관과 장애에 굴하지 않는 의지력을 보유한 인재다(그렇다고 지적능력, 경험, 과거 성과, 업무 특화 역량 같은 지표들을 무시하자는 말은 아니다. 다만 오늘날은 이런 지표들보다 잠재력 지표가 우선한다는 뜻이다).

물론 잠재력은 다른 어떤 속성보다 측정하기 어렵다. 측정하기 어려운 만큼 찾아내기도 어렵다. 설상가상으로 '위기의 경제지표' 때문에 전체 인재 풀마저 줄고 있다. 하지만 위기는 노력하는 사람에게 절호의 기회다. 기회를 살리려면 치밀한 접근법과 걸림돌 극복 의지가 필요하다. 탁월한 인사결정의 걸림돌은 자신의 본능과 기존 교육부터 조직과 사회의 외압까지 다양하다. 인재를 발굴했으면 정력적으로 계발하고, 취지에 맞는 최적의 팀 구성에 힘쓴다.

여기서 끝이 아니다. 이 과정에서 얻은 베스트 프랙티스를 업무와 조직을 넘어 삶의 모든 영역에서 당신이 관여하는 인사결정에 확대 적용한다. 이것이 최고 인재로 당신 주위를 채우고, 나아가 그 인재들이 당신과 당신의 조직과 세상을 위해 최선과 공동선을 실현하는 방법이다.

이제 행동 개시를 외치는 말로 이 책을 맺고 싶다. 다시 새로운 시각으로 주위를 살펴 잠재력 있는 인재를 끊임없이 발굴하고 부지런히 육성하자. 거기서 끝이 아니다. 구슬도 꿰어야 보배다. 당신의 인재들이 공동의 위대함을 향해 연대하도록 이끌자. 이것이 일과 삶에서 성취와 번영을 이루는 가장 확실한 길이다.

참고문헌

머리말

1. 제프 베조스에 대한 기본 정보는 다음 사이트를 참고하기 바란다. "Jeff Bezos," *Wikipedia*, http://en.wikipedia.org/wiki/Jeff_Bezos; and "Jeff Bezos," bio/True Story, http://www.biography.com/people/jeff—bezos—9542209.
   다음 인터뷰 기사도 읽어보기를 적극 권한다. "Interview: Jeff Bezos," *Academy of Achievement*, May 4, 2001, http://www.achievement.org/autodoc/printmember/bez0int—1.

2. "Jeff Bezos: The King of E—Commerce," *Entrepreneur*, October 9, 2008, http://www.entrepreneur.com/article/197608.

3. Amazon.com Inc., *Annual Report* 2012 (pdf), http://www.annualreports.com/Company/1755.

4. Morten T. Hansen, Herminia Ibarra, and Urs Peyer, "100: The Best—Performing CEOs in the World," *Harvard Business Review*, January—February 2013, http://hbr.org/2013/01/the—best—performing—ceos—in—the—world.

298

5. 해당 정보는 저자가 2013년 4월 2일 브라질 상파울루에서 로저 아넬리를 면 담한 내용에 따른 것이며 저자의 수정과 첨언 과정을 거쳤다.

6. Vale, *Annual Reports* 2001 and 2011, http://www.vale.com/EN/investors/ Annual-reports/20F/Pages/default.aspx.

7. Roger Agnelli's farewell speech, May 20, 2011.

8. Hansen, Ibarra, and Peyer, "100: The Best-Performing CEOs in the World."

9. 아넬리의 전략과 의사결정 문화에 대해서는 다음 인터뷰 기사를 참조하기 바란다. "Edilson Camara in Fit for the Future: How a New Decision-Making Culture Helped Brazilian Raw Materials Company CVRD Join the World's Leading Players," *THE FOCUS* 10, no. 1, 2006.

10. Jeff Bezos, interviewed by Julia Kirby and Thomas A. Stewart, "The Institutional Yes," *Harvard Business Review*, October 2007, http://hbr. org/2007/10/the-institutional-yes/ar/1.

11. '1998년 아마존 주주에게 보내는 편지I1998 Amazon Shareholder letter' 원문 중 해당 부분은 다음과 같다. "It would be impossible to produce results in an environment as dynamic as the Internet without extraordinary people. Working to create a little bit of history isn't supposed to be easy, and, well, we're finding that things are as they're supposed to be! We now have a team of 2,100 smart, hard-working, passionate folks who put customers first. Setting the bar high in our approach to hiring has been, and will continue to be, the single most important element of Amazon.com's success."
    See http://www.cx-journey.com/2013/05/jeff-bezos-gets-customer-experience-but.html.

12. "Lesson #4: Create a High Hiring Bar," http://www.evancarmichael.com/ Famous-Entrepreneurs/959/Lesson-4-Create-a-High-Hiring-Bar. html.

13. As reported in 2012 by CNN Money on November 16, 2012, http:// management.fortune.cnn.com/2012/11/16/jeff-bezos-amazon/.

아마존닷컴의 최고경영진은 애사심과 오랜 재직기간을 자랑하는 아마존의 두뇌조직으로, 서로 긴밀히 작용하며 조직 안팎에서 베조스의 지휘권을 효과적으로 전달한다. 북미 고객서비스 최고책임자 제프 빌케Jeff Wilke는 13년차 베테랑이다. 1998년에 입사한 비즈니스개발 담당 부사장 제프 블랙번Jeff Blackburn은 입사 전에는 아마존의 IPO를 담당한 투자은행 임원이었으며 현재는 베조스의 최고 결사top dealmaker로 맹활약 중이다. 1997년에 입사한 웹서비스 담당 부사장 앤디 제시Andy Jassy 역시 베조스의 핵심인재 중 한 명이다.

14. 2011년 4월 1일 블룸버그 통신 보도와 2011년 3월 31일 브라질 경제전문지 《에자미Exame》의 보도에 따르면 발레의 대주주인 브라질 정부가 아넬리의 퇴임을 촉구한 것으로 알려졌다(http://www.bloomberg.com/news/print/2011-04-01/vale-s-main-shareholders-group-seeking-replacement-for-ceo-roger-agnelli.html and http://exame.abril.com.br/revista-exame/edicoes/0989/noticias/4-milhoes-de-investidores-pagama-a-conta).

아넬리 퇴임 1년 만에 발레의 집행위원회 임원 8명 중 7명도 회사를 떠났으며 2년 만에 기업가치가 반으로 추락했다(http://www.bloomberg.com/news/2012-12-10/agnelli-bets-on-metals-after-leading-vale-boom-corporate-brazil.html).

발레의 쇠퇴에는 브라질 주식시장에 대한 '글로벌' 투자심리 위축과 원자재 가격 하락을 포함해 여러 원인이 있다. 하지만 발레의 시장가치 하락폭은 해당 기간 리오틴토Rio Tinto나 BHP 같은 근접 경쟁업체의 가치 하락폭보다 훨씬 컸다. 뛰어난 리더십 팀의 해체 외에도 향후 정치권의 경영 간섭과 인사결정 개입에 대한 우려가 적지 않은 영향을 미친 것으로 보인다.

15. Walter Isaacson, "The Real Leadership Lessons of Steve Jobs," *Harvard Business Review*, April 2012, http://hbr.org/2012/04/the-real-leadership-lessons-of-steve-jobs/.

16. "Steve Jobs Interview: One-on-One in 1995," *Computerworld*, October 6, 2011, http://www.computerworld.com/s/article/9220609/Steve_Jobs_interview_One_on_one_in_1995.

17. 위와 동일.

18. 위와 동일.

19. "Jonathan Ive," *Wikipedia*, http://en.wikipedia.org/wiki/Jonathan_Ive.

20. Isaacson, "The Real Leadership Lessons of Steve Jobs."

21. "Steve Jobs Interview."

22. 삼성 등 한국의 대기업에 대한 공개 자료는 많지 않지만 나의 첫 번째 저서 『기업을 키우는 인사결정의 기술』(Hoboken, NJ: John Wiley & Sons, 2007)의 한국어판 출간을 계기로 이곤젠더 한국 지사의 사이먼 킴, 유진 킴, 줄리어스 킴과 엄윤미 씨 등을 통해 특별히 관련 정보와 통찰을 얻을 수 있었다.

1장

1. Nigel Nicholson, *Managing the Human Animal* (Cheshire, UK: Texere Publishing, 2000).

2. Mark van Vugt and Anjana Ahuja, *Naturally Selected: The Evolutionary Science of Leadership* (New York: HarperCollins Publishers, 2010).

3. Shankar Vedantam, *The Hidden Brain: How Our Unconscious Minds Elect Presidents, Control Markets, Wage Wars, and Save Our Lives* (New York: Spiegel & Grau, 2010), 62.

4. Neha Mahajan, Zoe Liberman, and Karen Wynn, press release, Association for Psychological Science, March 12, 2013, http://www.psychologicalscience.org/index.php/news/releases/babies—prefer—individuals—who—harm—those—that—arent—like—them.html.

5. Ken Robinson, www.ted.com/talks/ken_robinson_says_schools_kill_creativity.html (February 2006).

6. Rakesh Khurana, *From Higher Aims to Hired Hands, the Social Transformation of American Business Schools and the Unfulfilled Promise of Management as a Profession* (Princeton: Princeton University Press, 2007), 169.

7. Robert S. Rubin and Erich C. Dierdorff, *Academy of Management Learning & Education*, 8, no. 2 (2009): 208—224.

8. Daniel Goleman, *Leadership: The Power of Emotional Intelligence*

(Northampton, MA: More Than Sound LLC, 2011), 99.

2장

1. Daniel Kahneman, *Thinking, Fast and Slow*, 1st ed. (New York: Farrar, Straus and Giroux, 2013), 261—262.
2. 위와 동일, 85—88.

3장

1. 하버드 경영대학원의 보리스 그로이스버그Boris Groysberg와 데보라 벨Deborah Bell이 전 세계 기업 이사회 멤버들을 대상으로 자사 인재경영 수준을 묻는 대대적인 설문조사를 실시한 결과, '부적격자를 버스에서 하차시키기' 항목의 점수가 아홉 가지 조사 항목 가운데 가장 낮았다. 이 현상은 지역을 불문하고 일관되게 나타났다. 심지어 타 지역에 비해 전반적으로 높은 점수를 보인 북미, 호주, 뉴질랜드에서도 자사가 이 항목에서 잘하고 있다고 답한 이사회 멤버는 10퍼센트 미만이었다. http://blogs.hbr.org/2013/05/talent-management-boards-give/.
2. See http://www.youtube.com/watch?v=xD_CMKLL8GU and http://m.npr.org/news/Arts+%26+Life/136495499.
3. Daniel Kahneman, *Thinking, Fast and Slow*, 1st ed. (New York: Farrar, Straus and Giroux, 2013), 283—286.
4. William N. Thorndike Jr., *The Outsiders: Eight Unconventional CEOs and Their Radically Rational Blueprint for Success* (Boston: Harvard Business Review Press, 2012), 114.

4장

1. Rakesh Khurana and Nitin Nohria, "The Performance Impact of New CEOs," *MIT Sloan Management Review* (*Winter 2001*); cited in Claudio Fernández-Aráoz, *Great People Decisions* (Hoboken, NJ: John Wiley & Sons, Inc., 2007), 163.

2.   Fernández-Aráoz, *Great People Decisions*, 165, and http://citeseerx.ist. psu.edu/viewdoc/download?doi=10.1.1.201.2749&rep=rep1&type=pdf.

3.   Fernández-Aráoz, *Great People Decisions*, 163—166.

4.   James S. Ang and Gregory Leo Nagel, *The Effect of CEO Hiring Source on Total Cash Flow*, May 19, 2012, http://ssrn.com/abstract=2018996.

5.   Fernández-Aráoz, *Great People Decisions*, 166.

5장

1.   Malcolm Gladwell, *Blink: The Power of Thinking without Thinking* (Boston: Little, Brown), 2005, 73—74.

2.   Suzy Welch, *10-10-10: A Fast and Powerful Way to Get Unstuck in Love, at Work, and with Your Family* (New York: Scribner, 2009).

6장

1.   Ben Bryant, "Judges Are More Lenient after Taking a Break, Study Finds," *The Guardian*, April 11, 2011.

2.   Reported in John Tierney, "Do You Suffer from Decision Fatigue?" *New York Times*, August 17, 2011.

3.   위와 동일.

7장

1.   Claudio Fernández-Aráoz, Boris Groysberg, and Nitin Nohria, "The Defi nitive Guide to Recruiting in Good Times and Bad," *Harvard Business Review*, May 2009.

2.   경영컨설팅 회사 언스트앤영Ernst & Young의 소비재 산업부문 글로벌 리더 하 워드 마틴Howard Martin에 따르면, 향후 몇 년 동안 세계 경제성장의 70퍼센트 는 신흥시장이 주도할 것이며, 특히 중국과 인도가 세계 경제성장의 40퍼센 트를 견인할 것으로 추산된다. "Emerging Markets Increase Their Global Power," http://www.ey.com/GL/en/Issues/Business-environment/Six- global-trends-shaping-the-business-world——Emerging-markets-

increase-their-global-power.

국제통화기금IMF은 신흥시장의 국내총생산 총액이 2014년 초 선진경제국의 국내총생산 총액을 추월할 것으로 예측했다. 이 예측은 투자기관의 신흥시장에 대한 투자 전망이 한동안 밝을 것임을 시사한다. 신흥시장은 이미 외국인 직접투자FDI 국제 유입액의 50퍼센트, 국제 유출액의 25퍼센트를 차지한다. 외국인 직접투자의 최대 목표지는 여전히 아프리카, 중동, 그리고 브릭스BRICs(브라질, 러시아, 인도, 중국)이다. 2020년까지 브릭스 4개국이 세계 국내총생산 성장의 거의 50퍼센트를 차지하게 될 것으로 예상된다. 이미 2009년에 신흥시장 간 무역 규모는 2조 9,000억 달러를 돌파했다. 신흥경제 지역 사이에 엄청난 규모의 투자 흐름이 지속되면서 신흥시장의 리더들 또한 새롭게 세계경제의 주력으로 부상하고 있다.

그 밖의 자료는 다음을 참고하기 바란다. "KPMG Survey: U.S. Companies to Increase Investment Across a Broader Range of Emerging Markets to Drive Growth," http://www.kpmg.com/us/en/issuesandinsights/articlespublications/press-releases/pages/kpmg-survey-us-companies-to-increase-investment-across-a-broader-range-of-emerging-markets-to-drive-growth.aspx; and *Fortresses and Footholds Emerging Market Growth Strategies, Practices and Outlook*, http://www.deloitte.com/assets/Dcom-UnitedStates/Local%20Assets/Documents/us_consulting_Fortresses%20and%20Footholds_111511.pdf.

3.   "Emerging Markets Increase Their Global Power."

4.   "Demographic Shifts Transform the Global Workforce," http://www.ey.com/GL/en/Issues/Business-environment/Six-global-trends-shaping-the-business-world---Demographic-shifts-transform-the-global-workforce.

5.   Boris Groysberg, "Assessing the Leadership Bench," http://www.exed.hbs.edu/assets/Documents/qa-dptm-groysberg.pdf.

6.   Boris Groysberg and Deborah Bell, "Talent Management: Boards Give Their Companies an 'F,'" *HBR Blog Network*, May 28, 2013, *blogs.hbr.org*/2013/05/talent-management-boards-give/.

7. Boris Groysberg and Deborah Bell, "New Research: Where the Talent Wars Are Hottest," *HBR Blog Network*, June 21, 2013, http://blogs.hbr.org/2013/06/new-research-where-the-talent/.

8장

1. Claudio Fernández-Aráoz, *Great People Decisions* (Hoboken, NJ: John Wiley & Sons, Inc., 2007), 38—40.

2. Ernest O'Boyle Jr. and Herman Aguinis, "The Best and the Rest: Revisiting the Norm of Normality of Individual Performance," *Personnel Psychology* 65, no. 1 (2012): 79—119.

3. Michael Mankins, Alan Bird, and James Root, "Making Star Teams Out of Star Players," *Harvard Business Review*, January—February 2013.

4. Nassim Nicholas Taleb, *The Black Swan: The Impact of the Highly Improbable* (New York: Random House, 2007).

5. O'Boyle and Aguinis, "The Best and the Rest."

9장

1. 자신의 강점과 약점에 대한 현실적 평가가 가능하다는 점 말고도 우울증의 이점은 많다. 관련 내용은 다음을 참고하기 바란다. Jonah Lehrer, "Depression's Upside," *New York Times*, February 28, 2010.

2. Daniel Kahneman, *Thinking, Fast and Slow*, 1st ed. (New York: Farrar, Straus and Giroux, 2013), 255—265.

3. Cited in David Dunning, Chip Heath, and Jerry M. Suls, "Flawed Self-Assessment, Implications for Health, Education, and the Workplace," *Psychological Science in the Public Interest* 5, no. 3 (December 2004): 69—106.

4. Cited in Chip Heath and Dan Heath, *Decisive: How to Make Better Choices in Life and Work* (New York: Crown Business, 2013), 212—216.

10장

1. Robert J. Thornton, *The Lexicon of Intentionally Ambiguous Recommendation: Positive-Sounding References for People Who Can't Manage Their Own Sock Drawer* (Naperville, IL: Sourcebooks, 2003).

2. Carmen Nobel, "How to Spot a Liar," *HBS Working Knowledge*, May 13, 2013.

3. M. Reinhard, M. Scharmach, and P. Müller, "It's Not What You Are, It's What You Know: Experience, Beliefs, and the Detection of Deception in Employment Interviews," *Journal of Applied Social Psychology* 43, no. 3 (2013): 467—479, http://dx.doi.org/10.1111/j. 1559—1816.2013.01011.x.

11장

1. *Monkeys Beat Market Cap Indices*, Cass Business School, April 4, 2013, http://www.cass.city.ac.uk/news—and—events/news/2013/april/monkeys—beat—market—cap—indices.

12장

1. R. Taft, "The Ability to Judge People," *Psychological Bulletin* 52, no. 1 (1955): 1—23.

13장

1. Peter Drucker, "How to Make People Decisions" *Harvard Business Review*, July—August 1985.

2. Jack Welch and Suzy Welch, "The Hiring Batting Average," *Bloomberg BusinessWeek*, July 19, 2007, http://www.businessweek.com/stories/2007—08—19/the—hiring—batting—average.

3. 위와 동일.

4. Claudio Fernández—Aráoz, "Making People Decisions in the New Global Environment," *MIT Sloan Management Review* 49, no. (1 Fall 2007): 17—20.

14장

1.   "Dayak People," *Wikipedia*, http://en.wikipedia.org/wiki/Dayak_people.

15장

1.   Claudio Fernández–Aráoz, *Great People Decisions* (Hoboken, NJ: John Wiley & Sons, Inc., 2007), 170—173.

2.   Chip Heath and Dan Heath, *Decisive: How to Make Better Choices in Life and Work* (New York: Crown Business, 2013).

3.   위와 같은 책에서 인용, 37

4.   위와 같은 책에서 인용, 57.

5.   위와 같은 책에서 인용, 56.

16장

1.   Daniel Kahneman, *Thinking, Fast and Slow*, 1st ed. (New York: Farrar, Straus and Giroux, 2013), 226—227.

2.   Atul Gawande, *The Checklist Manifesto: How to Get Things Right* (New York: Metropolitan Books, 2009).

3.   Kahneman, *Thinking, Fast and Slow*, 229—232.

4.   위와 동일, 222—223.

5.   위와 동일, 230—232.

6.   Claudio Fernández–Aráoz, *Great People Decisions* (Hoboken, NJ: John Wiley & Sons, Inc., 2007), 94—97 and 105—108.

7.   Robyn M. Dawes, "The Robust Beauty of Improper Linear Models in Decision Making," *American Psychologist* 34, no. 7 (1979): 571—582.

8.   Kahneman, *Thinking, Fast and Slow*, 231.

17장

1.   "Ted Williams," National Baseball Hall of Fame and Museum, http://baseballhall.org/hof/williams–ted.

2.   "Ted Williams," *Wikipedia*, http://en.wikipedia.org/wiki/Ted_Williams.

3. Tom Verducci, "What Happened to Ted?" *Sports Illustrated*, August 12, 2003, http://sportsillustrated.cnn.com/baseball/news/2003/08/12/williams_si/.

4. Randolfe H. Wicker, "Cloning Ted Williams," http://www.clonerights.com/new_page_9.htm.

5. Martin E.P. Seligman, Ph.D., *What You Can Change ... and What You Can't: The Complete Guide to Successful Self-Improvement* (New York: Ballantine Publishing Group, 1993).

6. Jim Collins, "Filling the Seats: How People Decisions Help Build a Great Company," keynote topic in THE FOCUS 10, no. 1, May, 2006.

18장

1. Nando Parrado, "Homepage," www.parrado.com.
    안데스 조난 사고의 또 다른 생존자 난도 파라도Nando Parrado의 감동적인 수기를 책으로 접할 수 있다. *Miracle in the Andes: 72 Days on the Mountain and My Long Trek Home* (New York: Crown Publishers, 2006).

2. Pedro Algorta, "Homepage," www.pedroalgorta.es/en/.

19장

1. 최초의 스탠퍼드 마시멜로 실험에 대해서는 다음을 참조하기 바란다. http://en.wikipedia.org/wiki/Stanford_marshmallow_experiment.
    최초 실험 이후 후속 연구와 관련 연구에 대해서는 다음을 참조하기 바란다. "The Marshmallow Study Revisited: Delaying Gratification Depends as Much On Nurture as On Nature," *Science Daily*, October 11, 2012, http://www.sciencedaily.com/releases/2012/10/121011090655.htm; Sarah Kliff, "The Marshmallow Test, Revisited," *Washington Post*, updated October 13, 2012, http://www.washingtonpost.com/blogs/wonkblog/wp/2012/10/13/the—marshmallow—test—revisited/; Celeste Kidd, Holly Palmeri, Richard N. Aslin, "Rational Snacking: Young Children's Decision—Making on the Marshmallow Task Is Moderated by Beliefs about Environmental

Reliability," 2012, http://www.bcs.rochester.edu/people/ckidd/papers/ KiddPalmeriAslin2012_Cognition.pdf; Drake Bennett, "What Does the Marshmallow Test Actually Test?," *Bloomberg Businessweek*, October 17, 2012, http://www.businessweek.com/articles/2012–10–17/what– does–the–marshmallow–test–actually–test; "Quitting Marshmallow Test Can Be a Rational Decision," *Science Daily*, March 26, 2013, http://www.sciencedaily.com/releases/2013/03/130326194138.htm; "Marshmallow Test Points to Biological Basis for Delayed Gratifi cation," *Science Daily*, September 1, 2011, http://www.sciencedaily.com/ releases/2011/08/110831160220.htm; "New Paper Pinpoints a Seat of Self–Control in the Brain," *Science Daily*, March 31, 2010, http:// www.sciencedaily.com/releases/2010/03/100330161843.htm; "Why Delaying Gratification Is Smart," *Science Daily*, September 11, 2008, http://www.sciencedaily.com/releases/2008/09/080909111022.htm; "Children's Self–Control Is Associated with Their Body Mass Index as Adults," *Science Daily*, August 16, 2012, http://www.sciencedaily.com/ releases/2012/08/120816075413.htm.

2.   Daniel Goleman, *Emotional Intelligence* (New York: Bantam Books, 1995).

20장

1.   인재 이식성 문제에 관한 입문서로 다음 문헌을 권한다. Boris Groysberg, Ashish Nanda, and Nitin Nohria, "The Risky Business of Hiring Stars," *Harvard Business Review*, May 2004, http://hbr.org/2004/05/the–risky– business–of–hiring–stars/ar/1 and Boris Groysberg, Andrew N. McLean, and Nitin Nohria, "Are Leaders Portable?" *Harvard Business Review*, May 2006, http://hbr.org/2006/05/are–leaders–portable/ar/1.
        보다 자세하고 면밀한 검토를 위해서는 다음 문헌을 권한다. Boris Groysberg, *Chasing Stars: The Myth of Talent and the Portability of Performance* (Princeton: Princeton University Press, 2010).

2. 제너럴일렉트릭은 오래전부터 CEO를 가장 많이 배출하는 기업으로 이름 높다. 하지만 전체 직원 수 대비 CEO 배출비율이 가장 높은 기업은 전략컨설팅 업체인 맥킨지다. USA Today, September 1, 2008, http://usatoday30.usatoday.com/money/companies/management/2008-01-08-ceocompanies_n.htm).

3. Groysberg, McLean, and Nohria, "Are Leaders Portable?"

21장

1. Claudio Fernández-Aráoz, "Why I Like People with Unconventional Résumés," *HBR Blog Network*, July 2, 2012, http://blogs.hbr.org/2012/07/why-i-like-people-with-unconve/.

22장

1. Michael J. Mauboussin, *The Success Equation: Untangling Skill and Luck in Business, Sports and Investing* (Boston: Harvard Business Review Press, 2012).

2. Noam T. Wasserman, N. Nohria, and Bharat N. Anand, "When Does Leadership Matter? The Contingent Opportunities View of CEO Leadership," working paper no. 01-063 (Boston: Harvard Business School, April 2001).

3. Asmus Komm et al., *Return on Leadership— Competencies That Generate Growth*, Egon Zehnder International and McKinsey & Co., February 2011, http://www.egonzehnder.com/us/leadership-insights/leadership-strategy-services/competencies-that-generate-growth-return-on-leadership.html; and Katharina Herrmann, Asmus Komm, and Sven Smit, "Do You Have the Right Leaders for Your Growth Strategies?" *McKinsey Quarterly*, July 2011, http://www.mckinsey.com/insights/leading_in_the_21st_century/do_you_have_the_right_leaders_for_your_growth_strategies.

23장

1. 다음 링크에 홉스테데의 문화차원이론이 소개되어 있다. http://en.wikipedia.
    org/wiki/Hofstede's_cultural_dimensions_theory.
    다음 문헌이 문화 다양성을 이해하는 데 효과적인 또 다른 분석 프레임워크를
    제시한다. Fons Trompenaars and Charles Hampden—Turner, *Riding the
    Waves of Culture: Understanding Diversity in Global Business* (New York:
    McGraw—Hill, 2012).
    글로벌 인재 선별 시스템의 설계와 시행에 유용한 자료로는 다음 문헌을 권
    한다. Anne Marie Ryan and Nancy Tippins, *Designing and Implementing
    Global Selection Systems* (Malden, MA: Wiley—Blackwell, 2009).

24장

1. "Transplant Rejection," *Wikipedia*, http://en.wikipedia.org/wiki/
    Transplant_rejection.

2. Boris Groysberg, *Chasing Stars* (Princeton, NJ: Princeton University
    Press, 2010).

3. Michael Watkins, *The First 90 Days: Proven Strategies for Getting Up to
    Speed Faster and Smarter*, updated and expanded ed. (Boston: Harvard
    Business School Publishing, 2013).

4. Also see Claudio Fernández—Aráoz, *Great People Decisions* (Hoboken,
    NJ: John Wiley & Sons, Inc., 2007), chapter 9; and John J. Gabarro, *The
    Dynamics of Taking Charge* (Boston: Harvard Business School Press,
    1987).

5. Cassie Rodenberg, "Next—Gen Transplant Techniques Can Stop
    Organ Rejection," *Popular Mechanics*, January 28, 2010, http://www.
    popularmechanics.com/science/health/life—extension/4343954.

25장

1. See http://www.amazon.com/Sophies—Choice—William—Styron/
    dp/0679736379 and http://www.imdb.com/title/tt0084707/.

2.   John W. Gardner, *Excellence* (1961; rev. New York: W.W. Norton & Company, Inc., 1984).

3.   Jean Martin and Conrad Schmidt, "How to Keep Your Top Talent," *Harvard Business Review*, May 2010, 54—61, http://www.harvardbusiness.org/how-keep-your-top-talent.

4.   Claudio Fernández-Aráoz, Boris Groysberg, and Nitin Nohria, "How to Hang On to Your High Potentials," *Harvard Business Review*, October 2011, http://hbr.org/2011/10/how-to-hang-on-to-your-high-potentials.

5.   *Executive Education in Corporate America: A Report on Practices and Trends in 300 Leading Companies in Eight Major Industries* (Palatine, IL: Executive Knowledgeworks, Anthony J. Fresina & Associates, Inc., 1988).

6.   "Notable & Quotable," *Wall Street Journal*, April 4, 2013, http://online.wsj.com/article/SB10001424127887324100904578403011865246292.html.

26장

1.   Daniel Goleman, *Leadership: The Power of Emotional Intelligence* (Northampton, MA: More Than Sound LLC, 2011), 99.

2.   Richard Boyatzis, Elizabeth C. Stubbs, and Scott N. Taylor, "Learning Cognitive and Emotional Intelligence Competencies through Graduate Management Education," *Academy of Management Learning and Education* 1, no. 2 (2002): 150—162.

3.   Daniel Goleman, Richard Boyatzis, and Annie McKee, *Primal Leadership: Realizing the Power of Emotional Intelligence* (Boston: Harvard Business School Press, 2002), 91—112.
        학습과 신경내분비계 작용을 다룬 연구 등 감성역량과 사회역량개발에 관한 최근의 뇌과학 연구를 다룬 자료로는 다음과 같은 논문들이 있다. Ronald J. Burke, Cary L. Cooper, *Inspiring Leaders* (New York: Routledge, 2006), 119—131; Richard E. Boyatzis et al., "Examination of the Neural Substrates Activated in Memories of Experiences with Resonant and

Dissonant Leaders," *Leadership Quarterly* 23 (2012): 259—272); Anthony I. Jack et al., *NeuroImag*(2012, accepted manuscript); Richard E. Boyatzis, "Leadership Development from a Complexity Perspective," *Consulting Psychology Journal: Practice and Research* 60, no. 4 (2008): 298—313; and Richard E. Boyatzis et al., "Coaching with Compassion: An fMRI Study of Coaching to the Positive or Negative Emotional Attractor," presented at the Academy of Management Annual Conference, Montreal, August 2010.

27장

1.   Morten T. Hansen, Herminia Ibarra, and Urs Peyer, "100: The Best—Performing CEOs in the World," *Harvard Business Review*, January—February 2013, http://hbr.org/2013/01/the—best—performing—ceos—in—the—world.

2.   Ram Charan, Stephen Drotter, and James Noel, *The Leadership Pipeline: How to Build the Leadership Powered Company* (Hoboken, NJ: John Wiley & Sons, Inc., 2011).

28장

1.   Asmus Komm et al., *Return on Leadership—Competencies That Generate Growth*, Egon Zehnder International and McKinsey & Co., February 2011, http://www.egonzehnder.com/us/leadership—insights/leadership—strategy—services/competencies—that—generate—growth—return—on—leadership.html; and Katharina Herrmann, Asmus Komm, and Sven Smit, "Do You Have the Right Leaders for Your Growth Strategies?" *McKinsey Quarterly*, July 2011, http://www.mckinsey.com/insights/leading_in_the_21st_century/do_you_have_the_right_leaders_for_your_growth_strategies.

29장

1. Frans de Waal, "Two Monkeys Were Paid Unequally," excerpt from TED Talk, April 4, 2013, http://www.youtube.com/watch?v=meiU6TxysCg.

2. Brian Knutson et al., "Nucleus Accumbens Activation Mediates the Infl uence of Reward Cues on Financial Risk—Taking," *Neuroreport* 19, no. 5 March 2008: 509—513, http://mpra.ub.uni—muenchen.de/8013/.

3. Jim Collins, *Good to Great*, 1st ed. (New York: HarperCollins Publishers, Inc., 2001), 49 and 244—246.

4. Daniel H. Pink, *Drive: The Surprising Truth about What Motivates Us* (New York: Riverhead Books, 2009).

30장

1. 다음 논문에 의하면, 제너럴일렉트릭에서 높은 성과를 내던 임원이 다른 기업 CEO로 옮겨 갔을 때 동종 업종의 다른 기업들의 수준에 못 미치는 성과를 내는 경우가 전체의 절반에 이른다. 인재의 성공적 이직에는 조직문화의 접합성이라는 변수가 크게 작용한다. Boris Groysberg, Andrew N. McLean, and Nitin Nohria, "Are Leaders Portable," *Harvard Business Review*, May 2006, http://hbr.org/2006/05/are—leaders—portable/ar/.

31장

1. Michael Mankins, Alan Bird, and James Root, "Making Star Teams Out of Star Players," *Harvard Business Review*, January—February 2013, http://hbr.org/2013/01/making—star—teams—out—of—star—players/ar/.

32장

1. Nate Silver, *The Signal and the Noise: Why So Many Predictions Fail—but Some Don't* (New York: Penguin Press, 2012), 20—46.

33장

1. Thomas Barta, Markus Kleiner, and Tilo Neuman, "Is There a Payoff

from Top—Team Diversity?" *McKinsey Quarterly* (April 2012), http://www. mckinsey.com/insights/organization/is_there_a_payoff_from_top—team_ diversity.

2. David A. Thomas and Robin J. Ely, "Making Differences Matter: A New Paradigm for Managing Diversity," *Harvard Business Review*, September 1996, http://hbr.org/1996/09/making—differences—matter—a—new—paradigm—formanaging—diversity/ar/1.

3. Marilyn Marks, "Blind Auditions Key to Hiring Musicians," *Princeton Weekly Bulletin*, February 12, 2001, http://www.princeton.edu/pr/pwb/01/0212/7b.shtml.

4. 타마라 에릭슨의 명저 중 하나로 다음 문헌을 소개한다. Tamara Erickson, including *What's Next, Gen X?: Keeping Up, Moving Ahead, and Getting the Career You Want* (Boston: Harvard Business Press, 2010).
다음 문헌도 함께 권한다. Jeanne C. Meister and Karie Willyerd, *The 2020 Workplace: How Innovative Companies Attract, Develop, and Keep Tomorrow's Employees Today* (New York: HarperCollins, 2010).

5. See http://en.wikipedia.org/wiki/Hofstede's_cultural_dimensions_theory.

34장

1. "Hixonia Nyasulu," *Wikipedia*, http://en.wikipedia.org/wiki/Hixonia_Nyasulu.

2. Boris Groysberg, Kerry Herman, and Annelena Lobb, *Women MBAs at Harvard Business School: 1962—2012*, Harvard Business School Case 413—013 (Boston: Harvard Business School Publishing, March 2013).

3. Sylvia Ann Hewlett and Ripa Rashid, *Winning the War for Talent in Emerging Markets: Why Women Are the Solution* (Boston: Harvard Business Review Press, 2011).

4. Louann Brizendine, *The Female Brain* (New York: Broadway Books, 2006); Louann Brizendine, *The Male Brain* (New York: Broadway Books,

2010).

5.   Sheryl Sandberg, *Lean In: Women, Work, and the Will to Lead* (New York: Alfred A. Knopf/ Borzoi Books, 2013).

6.   Sandrine Devillard et al., *Women Matter: Making the Breakthrough*, Mc Kinsey & Co., March 2012, http://www.mckinsey.com/client_service/ organization/latest_thinking/women_matter.

7.   Joanna Barsh, Susie Cranston, and Rebecca A. Craske, "Centered Leadership: How Talented Women Thrive," *McKinsey Quarterly* (September 2008), http://www.mckinsey.com/insights/leading_in_ the_21st_century/centered_leadership_how_talented_women_thrive.

8.   Tommaso Arenare, "Female Leadership, Italy, Diversity and the Beauty of Leading by Example," *Open Thinking* (blog), May 26, 2012, http:// tommasoarenare.wordpress.com/2012/05/26/female—leadership— italydiversity—and—the—beauty—of—leading—by—example/.

35장

1.   Eduardo P. Braun, "It's the Culture, Stupid!" *Huffi ngton Post Blog*, June 25, 2013, http://www.huffi ngtonpost.com/eduardo—p—braun/its—the— culture—stupid_2_b_3487503.html.

2.   Jon Katzenbach and DeAnne Aguirre, "Culture and the Chief Executive," *Strategy + Business*, May 28, 2013, http://www.strategy—business.com/ article/00179?pg=all.

3.   Ashish Nanda and Kelley Morrell, *Strategic Review at Egon Zehnder International* (A), Harvard Business School case study (Boston: Harvard Business Publishing, August 2, 2004).

4.   Richard E. Boyatzis et al., "Examination of the Neural Substrates Activated in Memories of Experiences with Resonant and Dissonant Leaders, *Leadership Quarterly* 23 (2012): 259—272; Richard E. Boyatzis et al., "Coaching with Compassion: An fMRI Study of Coaching to the Positive or Negative Emotional Attractor," 2010년 8월, 몬트리올에서 열린

'경영학회 연례 콘퍼런스Academy of Management Annual Conference'에서 발표.

36장

1.   Egon Zehnder, "A Simpler Way to Pay," *Harvard Business Review*, April 2001, http://hbr.org/2001/04/a—simpler—way—to—pay/ar/1.

2.   Marshall W. Van Alstyne, "Create Colleagues, Not Competitors," *Harvard Business Review*, September 2005.

37장

1.   Christian Caspar, Ana Karina Dias, and Heinz—Peter Elstrodt, *The Five Attributes of Enduring Family Businesses*, McKinsey & Co., January 2010, http://www.mckinsey.com/insights/organization/the_five_attributes_of_enduring_family_businesses.

2.   Morten Bennedsen et al., "Inside the Family Firm: The Role of Families in Succession Decisions and Performance," *Quarterly Journal of Economics* 122, no. 2 (2007): 647—691.

38장

1.   Morten T. Hansen, Herminia Ibarra, and Urs Peyer, "100: The Best—Performing CEOs in the World," *Harvard Business Review*, January—February 2013, http://hbr.org/2013/01/the—best—performing—ceos—in—the—world.

2.   Jim Collins, *How the Mighty Fall and Why Some Companies Never Give In* (New York: HarperCollins Publishers Inc., 2009), 58—64.

3.   Boris Groysberg and Deborah Bell, "Who's Really Responsible for P&G's Succession Problems?" *HBR Blog Network*, June 3, 2013, http://blogs.hbr.org/2013/06/whos—really—responsible—for—pg/.

4.   해당 정보는 다음 문헌에 보고된 내용을 참고한 것이다. James S. Ang and Gregory Leo Nagel, "The Financial Outcome of Hiring a CEO from Outside the Firm," March 14, 2011, available at SSRN: http://ssrn.com/

abstract=1657027.

해당 정보는 내부 승진 CEO와 외부 영입 CEO의 성과에 관한 최근 연구에서는 언급되지 않는다. 하지만 저자가 그레고리 나겔 교수와 직접 나눈 대화에 따르면 해당 정보는 현재까지도 유효하다.

39장

1. Jeffrey A. Sonnenfeld, "What Makes Great Boards Great," *Harvard Business Review*, September 2002, http://hbr.org/2002/09/what-makes-greatboards-great/ar/1.

2. Chris Thomas, David Kidd, and Claudio Fernández-Aráoz, "Are You Underutilizing Your Board?" *MIT Sloan Management Review* 48, no. 2 (Winter 2007).

3. Jim Aisner, "Working Up With Boards—Jay Lorsch," *HBS Working Knowledge*, July 9, 2013, http://hbswk.hbs.edu/item/7298.html.

4. Claudia Pici-Morris and German Herrera, *Gender Diversity on Boards: Breaking the Impasse*, Egon Zehnder International, 2012, http://www.egonzehnder.com/leadership-insights/diversity-and-inclusion/gender-diversity-on-boards-breaking-the-impasse.html.

40장

1. Ashish Nanda and Kelley Morrell, *Strategic Review at Egon Zehnder International* (A), Harvard Business School case study (Boston: Harvard Business Publishing, August 2004).

2. Ranjay Gulati, Nitin Nohria, and Franz Wohlgezogen, "Roaring Out of Recession," *Harvard Business Review*, March 2010, http://hbr.org/2010/03/roaring-out-of-recession/ib.

3. Per-Ola Karlsson and Gary L. Neilson, "CEO Succession 2008: Stability in the Storm," *Strategy + Business*, May 2009, http://www.strategy-business.com/article/09206?pg=all.

4. Jean-Michel Caye et al., *Creating People Advantage in Times of Crisis*

How to Address HR Challenges in the Recession, The Boston Consulting Group and European Association for People Management, March 23, 2009, https://www.bcg.com/documents/file15224.pdf.

5.   Warren G. Bennis and Robert J. Thomas, "Crucibles of Leadership," *Harvard Business Review*, September 2002, http://hbr.org/2002/09/cruciblesof—leadership/.

41장

1.   Christoph Lueneburger, *A Culture of Purpose* (San Francisco: Jossey—Bass, 2014).

2.   Christoph Lueneburger and Daniel Goleman, "The Change Leadership Sustainability Demands," *MIT Sloan Management Review* (Summer 2010), http://sloanreview.mit.edu/article/the—change—leadership—sustainability—demands/.

42장

1.   Marco Iacoboni, *Mirroring People* (New York: Farrar, Straus and Giroux, 2008), 248—254.

2.   Gautam Mukunda, *Indispensable: When Leaders Really Matter* (Boston: Harvard Business Review Press, 2012), 248—254.

43장

1.   "List of Countries by GDP (PPP) per Capita," *Wikipedia*, http://en.wikipedia.org/wiki/List_of_countries_by_GDP_(PPP)_per_capita.

2.   Boon Siong Neo and Geraldine Chen, *Dynamic Governance: Embedding Culture, Capabilities and Change in Singapore* (Singapore: World Scientific Publishing Co. Pte. Ltd., 2007), 161.

3.   Chua Mui Hoong, *Pioneers Once More: The Singapore Public Service 1959—2009* (Singapore: Straits Times Press Pte. Ltd., 2010).

4.   Neo and Chen, *Dynamic Governance*, vii—viii.

5.   Claudio Fernández–Aráoz, "In Search of the New Public Leader," *Ethos* 7 (January 2010): 69—73.

44장

1.   Claudio Fernández–Aráoz, "How to Pick the Next Pope," *HBR Blog Network*, February 13, 2013.
2.   Chris Lowney, *Heroic Leadership* (Chicago: Loyola Press, 2003).
3.   Jim Collins, *Good to Great and the Social Sectors: Why Business Thinking Is Not the Answer* (a monograph to accompany *Good to Great*, published by the author; Boulder, CO, July 24, 2005).

맺는말

1.   Lucy Kellaway, "The Business Case for Hiring the Fat and the Ugly," *Financial Times*, April 28, 2013, http://www.ft.com/intl/cms/s/0/409d91aeac1a—11e2—9e7f—00144feabdc0.html#axzz2hRFKDTky.
2.   David C. McClelland, "Testing for Competence Rather Than for 'Intelligence,'" *American Psychologist* (January 1973).

클라우디오 페르난데즈 아라오즈^{Claudio Fernández-Aráoz}는 인재관리와 리더십 개발 분야의 세계적 권위자로, 미국 경제지《비즈니스위크》가 선정하는 '세계에서 가장 영향력 있는 임원 서치 컨설턴트' 명단에 여러 차례 이름을 올렸다.

1986년부터 세계적 임원 서치 회사 이곤젠더^{Egon Zehnder}의 컨설턴트로 재직 중이다. 10년 넘게 자사의 글로벌 경영진위원회 임원을 지냈고, 현재는 수석고문으로 있다. 또한 이곤젠더의 경영진 평가 서비스를 설립했으며 전문가 육성, 인사관리 프로세스, 지적자본 개발 등 여러 내부 프로젝트의 글로벌 리더로 활동했다.

또한 페르난데즈 아라오즈는 미주·유럽·아시아 대륙을 오가며 세계 주요 경영대학원 학회와 경영인 포럼에서 기조연설자로 활약하고 있으며, 세계의 진보적 정부 지도자들과 글로벌 선도 기업

CEO들의 인재관리 관련 자문에 응하고 있다. 2007년 『기업을 키우는 인사결정의 기술』을 펴냈고, 《하버드 비즈니스 리뷰》에 수차례 논문을 발표했으며 하버드 경영대학원의 정규 초빙 강사이기도 하다.

페르난데즈 아라오즈는 부에노스아이레스에서 태어나 아르헨티나 가톨릭 대학교 산업공학과를 수석으로 졸업했고, 스탠퍼드 경영대학원에서 아제이 밀러 장학생^{Arjay Miller Scholar}(상위 10퍼센트의 우등 졸업생)으로 MBA를 취득했다.

1986년 이곤젠더에 합류하기 전에는 유럽에서 전략 컨설팅 기업인 맥킨지에서 컨설턴트로 근무했다.

옮긴이의 말

사람이 중요하다는 말에는 관점의 다양성이라는 전제가 깔린다. 사람이 귀한 것은 각양각색이기 때문이다. 사람이 많아서 좋을 때는 머릿수가 많을 때가 아니고 관점의 다각화가 보장될 때다. 패싸움을 할 게 아니라면 디지털 혁명으로 물성物性의 경계조차 희미해지는 세상에서 머릿수 자체는 중요하지 않다. 관점 다양성이 얼마나 중요한지는 관점 다양성이 없는 조직의 폐해를 보면 알 수 있다.

1961년 미국 CIA 주도의 쿠바 침공, 1986년 NASA 우주왕복선 챌린저호 폭발, 2001년 엔론의 희대의 회계 부정 사건, 2004년 부시 정부의 이라크 전쟁, 2011년부터 이어온 유럽연합 내의 재정 위기 등은 1972년 심리학자 어빙 재니스Irving Janis가 명명한 '집단사고Group Think'의 대표적 사례들이다. 집단사고란 구성원들의 만장일치 욕구가 다른 대안들에 대한 실질적 평가를 억압해서 발생하는 비합리적 의사결정을 말한다. 집단사고는 자기비판 능력과 소통 능력이 떨어지고, 자기집단의 능력을 과신하고, 권위주의 팽배로 이의제기 능력을 상실한 집단에서 일어난다. 결국 인명과 재산 피해부터 현상의 퇴보와 진전의 억압까지 많은 비극을 일으킨다. 집단사고는 우리가 가장 똑똑하다고 믿는 '엘리트 조직'의 '전문가 집단'에서 일어나는 현상이라는 것을 다시 한 번 강조하고 싶다.

2015년 초여름 우리는 MERS(중동 호흡기 증후군) 사태라는 예상치 못한 고초를 겪었다. 정부와 보건당국의 초기 대응과 감염자 관리 미흡으로 '별것 아니라던' 바이러스는 일파만파 확산됐다. 36명이 목숨을 잃고, 1만 6,000여 명이 격리됐던 상황에서 국민이 겪은 경제적·심리적 피해는 어느 통계수치로도 표현하기 힘들다. 이 과정에서 우리는 실질적 전문성도 없고 위기 대처 능력도 없는 '전문가 집단'의 병폐를 접했다. 병폐의 피해자는 고스란히 국민이었다.

이 책에도 등장하는 사회학자 홉스테데도 국가 간 문화 차이 연구에서 한국을 일본 등과 함께 집단주의 문화가 강한 나라 중 하나로 분류했다. 우리나라의 조직문화는 전통적으로 단결과 인화를 중시하고 이견 표출을 부정적으로 보고, 서열의식과 권위주의가 강하다. 물론 구성원 간 동질성과 응집력이 업무 만족도와 성과에 큰 힘을 발휘하던 시절도 있었다.

하지만 지금은 세대generation라는 말이 무색할 만큼 세상이 빠르게 변한다. 현대는 산업과 업종이 놀라운 수준으로 융합·분해되고, 새로운 시장과 니즈가 끝없이 생성되고, 지구촌 전체가 하나의 덩어리로 연결되는 동시에 소립자로 이합집산을 거듭하는 디지털 세상이다. 과거 성공 경험은 이제 좋은 추억일 뿐 미래를 내다보는 어떤 실마리도 되지 못한다.

기업환경에서도 이미 1990년대부터 경영정보의 흐름이 ERP(전사적 자원관리), BPR(비즈니스 프로세스 재설계), SCM(공급망 관리) 중심에서 CRM(고객관계관리)로 옮겨왔다. 이에 따라 상품 중심형과 시장 추종형 기업은 지고 시장 주도형 기업이 떴다. 특히 요즘은 CRM이 내부 고객(직원) 관리를 포함하는 개념으로 확대됐다. CRM은 IT시스템 하나 깔아서 되는 것이 아니다. '윗물'이 주도하는 전사적 발상의 전환과 다기능 협업cross-functional team 체제를 요한다. 예전에는 제품만 멋지게 개발해서 마케팅 공세를 펴면 시장이 열렸지만, 지금은 선구안이 있으면서 시야도 넓은 인재가 가장 중요하다. 이제는 제품설계도보다 시장(고객) 분류방식이 경영 기밀이 됐다. 직원 이탈률이 높고, 직원들이 회사에 만족하지 못하고, 서로 소통하지 않고, 탄성 없이 타성으로 일하는 기업은 성공하기 어렵다. 기업이 내부고객부터 만족시켜야 하는 시대가 온 것이다.

확실히 사람 중심의 세상으로 바뀌고 있다. 조직 내 집단사고를 예방하고 혁신적 사고를 일구기 위해서는 한 우물형 인재보다 '르네상스 맨' 인재가 필요하고, 통섭의 역량을 갖추고 이들을 이끌 리더가 필요하다. 다각도에서 의사결정의 질을 평가하는 제도적 장치도 필요하고, 선의의 비판자devil's advocate가 암살되지 않고 소수의견minority report이 사장되지 않는 기업문화도 필요하다.

더구나 이제는 밀레니얼 세대(현재 10대 후반~30대 초반)가 세상의 새로운 주인으로 부상하고 있다. 이들은 디지털 세상에서 철이 든 디지털 원주민digital native이다. 미래에 대해 낙관적이고 사상 최고의 교육수준을 자랑하고 '착한 소비'와 사회적 책임에 관심이 높다. 집중력 지속 시간이 짧은 대신 멀티태스킹에 능하고, 문화와 재화를 비판적이고 독창적으로 소비한다. SNS와 잦은 여행으로 다른 인종과 문화에 대한 편견이나 경계심도 없다. 창조적이고 모험적인 일거리를 좋아하고 트렌드 변화에 동물적으로 반응한다.

　세계의 밀레니얼 세대 중에서도 한국의 밀레니얼 세대가 가지는 경쟁력은 상당하다. 낙관적이고 긍정적이기는 하지만, 거품경제가 터지며 외환위기의 철퇴를 맞은 앞 세대의 고통을 지켜본 데다, 자신들도 저성장·저고용 경제와 학자금 부채로 고생하고 있기 때문에 미래에 대한 괜한 장밋빛 환상은 없다. 거기다 88세대(월급 88만 원의 비정규직 취업자)의 서러움과 열정페이(보수를 제대로 지급하지 않고 구직자의 지식과 노동을 착취하는 행태)의 부조리까지 직접 겪으면서 사회정의와 기업의 도덕성 필요에 일찌감치 눈떴다. 이들은 취향이 다양한 만큼 비판의식이 높고 개인 신념에 충실하다. 단순한 애사심이나 자기희생에 읍소해서는 어떤 조직도 이들에게 헌신을 이끌어낼 수 없다. 수년 내에 이 밀레니얼 세대가 거대 소비자 집단이자 경제활동인구로 사회의 전면에 등장할 것이다. 이들이 기업의 내부 고객(직원)과 외부 고객(소비자)이 되는 것이다. 두말하면 잔소리지만 고객 유치에 실패하는 기업은 망한다. 이들을 내·외부 고객으로 유치하려면 과거와는 다른 인재상과 인재 발탁 전략이 요구된다.

집단주의 문화에 대한 뼈아픈 각성과 천금처럼 부상하는 밀레니얼 세대 덕분에 앞으로도 한국이 집단주의로 분류될 가능성은 상당히 희박해졌다. 이 변화에 어떻게 대응하느냐에 따라 기업과 조직의 흥망이 뒤집히고 희비가 엇갈릴 것이다. 어느 기업이 승리할 것인가. 결국은 인재 확보 경쟁이다.

『어떻게 최고의 인재를 얻는가』는 인재가 몰려드는 기업이 되고, 조직에 건설적 다양성을 배양하고, 핵심인재를 리더로 길러내는 방법을 다정한 상담선생님처럼, 족집게 과외선생님처럼 말해준다. 핵심인재 유지와 효과적인 팀 구축에 필요한 규율은 심고, 텅 빈 매뉴얼은 벗겨내는 방법도 알려준다. 이 책이 한국사회가 자폐증적 사고로 '골든타임'을 계속 놓치는 병든 사회, 청년의 열정을 착취하는 사회라는 오명에서 벗어나는 데 조금이라도 도움이 되었으면 한다.

KI신서 5907

어떻게 최고의 인재를 얻는가

초판 1쇄 발행 2015년 10월 19일
초판 2쇄 발행 2015년 11월 25일

지은이 클라우디오 페르난데즈 아라오즈 **옮긴이** 이재경
펴낸이 김영곤 **펴낸곳** (주)북이십일 21세기북스
해외개발팀 조민호 유승현 조문채 **편집위원** 김상수
해외기획팀 박진희 김영희
표지 엔드디자인 **본문** 박선향
제작 이영민
출판영업마케팅팀 안형태 이경희 민안기 김홍선 정병철 백세희
홍보팀 이혜연
출판등록 2000년 5월 6일 제10-1965호
주소 (10881) 경기도 파주시 회동길 201(문발동)
대표전화 031-955-2100 **팩스** 031-955-2151 **이메일** book21@book21.co.kr
홈페이지 www.book21.com **블로그** b.book21.com
트위터 @21cbook **페이스북** facebook.com/21cbook

ISBN 978-89-509-5896-1 03320
책값은 뒤표지에 있습니다.